鳳凰木の花散りぬ

なつかしき故郷、台湾・古都台南

今林作夫

海鳥社

鳳凰木《ほうおうぼく》の花散りぬ◉目次

伏見町
至基隆
水道町
第一中学校
老
松
公園
北
町
花園小学校
門
花
町
町
園
鉄道ホテル
旭
町
台湾第二歩兵連隊
高等工業学校
台南医院
大正町
公会堂
壽
竹
町
知事官邸
第二中学校
盲啞学校
園
清水
町
博物館
高
開
砂
町
長栄女学校
町
東
門
町
緑
山
町
町
第一女学校
長栄中学校
町
師範学校
乃
木
町
青葉町

昭和７年頃の台南市街略図

清水町二丁目

私の生家は、台南市清水町弐町目百七拾四番地にあった。戸籍謄本を取り寄せてみると、昔風の字でそう記載されている。清水町弐町目百七拾四番地は、台南市の中心部からやや東北に寄ったところで、家のすぐ近くに東市場があった。

昭和初期の台南市は、台南州庁の正面に位置している児玉公園を中心にして、市街地が四方に拡散しているように見える。幹線道路六本も、ロータリーになっている円形の児玉公園から、放射状に拡がっているように見える。それは三階建ての豪奢《ごうしゃ》な台南州庁の庁舎から、道路一つ隔てた東隣りにあった市の博物館へ行くとよく分かった。

その中国風の古風な博物館は、かつての本島人の大富豪の豪邸をそのまま利用したものである。正面のきれいに磨かれた広い石段を三段ほど上ると、入り口に分厚い一枚板を横にして通せんぼをしているみたいな、異様に高い敷居があった。三〇センチぐらいはあったと思う。その高い敷居をまたいで建物の中に入ると、箱庭のような台南市の模型が置いてあった。大きなガラスケースの中は、大まかではあったが一つ一つミニチュアの建物や並木などが、空から一望に鳥瞰《ちょうかん》出来るように配置されていた。

児玉公園は、全体のほぼ中央に位置していて、台南市の中心になっていることが一目で分かる。児玉公園から放射状に拡散している道路の様子も一目で分かるようになっていた。

六本それぞれの幹線を横に寸断して、網の目のようになっている市街地の道路網の中で一際幅の広い道路が、台南駅から児玉公園を通って西に向かい、銀座通りを経て西門町まで延びている。その道路が、一応台南市のメインストリートと言っていいだろう。

その台南駅と児玉公園を結ぶ幹線の左隣に、公園から東北の方に向かっている道路がある。東市場や知事官邸に通じる道だ。その道を行くと、高砂町の賑やかな商店街と交差する。交差点を横切ってしばらく行くと、やがて突当って逆「く」の字にゆるやかに左折する地点にくる。その突き当ったところが清水町二丁目一七四番地だった。私の生家である。

私が生れて、小学二年生の頃まで住んでいたその家は、大正の中頃ようやく事業が軌道にのりだした父が、廃屋に近いボロ家を借りてなんとか使えるように改造した、だだっ広い平屋だった。入口にインドソケイ（プルメリア）の古木が大きな葉を茂らせていた。インドソケイは、その大きな葉とは不均合いな小さな白い花を年中咲かせていた。ハワイやグワム島などで腰蓑をつけた若い娘たちが、レイや髪かざりにする可憐な白い花だ。その白い花はツバキの花みたいに、まだしおれもしないうちに、おしげもなく首のところからもげ落ちた。拾いあげてみると、ほのかな香がして、下から見上げた時はただの白い花だったのに、花心のところに鮮やかな黄色をひそませていたことに気づくだろう。

インドソケイの古木は入口の屋根の方に傾いていて、赤く錆びたトタンの低い庇《ひさし》すれすれに枝をのばしていた。我が家の猫ミイは、犬に追われると、決まってその枝づたいに屋根へ逃れた。また、うちの雑犬イチがよその犬と喧嘩していると、いつの間にか、枝伝いに駈けおりてきて相手の犬に爪をたてた。後年、母は犬や猫の話をすると、決まってイチやミイのそんな話を懐かしそうにした。早死にだったイチの遺骸は、母の意志で、竹園町にあった我が家の貸家の敷地の片隅に埋葬された。母はその話も必ずして聞かせるのだった。

その家にはどう見ても玄関らしい構えがなかった。インドソケイのすぐ脇にある一間間口ほどのガラス戸二枚の入口が、玄関と言えば言えないことはなかった。年に一度、正月を迎える頃になると、その入口が玄関だったと思い直させられるような飾り付けが施された。入口の両脇に大きな門松が置かれる。家の表に面した部分が全て白と黒の縞の垂れ幕で囲われ、一カ所だけが、裾をはし折るように白黒の房で吊り上げられて、その上にしめ飾りが飾りつけられた。つまり、そこが我が家の玄関ということになるわけだ。

三日間、玄関はいつも少し開けられていて、正面の机の上に松竹梅の鉢植や、小さな衝立が飾られ、その衝立の手前に名刺受けのお盆が置かれる。訪問客はそこに名刺を置くことで、挨拶にきたことを相手につたえることが出来た。たとえ代理人でも礼を失することはない。お盆の上にはいつもたくさんの名刺がおかれていた。私は子供心に、名刺の数がよその家よりたくさん集まっているのが嬉しかった。

一度、正月に、楽隊が我が家の向かいの住吉さん宅の前で、門付けをしていたことがある。住吉さん宅の玄関は、このあたりでは珍しい洋風の立派な門構えをしていた。楽隊は五人ぐらいの編成で「君が代」を演奏していた。あまり上手だとはいえないが、それでも音響だけは辺りに響きわたる。その音で家を飛び出した私は、威勢のいいその楽隊が次にはうちへ寄ってくれるかもしれないと、ひそかな期待をした。しかし、楽士たちは楽器のかちゃかちゃ触れ合う音を残して、そそくさとどこかへ行ってしまった。楽隊の門付けを私はそれきり二度と見かけることはなかったから、楽隊の門付けはあまりにも大袈裟すぎて、一般受けがしなかったのかも知れない。獅子舞いや漫才師たちは我が家にも寄ってくれたから、門付けなどというものはその程度でいいのである。

正月の三日が過ぎると、家の中はまたもとの乱雑で喧噪《けんそう》な仕事場に戻った。その頃の仕事場には、何か全体に湧き上がるような活気があったように思う。父の事業の順調な進展を、私は私なりに感じとっていたのだろう。手を休めてむだ話などする者は一人もいなかった。

インドソケイの脇の玄関から一歩中に入ると、いきなり狭い土間一杯に置かれている大きな洋服の裁ち台に行手を阻まれた。その台の上にはいつも三、四十枚は重ねられていると思われる緑色の洋服地の反物が、奥に向かって長々と横たえられていた。

裁断師の佐藤さんが、扇風機ほどの大きさの電気裁断機を軽く押しながら、反物の上に白いチョークで書かれている曲線の上を丹念になぞっていく。するといとも簡単に部厚い反物の束がいろんな形に変わっていった。佐藤さんはその電気裁断機を「この機械は、台湾にまだ一台しかないんだよ」といつも自慢していた。私たちは縦にものすごい早さで上下して、まるで水を強烈な圧力で吹き付けているように見える刃のあたりと、そこに触れると、まるで魔法にかかったように変形していく布切れの様子が面白くて、いつまでも飽きずに見ていた。

電気裁断機のうなっている裁ち台の横をすり抜けるようにして奥の方に進むと、その先は急に広くなっていた。右手の壁沿いに蜜柑箱を積み上げたように仕切られた棚が畳一畳ほどの仕事台の上に据えつけられていた。仕事台は五センチもある部厚い木製のもので、真ん中にでっかい万力がでんと居座っていた。仕事台は主として手動の消防ポンプの修理に使われていた。だから、棚にはその部品やいろんな道具類が、溢れんばかりに押し込まれていた。しかしその中には新品の道具が一つもなかった。

私は小学校の低学年の頃まで、新品の釘を見たことがなかった。釘というものは全て折れ曲がって赤く錆びているものと思っていた。真っ直ぐで白く光っている釘など見たことがなかった。赤く曲がった釘はいくつかに仕切られた木製の釘箱の中に、きちんと大きさによって分けられていた。

当時我が家に送られてくる素材や製品は、主として東京・大阪・名古屋あたりからの船便だった。荷物は分厚い杉板の大きな箱に入れられ、厳重に釘打ちされた上に筵《むしろ》で巻かれ、さらに藁縄《わらなわ》にうたれてくる。小僧たちはそんな荷物が入ると、まず藁縄を丁寧にほどいてボールのようにまるめた。筵も束ねてとっておく。それから厳重に打ちつけられている釘を、一本一本丹念に抜いては釘箱の中に放りこんでいった。そんな作業を私は毎日のようにみていた。父が自ら率先して縄を巻き、釘を抜いては釘箱の中に放り込んでいる姿も何度となく見ている。私は父が小僧と同じ仕事をしているのが、とても恥ずかしかった。家のなかにいて、ただ指図だけをしていてくれればいいと願った。しかし父のそうした姿勢は生涯かわらなかった。それは一貫した父の事業哲学であり商売道から派生した、単なる行為に過ぎなかったのだろう。赤く錆びて曲がった釘の入っていた釘箱は、思い出の中でそれを象徴しているに過ぎないのであろう。

万力の据え付けてある仕事台の前あたりが我が家の仕事場の中心で、五、六台のミシンが本島人の若い女工さんたちによって休むことなく踏まれていた。炭火を入れて使う大きなアイロンは、水を振るとぢゅぢゅと湯気をたてていた。そこで佐藤さんが電気裁断機で裁った布切れが縫製されて、壮丁団の制服に仕立てられるのだった。

仕事台の奥は一段高くなった板張りになっていた。前面は細長いカウンターのように囲われていて、小僧たちより少し年上の二十歳前後の店員数人が、板張りの上に座布団を敷いて座った姿勢で仕事をしていた。縫い合わされてきた地下足袋を裏返しにして、ゴム底と小はぜを付ける作業をしているのだった。大人の親指ほどの細長い樫の棒で、裏返した地下足袋のつま先をぐいぐい押しては拡げていく。それがとてもリズミカルで、いつまで見ていても飽きなかった。

その中の内地人の店員で、新聞紙を固く細く巻いてくれる人がいて、私たちは毎日のようにせがんでは、それでチャンバラごっこをして遊んだ。その人の名前は思い出せないが、入営して、我が家から初めて軍隊に送り出された人である。

そんな仕事場の真上から左奥の隅っこに据えられたモーターの間を、長い長いベルトが物憂くゆっくりした速度で回転していた。そこで地下足袋の分厚いフェルトの底の部分が打ち抜かれていたのだと思う。入口から入って一番奥まった右側の隅で、外交員たちが事務をとっていた。その一角が室内では一番明るい場所だった。天窓が開けられている上に電灯の数も一番多くて、一日中煌々と明かりが灯っていた。我が家には番頭という職種がなくて、外交員が店員たちの頂点にいた。原田さん、井上さん、桜田さん、池田さん、平島さんともう一人、本島人出身の長べえの六人だった。長べえは「今林商行」生え抜きの店員で、父や母の信頼もあつく本島人の中での出世頭でもあった。

三つずつ向かい合っている机の前で、忙しそうに外交員たちが帳簿の整理をしているそのすぐ横に父は座っていた。父の前には粗末な丸い小さなテーブルが置いてあるだけだった。来客のない時はたいてい所在なく「敷島」をぷかぷかふかしていた。

元来父は無口で、父が世間話などしているのを私は聞いたことがない。言葉というものは、必要な用件を伝えるだけのもので、男は意味のないことをぺらぺら喋ってはならない。私は直接、父からそんなふうに諭されたことはないが、仕事場の父を思い出すたびに父のがっちりした背中から、男らしさについていつも問われているような気がするのである。しかし、父は商談をする時、人が変わったように能弁になった。畳みかけるように理を尽くす一種独特の話術が、父の成功に大きく寄与したことは否めないと思うが、その頃の私たちにはそんな父がただただ怖かっただけだった。

仕事場の裏側に居間が四つほどあった。その居間の記憶が仕事場の記憶に比べてはっきりしないのは、家族の者だけがすぐ向かいの二階建ての家に引っ越したからだった。私が幼稚園に入る前の頃だった。

二階家と言っても五軒長屋で、我が家から見ると一番手前の角の家に移ったのである。一階は形ばかりの小売店になっていた。店の前の歩道のところは、台南市の市街地の商店街がほとんどそうであるようにアーケードになっている。その歩道の分だけ一階の床面積が削られるわけで、形ばかりの店は店の体裁をなさないほど手狭になっていた。店の中のたった一台の陳列ケースには、シャツや下着類などが申し訳ていどに置いてあるだけで、お客の姿など全くと言っていいくらいなかった。

店の奥に四畳半の畳敷があって、その奥はやや細長い庭になっている。店から畳敷の横の土間を通って裏の方に行くと、炊事場と風呂場があった。引っ越した後も食事は本店のほうでしていたから、そこに母の姿を見ることは出来なかった。

二階は六畳と四畳半の二間だけだったから、二階の二間と一階の一間が我が家の寝室になったのである。本店の事業の、目を見張るような隆盛からみるといかにも貧弱な転居ではあったが、私たちにとってはあの暗くだだっ広い陰気な居間からの解放だった。特に明るい二階からのながめは飽きることがなかった。

私が物心ついた頃には、もとの広い家には食事にいくか、それとなく炊事場の母の姿を見にいくか、仕事場に入って小僧たちに遊んでもらいにいくかしか用がなかった。四つの部屋のうち東側の一番大きな部屋は板張りで、店員たちの合部屋になっていた。住みこみで七、八人はいたと思う。真ん中の六畳と八畳の二部屋で、私たち家族十人が寝起きしていたはずなのだが、まるでそのへんの記憶がない。

しかし、私は確かに大正十二年九月八日にそのうちのどちらかの部屋で生まれたのである。関東大震災の一週間後のことだった。その部屋では三男の正広から、義男・秀友・私・弘治・昭・源治と計七人の男の子ばかりが生まれている。長女のます代は内地で生まれており、長男の虎男と次男の辰夫はそれぞれ別な場所で生まれた。末っ子で次女の千代子だけが、新しい二階の四畳半の部屋で生まれたのだった。

四男の義男は生まれるとすぐに、新潟県高田市の警察上がりの某のもとへ、請われるままに養子に出されている。義男は兵隊にとられて満洲に行ったらしいのだが、終戦後ぷっつり消息を絶ってしまった。母は満洲の話がでると「義男はどうしているかねぇ」といつまでたっても諦めきれないふうであった。

長男の虎男は、福岡市の父方の伯母の家に下宿して、土地の中学校へ通っていたので、引っ越した後は、父母と八人の子供たちの計十人が二つの家のいずれかに寝起きしていたはずだが、そのあたりの記憶も曖昧である。ただ幼い子供たちの部屋が、二階の窓際だったことははっきり覚えている。狭くはあったが、明るくて、何よりも空や、よその家の屋根や道路や行き交う人びとを眺めることの出来るその部屋は、もとの家の暗くて陰湿な居間の記憶を忘れさせるのに充分過ぎるくらい快適であった。

私には唯一つだけ、私たちが生まれた部屋の様子を思い起こさせてくれる、一葉の古い写真の記憶がある。写真は昭和二年元旦生まれの昭を、その年の五月五日の端午の節句に居間の六畳の方で写したものだった。紛失して今どこにあるか分からないその写真を、私は戦前に見ただけで、その全容はかなり鮮明に私の頭の中にプリントされている。

お祝いの時や正月に使う白黒の縦縞の垂れ幕の前に、六、七段ぐらいの飾り棚が据えてあった。私はその棚に飾られていた武者人形のいくつかを、今でもはっきり覚えている。長い槍で虎退治をしている加藤清正、大きな鯉を釣り上げている金太郎、赤鬼を踏み付けて見栄を張っている桃太郎、髭の鍾馗《しょうき》様、花咲か爺さんなど、主としておとぎ話や講談などの素材が多かった。赤垣源三が茶色いカッパを羽織って、片手に徳利をさげもう一つの手をかざして空を仰いでいる人形は、はっきりその表情まで覚えている。

飾り棚の左右には父が日頃丹精していた白色の胡蝶蘭が配置されていた。そして中央のふかぶかとした座布団の上に、丸々と太った素裸の昭が足を投げ出して二重顎をさらに引き締め、上目使いでこちらを見ていた。よく見ると生後五カ月の赤ん坊は、武者棚の下からにゅっと突き出た大人の手でしっかりとお腹のあたりを支えられている。戦前、家族の者たちはその写真を見るたびに、その特異な構図のせいだろう、「これ長べえの手よ」と指さして、いちいち確認することを忘れなかった。

かりにその写真が今手元にあったとしても、そこから私たちが生まれた居間の印象を垣間見るには多少の無理があるかもしれない。しかしやはり記憶の遠いところで、昼間は一人でいるのが怖かった部屋の陰湿な印象は、今でも拭えないでいる。だからなのだろうか、西側の三畳程の部屋と、細長くて狭い庭の記憶はかなりはっきりしている。居間の中で庭に開けているのは、たしか、その三畳の部屋だけだったと思う。その部屋はいわゆる子供部屋で、私たちのおもちゃが蜜柑箱に一杯つめこまれて置いてあったところだった。荒削りの杉板で出来ている蜜柑箱は、新聞紙や雑誌の切れ端で表面が糊張りされていた。勝手気ままに糊付けされた紙の絵柄は、浮世絵の版画風の藍や赤のコントラストのはっきりしたものが多かったことを覚えている。まだ明治が、子供たちの身近なところにたくさんあったのである。

蜜柑箱の中のおもちゃは当時の一般的なもので、太鼓、輪投げ、だるま落とし、はりこの虎、ブリキの金魚、セルロイド製のキューピー、コルクの弾が撃てる鉄砲、積み木、刀などの中に双六、家族合わせ、将棋、凧、こまなどが乱雑に詰めこまれていた。

その明るい三畳程の部屋は、私たち幼い兄弟が居間の中で一番気に入っていた場所だったから、家にいる時はほとんどそこを自分たちの城にしていた。部屋には裏側にも小さな窓が一つあって、開けると黒い板塀に挟まれた路地が覗けた。路地は東側が袋小路になっており、引き返すと、コンクリートで固められたかなり広い共同井戸のある所に行ける。私たちは共同井戸の辺りではよく遊んだものだが、袋小路の方にはなぜかあまり寄りつかなかった。

その路地の板塀沿いにランタナの花がいつも咲き乱れていた。朝顔の花をごくごく小さくしたのを集めて、少し大き目のアザミの花の形にした可憐な花である。小さな一つ一つの花の色合が微妙に違うので、その集合体であるランタナの花は、まるでボンボリのように華麗で私たちにはむしろ毒々しくさえ見えたのだろう。その頃私たちはその花を毒花と言っていた。しかし毒花と言いながら女の子たちは花を摘んでくると、ばらばらにしてよくままごとの材料にしていた。また朝顔の花の柄の部分を花のへその部分に入れて繋いでいくと簡単に首飾りや冠が作れた。

私はその路地で一度だけ妙な豆を採ったことがある。ひょろひょろしたいかにもひ弱そうな蔓性の草だったが、開いた莢《さや》に小豆大のきれいな豆が数個くっついていた。豆は朱色の地に、芽の出るあたりの三分の一ぐらいが黒く円形になっている。全体にまるで漆でも塗ったような光沢のある珍しい豆だった。

姉がそのきれいな豆でお手玉を作って、宝物のように大切にしていることを知っていたので、わずかだったがその豆を姉のところへ持っていった。姉はその珍しい豆の入ったお手玉をいくつも持っていた。一体どこからそんなにたくさんの豆を集めてきたのだろう。

私は比較的小さな頃から植物には興味があって、少し変わった草や木はたいてい目に止めているつもりだった。見逃すことはあまりないと、少しばかり自負している。ところが、その奇妙な豆が自生している所を見たのは、たったの二度しかないのである。もう一度は山田君の家の庭だった。山田君の家は停車場の近くの武蔵館という大きな旅館だった。小学校の四年生の頃だったと思う。遊びに行って、かくれんぼをしていた時に庭の片隅で見付けたのである。

その豆もあまりの美しさ故に毒豆という称号を頂戴していたが、勿論真偽の程は分からない。達磨の顔を黒くしたような豆は、私にとってはもはや幻で、いつか渡台した折りには、その生態をなんとかして自分の目で確かめたいと思っている。

もとの家の居間は仕事場や庭から、石段で二段ほど高くなっていた。だから子供たちは庭に用がある時には、いつも降りるという感覚でそこへ行ったものである。庭には外からは直接行ける通路はなくて、私の記憶では炊事場か三畳の部屋からしか行けなかった。通常の建物の常識からすれば少し不自然な気がしないでもないが、どうしても別のところから庭に降りた記憶がないのである。

三畳の部屋には庭に面して、子供一人がようやく横になれるぐらいの狭い濡れ縁があった。横木と同じ幅の隙間があって、そこからコンクリートの床の蟻の行列や、シャボン玉色をしたナメクジの通った跡などが見えた。横になると庭木と屋根に囲まれた青空やちぎれ雲を見ることが出来るのだった。

濡れ縁のすぐ前にコンクリートで出来た浅い水槽があった。まわりの木木がその上を覆うように茂っていて、きれいにすみきった水はいつも緑を反射していた。水槽の中には大きな金魚が飼われていて、父が時々仕事の合間に餌をやりにきた。いつか水槽に浮かんでいるホテイアオイの根に、金魚が卵を生んだことがある。父は庭の反対側の隅っこのボンタン（文旦）の木の下に、水瓶を置いて卵のついたホテイアオイをそこに移した。数日後、水瓶の中に目玉だけが大きな赤い小さな金魚がたくさん泳いでいた。おなじ水槽に入れて置くと、親にみんな食べられてしまうのだそうだ。

庭に降りるのにはコンクリートで固められた所から、さらに一段下に降りなければならない。その狭い土の上が私たちの庭だった。本島人の薄っぺらで赤い屋根瓦の破片が混ざっている堅い土には、いつも踏み固められているからなのだろうか、草が生えていなかった。庭の西側の表通りに面した黒い板塀に沿って、いろんな背の低い木が植えられていたが、どんな木だったかよく覚えていない。そんな中で一本だけはっきりと姿形を覚えている木がある。庭の中程に植えてあったチョウチンブッソウゲ（仏桑華）の木だ。根元からすぐに枝分かれして、七、八本の棒樫を束ねたようにして生えていた。木肌はごつごつしていて荒かったが、風鈴のようにぶら下がって咲く赤い花は、可憐を絵にしたみたいな花だった。

私がその庭のチョウチンブッソウゲを思い出す時は、いつもきまって背景にしとしとと小雨が降っている。雨に濡れると赤い花は一段と艶やかさを増すのだった。また濡れた凸凹の幹を、デンデン虫が何匹もゆっくりゆっくり這っているのだった。

晴れると、ボンタンの木に黒い大きなシロオビアゲハが卵を生み付けにきた。仕事場の方に寄った隅の壁に、父が丹精して育てている胡蝶蘭がいくつかぶら下げてあった。分厚いヘゴに大きな青いミミズのような根でしっかり摑まって、長く延ばした柄には白蝶のような可愛い花をたくさんつけていた。父が庭に降りてくるは、胡蝶蘭に水をやるためか、金魚に餌を与えるためである。そんな時の父は別人のようにおだやかな雰囲気をあたりに漂わせていて、こちらから話しかけてみたくなるような気持ちになるのだった。

仕事一途な父は合理主義者で、多分にストイックな生活信条を固持していたようなところがあった。それで日頃のちょっとしたさりげない仕種にも、どことなく近寄り難いような威厳が醸し出されていて、それが父に対する私の印象をどことなく疎遠にしていたのだろうか。そんな父の唯一の気晴らしが庭に降りることだったのだろう。庭にいる時だけ、父は自分自身から解放されていたのかも知れない。

庭の北側の隅に線を引いたように小さな溝があった。ボンタンの木の下の、金魚の稚魚を入れた水瓶の反対側の根元と、炊事場を結ぶ線だった。素焼きの赤煉瓦を横にして縦長に並べた底の両側を、横にした煉瓦を起こしたように立てて囲った簡単なものである。炊事場の洗い水や、風呂場からの洗濯のすすぎ水などが、絶えずちょろちょろ流れていて、底には灰色のぬるぬるした苔がゆらめいていた。金魚の餌になるアカゴもたくさんゆらめいていた。そしてそこは、子供専用の青空簡易トイレでもあった。

私たち幼い兄弟が家の中で最も嫌った場所は便所だった。壺がいやに深く、かすかにとどく明かりで中を覗くと、内地のゴキブリの倍ぐらいはあるかと思われる大きな黒い奴が、長い触角をやたらに動かしながら壺の壁に何匹もびっしりと止まっている。用を足していると糞壺の中から、にゅっとお化けの手が出てくる。そんな類いの怖い話を聞かされていない子供なんていない時代だったから、便所に入るにはずいぶんと覚悟や勇気を必要としたのである。

だから子供たちはそんな便所にいくのを嫌って、いつの間にか大便だけは小さな溝に跨って用を足すようになったのだ。用を足すときはなぜか炊事場を背にし、ボンタンの木の方を向いて屈んだ。時たま一緒になることがあると、昭・弘治・私と年の順に屈んで、その順番が間違ったりすることは決してなかった。

用がすむと大きな声でその子が「なぁーい」と言う。その声につられたように、後の者も大きな声で「なぁーい」と言う。すると、たいていは炊事場にいるか風呂場で洗濯をしている母が、炊事場の高い窓からちらっと顔を覗かせてから、急いで庭に降りてくる。母の手には丸められたちり紙がたくさん握られていて、子供たちに近づくと叱りつけるように「もおー」と言った。すると子供たちはまるでお供え餅を三つ並べるように、白い小さなお尻を一斉に空に向けて持ち上げる。いつもそうだが、母はやさしく後始末をしてくれた。そしてこんどは急いで炊事場に戻り、洗い桶に一杯ためていた水を一気に流した。

庭では子供たちがまだ溝を跨いだまま中腰になって、次の展開をなんとなく期待しながら待っていた。炊事場の流し台はかなり高い位置にあるから、そこから一気に流れ落ちる水は小さな津波のような勢いで、あっという間に子供たちの落とし物を押し流して行く。やがて白いちり紙の帆をなびかせながら、ボンタンの木の脇に大きく口を開けている暗溝の中につぎつぎと消えていった。それを見届けると、子供たちはほっと軽い吐息をもらして、やおら腰を上げ身づくろいをするのだった。

庭から炊事場に上がるには、石段を二段あがらなければならない。その部屋は長方形になっていて、座敷の方から食堂、炊事場、風呂場と続いていた。食堂は卓球台ぐらいのテーブルを二つ並べて、その両脇に長椅子を置くと一杯一杯のスペースしかなかった。食事の時はテーブルの一番奥の座敷に近いところに父が座る。そして両脇に母と子供たちがずらりと並んで席についた。父以外の席は順不同で、各自おもいおもいのところに座ることが出来た。どちらかというと早い者勝ちだった。

家族の者の食事がすむと、次は外交員と古株の店員たちがぞろぞろと食堂に入って来る。そして最後に小僧たちの番になった。子供たちが遊びほうけて家族の食事に間に合わなくなることはしょっちゅうで、そんな時は小僧たちと一緒に食事をした。我が家では父も小僧も全く同じものを食べていたから、母は子供のものとして特別におかずをとって置くようなことは一切しない。ただ員数の中から残ったものを一つ与えるだけだった。

その頃の母は、碌に幼い子供たちの相手も出来ないくらい忙しそうだった。いちいち洗濯板でごしごし洗う家族十人の洗濯物だけでも大変な労働だっただろう。かてて加えて大世帯の炊事を、買い出しから料理まで一人で切り回さねばならなかった。手伝いの本島人のねえやは一人いたが、電気炊飯器も洗濯機もない時代だ。恐らく母には乳飲み子を育てているわずかな期間しか、安息の日はなかったに違いない。

そんな母が東市場に買い出しにでかける時刻は、たいてい仕事が一段落ついた午後の三時か四時頃になる。インドソケイの木のある玄関を出て黒い板塀沿いに歩いて行くと、かつと焼きつくような熱帯の西日を、まともに正面から受けるようなことになる。母は買い出しに行く時にいつも下げて出る、把っ手の付いた竹籠を日傘のように頭上にかかげて、その暑い日射しを避けるのだった。

着物姿の小柄な女の人が、午後、黒塀の前を竹籠を日傘のように掲げてせかせかと急ぐように歩いて行く。子供たちはかなり遠くからでも、直観でそれが母であることを見抜くことができた。そんな時はなるべく一人っきりのほうがいい。私は弾む心を押さえながら一所懸命母のところへ駆け寄って行った。「とし」と母はにこやかに笑って、確認するように私の名を呼んでくれて、あいている左手でしっかりと私の手を握ってくれる。付いてきてもいいという許可が出たのである。

母が東市場に行く時は、たいてい近道を通った。黒い板塀の途切れた所に、電気屋と板塀に挟まれた路地がある。狭くて折れ曲がっている路地だが、その道を行くとすぐ市場の警察官詰め所の横に出る。広場を隔てた正面に蒲鉾型の倉庫のような建物が二棟、行儀よく並んで横たわっていた。手前の方が肉や魚貝類を売っている棟で、隣は野菜の店や果物屋の集りだった。

母がいくと、一斉に「おかみさん、きょう、上等の入っているよ」「あたらしいの、たくさんあるよ」などとまるで罵声のような声があっちからもこっちからもかかってきた。なにしろ毎日のように二十数人分の買い物をするのだから、商人たちも何とかして母を引き止めようとして必死だったのだろう。母は始終にこやかに笑をたたえていたが、別に愛想を振りまいている感じでもない。ずらっと何軒も並んでいる魚屋の中から一軒を選んで、迷うことなく真っすぐその店の前に立った。

買い物はあらかじめ決めてきているのか、てきぱきしていて無駄がなかった。量が多い時は支払いをすませて後から届けてもらう。私は母の後ろから付いて行って、何となく誇らしいような気持ちになった。母はどんな時でも値切ったりはしない。そんなことが子供心に嬉しかったのである。母のことだから買い物をする店も、一つの店に片寄らないようにしたに違いない。私は勝手に決めてさらに母を誇りに思った。

インドソケイの木のある玄関の向かって左側に空き地があった。児玉公園の方から来ると、我が家は庭の黒塀から玄関までは道路に沿っていて、玄関の左側から先が急に広く抉られたように奥の方に引っ込んで建っていた。仕事場の北側は建て付けの悪いがたびしする硝子戸だったから、室内の仕事場から空き地はすっかり見通せる。その空き地が小僧たちの室外の仕事場だった。

そこで内地から送られて来た荷が解かれたり、出来上がった壮丁団の制服や地下足袋などが荷造りされた。壮丁団というのは郡部の本島人の青年たちがある年齢に達すると、強制的に入団させられて一定の教育をうける機関である。彼等は地域の消防団の役割を果たしたり、軍事教練らしき訓練を受けたりした。そうして内地人の徴兵に対応する義務を課せられていたのである。しかし市内在住の本島人の青年たちはなぜかその義務が免除されていた。だからかも知れない、壮丁団というと田舎の青年団という印象が強い。

仕事場で縫製された制服や、下請けから持ち込まれた製品は全てその空き地で荷作りされた。荷作りされた大きな木箱は大八車に山のように積み込まれる。大八車は一本の太い樫の棒が前の方に突き出ていて、それで舵をとっていく。舵取り役の人がごついフェルトの帯を肩から胸に掛けて、舵を取りながら引っぱって行く。あとの者たちは荷崩れしないように気を使いながら、後ろの方から押していった。

大八車に積み込まれた荷物は、その日のうちに停車場の貨物まで運ばれていった。たまたま荷がすくない時、私は何度か大八車の空いたところに乗せられて貨物まで連れていってもらったことがある。

停車場まではかなりの距離があった。北の方に真っ直ぐ行くと、少しづれた交差点にきて、真進すると知事官邸にいける。鋭角に右折すると東門町を通って関廟、基山を経て高雄に至る。つまりそのやや広い道路は台湾縦貫道路なのである。私たちの大八車は縦貫道路を鈍角にゆっくり左折する。道はその辺りから下り勾配になって、大八車を押していた者は今度は車が加速しないように、両足を突っ張って体を後ろに反らした。結構力を入れているらしくて、平坦な道を行く時より力んでいるのがよく分かった。

やがて竹園川に架かっている橋のあたりまで来ると、道は上り勾配になる。地形的に見ると、左折した交差点と停車場前の広場を頂点にしたゆるやかな谷間の底を、竹園川が流れていることになる。

上りは下りよりも少し急で、車は喘ぎながらひどく軋んだ。一度家を出るのが遅くなって、竹園川にさしかかる辺りでとっぷりと日が暮れたことがある。街灯のないあたりは真っ暗で、車の軋む音がいやに耳に障った。坂を上るにつれて道路だけが盛り上がっていくから、ぼんやりと霞んで見える左右の風景から私たちはだんだん浮き上がっていった。

私は暗闇の彼方に点々と灯っている人家の灯りを見ているうちに、妙に家が恋しくなって大八車に乗って来たことを後悔しだしていた。大八はもう坂の中程まで来ていた。

「あっ蛍、ほら、とっさん」

誰かが叫ぶように私に言った。大八は軋むのをやめてゆっくり止まると、舵棒が静かに下に置かれた。みんな一息いれるように、軽い準備体操みたいな動作をしながら竹園川の方を振り返った。蛍は、多分その辺りが川の縁なのだろう、暗闇の下の方を青い線を描きながら無数に飛び交っていた。

こうして大八車に乗せられて貨物まで連れていってくれる時は、必ず広《ひろし》さんか良《りょう》がよこに付いて来てくれていた。広さんは母方の親戚筋にあたる青年で、名前も母の旧姓の富士川だった。母を頼って熊本から出てきたのである。良は母が特に信頼し可愛がっていた本島人の小僧で、二人は母に見込まれて、子守りをさせられていたのである。良は実に模範的な小僧だったが、いつの間にか店をやめていた。それでその後、子守役は広さん一人になった。広さんにはいろんな所に連れて行ってもらった。とくに台南公園にはよく連れて行ってもらった。公園にはたいてい釣りに行くのである。

私たちは五、六歳頃にはもう自分で自分の釣り道具を作っていた記憶がある。ちゃちな道具だが誰も作ってくれないから自分で作ったのである。

庭に下りて、片隅に立て掛けてある竹箒から、出来るだけ長い形のいい竹を一本抜いてきて余分な枝を払い落すと、とりあえず釣竿ができた。せいぜい、一メートルぐらいの代物である。釣竿ができると母のところへ行って、木綿糸を少しばかりねだってくる。そして仕事場の外交員のところから虫ピンを数本失敬してくると、それでほぼ材料は揃うのである。

虫ピンはまん中あたりを適当に折り曲げると、なんとか格好だけは釣針になる。それに頭の部分が釘みたいに大きいから、木綿糸を結び付けるのには都合がよかった。うきは使い古しの割り箸を短く折って使った。だいたいの検討でうき下を計りながら糸にくくり付ける。こうして、私たちの手作りの釣竿は出来あがるのだった。餌はみみずに決まっていた。庭の黒塀の下あたりはいつもじめじめしていて、どこを掘ってもみみずがたくさんいた。

台南公園には大きな池と小さな池があって、その二つの池は浅くて狭い堀で繋がっていた。私たちの釣り場は、その掘の大きな池の方に寄った処にあった。その手製の釣竿で釣れる獲物はせいぜいテナガエビぐらいのものだったが、私たちはその程度で結構「釣り」を楽しんでいたのだった。釣りあげたテナガエビはバケツに入れて家に持って帰ったが、食用に供されたことは一度もなかった。

広さんには近所の劉さんの家の伝書鳩も、よく見に連れていってもらった。劉家は由緒ある名家で、この辺りでは有名な大富豪だった。がっちりした石造りの門を入ると、石畳の広い前庭があった。玄関までの距離がいやに遠かったような気がするから、前庭だけでも二百坪以上はあったと思う。庭の中央には大きなレンブの木が植わっていた。

私の知っている限りでは、本島人のお金持ちの家の広大な屋敷にはたいてい広い前庭があって、その前庭の真ん中には決まったように大きなレンブの木が植えてあった。同級生の林君の家も張君の家もそうだった。レンブの木には、何か縁起にからむ謂われがあるのかも知れない。初夏にはピンク色の実がまるで花が咲いたように、それこそ葉の色が変わって見える程たわわに実る。

その実の形は、朝顔の花が開いた後、花びらを内側に巻いて半分程萎んだ状態を思ってもらえればいい。枇杷ぐらいの大きさで、皮が薄くてそのまま食べられる。りんごに似た味がした。熱帯の果物は一般に自然植生だから、特に酸味のある木の実などは、美味しかったり不味かったりでその差が極端だった。同級生の仲本君の家のレンブの大木は季節になると落果した後の掃除が大変だというので、彼は実を取りに来てくれと、誰かれなしに誘いをかけるのだった。しかし一度彼の甘い誘いにのった者で、再びその季節に彼の家を訪問した者を私は知らない。

劉家のがっちりした石の門を入ってすぐ左の方に伝書鳩を飼っている鳩舎があった。百羽ぐらいは優にいたと思う。鳩舎の中をその鳩たちは歩き回ったり鳴いたりして、一時もじっとしていない。鳩舎の金網の上の方に一個所だけ、自由に出入り出来る所がある。そこから鳩がちょろちょろ出たり入ったりする。何羽かそんな鳩が屋根の上に集まると、こんどは不意に大きな羽音をたてて空へ舞い上がっていった。私たちはいつまでたってもそこを動こうとしなかった。

劉家の人々はそんな小さな侵入者に対して寛大で、一度も咎められたことはない。何度か私は、鳩舎からはかなり離れている玄関脇の木陰に、藤椅子にゆったりと腰を下ろして一人で涼んでいる劉夫人を見かけたことがある。夫人は内地人である。

その当時の劉家の結婚については、今からは考えられないような差別的な偏見による噂が流れたらしい。

主として夫人に投げかけられた理不尽な中傷だったようだ。そのいきさつをモデルに、庄司総一氏が小説『陳夫人』を書いたのは戦時中だったと思う。かなり話題になった本で、劇化されて東京の明治座で上演されたことでも分かる。その頃、私は兄辰夫の書棚の中に『陳夫人』があったことをはっきり覚えている。しかし残念なことに、とうとう読む機会を逸してしまった。数年前頃から、なぜか『陳夫人』が無性に読みたくなって、あっちこっち古本屋を探したが、今だにその願いは適えられないでいる。

その頃は家の前を季節を通してずいぶんと物売りが通ったものである。東市場が近かったせいなのだろうか、食べ物屋の行商が特に多かった。

「ユゥチャァコイ、チャチャユゥチャァコイ」と朝早く大声をはりあげて通って行くのは油揚げを細長いねじ棒のようにしたものを、四角いブリキのがんがんに一杯に詰めこんで売って歩く少年だった。

私は台湾語を全く知らないから、その油揚げを細長いねじ棒のようにした食べ物の正確な名前を、漢字で表記することができない。したがって記憶を頼りに、擬音を出来るだけ細かく収録するような気持ちで、当時は確かに私たちの間で通じ合っていたそれらの食物の名前を再現するしかないのである。内地の人が、納豆や、豆腐や、金魚売りの売り声に郷愁を感じるように、私たちは子供の頃聞いた意味不明の台湾語の売り声に、淡い郷愁を感じるのである。

母は朝食の時にユゥチャァコイを時たま買ってくれた。味噌汁の中にちぎって入れると実に美味しかった。天ぷらのかすと芙《ふ》を混合せたような微妙な味がした。一本一銭で大きい方は二銭だった。ヒーワン売りは、カンカンカンカンと金属性の音を鳴らしながらやって来た。分厚くて底の浅い磁器のどんぶりを、鉄にホーローびきをした中華風のスプーンで小刻みに叩くと、まるで鉦を叩いたような音がする。

ヒーワンは白身の魚を小麦粉で練ってゆでたうずらの卵ぐらいの団子で、蒲鉾の中身を団子のようにしたものである。味もほぼ蒲鉾と同じだった。その白い団子をだしのきいた澄まし汁に浮かして、春菊を添えたものが二銭だった。そこでもユゥチャァコイを売っていて、注文すると汚い鋏をとり出してチョンチョンと適当な大きさに切ってくれる。ユゥチャァコイの入ったヒーワンはまた一段と豊饒な味がした。

その頃の行商人はたいていの荷を天秤棒で担いで来た。ヒーワン売りも煮立った出し汁の入った釜や、材料、うつわ類一切を担いで来た。荷を置くと前後の四角い二つの台で屋台のようになる。そうして適当な場所で商いをしては、次の場所へと移っていった。

ターホウは暖かくて甘い豆腐である。牛乳を甘くしたような飲み物はヘエーニンティで、私は山羊の乳とばかり思っていたが、植物の根から絞り出したものだったことを後で知った。バアーッアンは豚肉入りの粽《ちまき》、ツァイツァンは南京豆の入った粽だった。おに菱やとうもろこしや赤子の掌ぐらいの蟹を売りに来る物売りの荷台は、仕掛けがどうなっているのか分からないが、いつも台の下の方から湯気を出していた。「イイデーヤァエー　チマァァーカベェィサイチン　ジヨウトウエー」と言う売り声は、その意味が全く分からないのに、私たち兄弟が寄って台南の思いで話が食べ物に及んだ時にはよく物真似をした。塩茹でした小さな細長い巻き貝を売っているのだった。

果物売りも頻繁にやって来た。ソンャアー（マンゴー）、ゲンゲン（龍眼）、ナッポイ（バンジロウ）、オンライ（パイナップル）、ヨオトー（ゴレンシ）、などを声を張り上げて売りに来た。レンブは改良された白い品種で身が引き締まっていて、二つに割って薄めの塩水にしばらく浸けてから食べると林檎のような味がした。ナツメは大小様々のいろんな種類のものを売りに来た。自分の気に入った大きさや味のものを選んで買えばよかった。

こうして書いていけば際限なく続くに違いない食文化の多様性のなかで、私たちは幼児期を過ごしていた。父も母も幼い子供たちを顧みる暇など全くない程忙しかったから、私たち兄弟は誰からもほとんど拘束されることなく自然に本島人の食文化にじかに触れることが出来たのだろう。そんな幼児期の経験が私たちの台南への郷愁をどことなく風土的なものにしているのかもしれないと思うことがある。

我が家から停止場の方に少し行くと、右側に抜ける狭い道があった。台湾縦貫道路に出る近道である。道の中程に外交員の平島さんが結婚して新居を構えた借家があった。奥さんは一時母の手伝いをしていたことのある、おっとりした優しい人だった。

その近道と家の敷地との間にちょっとした空き地があった。東側の奥に内地人の経営する犬猫病院があったが、その家の人を私は一度も見かけたことがない。子供のいない家庭だったのかも知れない。

空き地の真ん中あたりに、あまり大きくないゲンゲン（龍眼）の木が一本ぽつんと立っていた。その空き地と我が家の敷地内の仕事場になっている空き地は続いていたが、そこには目に見えない境界線みたいなものがあって、他所の人が立ち入って来るようなことは滅多になかった。龍眼の木のある空き地は何となく公共性があったのだろう、香具師や物売りや大道芸人などが寄っては、近所の人や通行人たちを呼び止めていた。

猿回しや蛇使いの薬売りなどは、ずうっと後になって私が内地で見たものとさして変りがなかった。ただ本島人が同じことをしていただけだった。覗きからくりや、家族構成の小さな曲芸団などもやって来た。しかしすぐ近くに東市場を控えていたのだから、その人たちは市場の広場からあぶれた人々だったのかもしれない。東市場には、天幕を張った本格的な見世物小屋が建つ程の広場があったのである。

我が家の横の空き地にはそうした芸人たちより、日頃見かけることのない珍しい物売りがよく立ち寄っていった。金太郎飴を初めて買って食べた時の驚きは、私にとって一種のカルチャーショックのようなものだった。その頃はそうした感動的な驚きが、時間の流れに乗ってどこからともなく次から次にやって来ては、幼い私たちの感性の中を通り抜けていったような気がする。

しんし粉細工のおじさんは色のついた練り米粉を巧みに組み合わせて、犬や鼠やにわとりなどを作ってくれた。足や耳のような出っ張ったところは日本鋏でちょんちょんと刻んであっという間に本物みたいに作る。中に餡が入っていて一口で食べられるのだが、しばらくはとてもそんな気持ちになれなかった。簡単なものは二銭で作ってくれた。

熱い鉄板の上に小麦粉を溶かした水溶液でいろんな絵を描くおじさんも来た。白、赤、黒、青などのほとんど水みたいな溶液を口の長い水差しから鉄板の上に垂らしながら、かなり複雑な絵を描いた。華麗な鎧をまとって烏帽子をかぶった新田義貞が、黄金の太刀を頭上に頂いて祈願している姿などをいとも簡単に描いていく。その複雑な線を繋ぐようにその上から少し甘味を付けた小麦粉の溶液で覆うのである。裏返して反対側を焼いている間に、線からはみ出た部分を取り除くと出来上がった。五銭ぐらいしたので私たちにはとても買えなかったが、決して高いとは思わなかった。

かりん糖売りの痩せたおじさんは、印ばんてんを着てチャップリン髭を生していた。ねじり鉢巻きをし、肩から大きなどうらんのようなものをぶら下げて、その中にかりん糖をたくさん入れて売りに来た。

「雨ぇが降ってもオッカリッカドッコショ」カンカン、「リッカリッカ、リッカ、リッカ、ドッコショ」カンカン。

カンカンは手に持った小さな鉦を叩く音である。私たちは仏壇からこっそり鉦を持ち出して「雨ぇが降ってもオッカリッカドコショ」カンカンと家の中を練り歩いては、信心深い母からひどく叱られた。

花園幼稚園

昭和三年四月、私は花園尋常小学校付属幼稚園に入園した。入園式には母が盛装してついて来てくれた。年少組だったから、都合二年間私は幼稚園に通ったことになる。

花園小学校の校舎は赤い煉瓦造りの二階建で「字型に建っていた。校門に近い一番端の一階が幼稚園で、年長年少合わせて三十人ぐらいいたのではないかと思う。教えてくれることは、年長組も年少組も同じものだった。

入園してすぐにお遊戯というのをやらせられた。男の子と女の子が入り混じって一緒に輪になって踊るのである。私は羞恥心やら屈辱感やらで、今すぐにでも溶けてしまいたいような気持ちを何とか押さえながら皆について踊ったが、こんな所にはもう二度と来るものかと思った。なにしろ、私はそれまでに男の兄弟としか遊んだ経験がない。同じぐらいの年頃の女の子とは話もしたことがなかった。輪の中心に先生がいて、自分も踊りながら出来の悪い子がいるとつかつかとそこにかけ寄って来て、手を取るようにして教えてくれる。私は逃れようがなかった。

「俵はごうろごろ」で横を向いて樽を前の方に押し転がすような仕種をする。

「お倉にどっさりこ」で正面に向き直って両手を延ばしながら円を描くようにして大きいという表現をする。

「お米はざっくりこで　ちゅうちゅうねずみは　にっこにこ」ではもう一度同じように大きいという表現をしてから、握った両手を口元に持っていって、リズムに合わせながら顔を左右に交互に倒す。可愛いねずみの喜びの仕種なのである。

「ぎんぎん　ぎらぎら　夕日が沈む　ぎんぎん　ぎらぎら　日が沈む」という踊りは、開いた両手を高く上げてやたらに左右に回転させるもので、上手下手の見分けの付かない割りと踊りやすい遊戯だった。私はその後も幼稚園で二年間に数多くの遊戯を習ったはずだが、なぜか覚えているのはこの二つの踊りだけである。いま思うと、その事は入園した時のあの溶けて消えてしまいたいような切なかった思いと、何だか辻褄が合うような気がする。

そういえば、私は幼稚園をずる休みしたことが一度だけある。その日私は弁当を持って家を出ると幼稚園とは反対側の東市場へ行った。ふだん行きつけている東市場なのだが、その日はなぜか見世物や物売りで賑わっている広場が妙によそよそしく感じられて、まるで知らない所へ迷い込んだみたいに心細かった。私は東市場に来たことを後悔していた。出来たらここからも逃れたいと思った。

広場の北側の隅にかなり大きなレンブの木が五、六本植えてあった。その広い木陰は熱帯の強い日射しを防いでくれるので、あちらこちらで本島人の大人たちが三、四人かたまっては膝を抱えるように座ってぼそぼそと何か話し込んでいた。

そのレンブの木陰を取り囲むようにツゲ（柘植）の生け垣が植えられていた。生け垣は大人の腰の高さ程にきれいに刈り込まれている。大人だと見下ろす位置にあるその生け垣も、五歳の私の目の位置からだとそれはもう大きな壁だった。私はとりあえずその緑の壁の中に逃避することにしたのである。

ツゲの生け垣というものは、一般的な見解では犬も通さないぐらい小枝が密生しているということになっていると思う。実際、外見は隙間がないくらい小さな葉をモザイク風に茂らせている。しかし一旦中に入り込んでみると意外に隙間だらけで、その空間は私をすっぽり包み込んでなおかなりの余裕があった。私にとってはお誂向の隠れ場だった。

そんなことで大人の目を誤魔化せるわけはなかったが、まわりの本島人の大人たちはその小さな内地人の男の子を、いつものようにそっと無視していてくれた。私は透明人間になったつもりで、明るいからよく見える外側の景色や人の動きをしばらくじっと見ていた。それから適当に時間を見計らって母の詰めてくれた弁当を食べると、何食わぬ顔で家に帰ったのだった。もっとも精一杯働いている母に気付かれる心配はなかった。

五歳の子にこれといってはっきりした考えがあったはずはないが、私は私なりに自分を締めつけようとしている何かに抵抗してみたかったのだろう。集団の行動には当然伴う制約や強制というものを初めて経験した驚きと戸惑いが、何だか分かるような気もする。しかし、そこはほんの子供で、私は翌日になると昨日の事などまるでなかったみたいに幼稚園に通いだしていた。お遊戯を除けば幼稚園はむしろ楽しいぐらいだったから、つまり踊りに慣れさえすれば別に問題はないわけだ。

いつも髪を無造作に後ろに束ねていて白粉気の全くない伊藤先生は、てきぱきしていて男みたいな気性なのに、すごくやさしい先生だった。自由に遊ばせてくれたという印象がある。一般に当時の幼稚園はそうだったのだろう。

それにしても二年間の幼稚園生活で習ったことを、私はなぜか今ほとんど思い出すことが出来ない。折り紙で、奴や、袴や、船などを作って天井に張った紐にずらっと並べて吊したことは覚えている。生の豌豆《えんどう》を繋ぎに使って竹ひごで造形したこともよく覚えている。私はたしか一番作りやすかった魚を作ったと思う。粘土細工もした記憶がある。学習らしいことで覚えているのはそれぐらいで、後はどうしても思い出せない。

しかし遊びを通して集団生活に馴染ませる施設だから、かなり危険だと思われるような遊びでも許されていたみたいだった。幼稚園には小学生が使うような机はないが、頑丈に作られた椅子はあった。いつも教室の壁に添ってこちら向きに部屋を取り囲むように置かれていた。私たちは自由時間になると、その椅子を部屋のまん中に引っ張り出して来て勝手気ままに積み上げたのである。その遊びは面白かった。

まず、部屋の中央に適当な広さに椅子をばら撒くようにして置く。土台となる椅子はなるべく無秩序に勝手気ままな方向を向いていたほうが、むしろ具合がよかった。それからその上にどんどん椅子を積み上げていくのだが、そのへんに少しばかり微妙なこつのようなものがあったのかも知れない。

椅子は上にいくほどに積み上げるというより、突き出ている背もたれや四本の脚の突起の部分を、一つの大きな物体の空間に突っ込んでいくという作業に変わっていった。そして、積み上げた椅子がだんだん大きくなっていく物体からずり落ちないようにうまく突起で絡んでいるか、一つ一つ念入りにその強度を確かめた。いっぱしの建築家気取りだった。全体のバランスも考えて、物体そのものが倒れないように重心を低くすることも忘れなかった。

その建築物は作る度に形を変えたが、時には子供たちの背たけの三倍程の高さになることもあった。私たちはそんな自作の巨大なジャングルジムで鬼ごっこをしたり「お山の大将われ一人　後から来る者突き落とせ」と歌いながら落としやっこの真似ごとをしたりして遊んだ。伊藤先生はそんな多少荒っぽい男の子たちの遊びにも、全くといっていいほど干渉しなかった。私たちにとって自由時間は文字通り自由だった。そんな、今から思うとかなり粗暴な遊びで、誰か子供が怪我をしたという話は聞いたことがなかった。

ところが事件は思いもよらない所で起こった。幼稚園の床は地面から石段で三段程高くなっている。したがって窓はかなり高い位置にあって、外から室内を覗くには大人でも背伸びをしなければならないくらいだった。室内から窓によじ上るのは園児でも比較的簡単だが、その高さを外側に降りるとなると、それは至難の業だったのである。何人かの悪童たちがその危険な遊びに挑戦しだした時も、伊藤先生には特に動じる様子はなかった。よほどの事でないかぎり自主的な子供たちの遊びに干渉しないという姿勢は、その時代の大人の一般的な対応の在り方ではなかったのだろうか。

私たちは室内から一旦窓によじ登ると、くるっと向を変えて足を窓の外側に垂らした。それから少しずつ体を滑らせるようにして窓の外に降りていった。腕をせい一杯延ばしても子供たちは当然宙づりの状態になるわけだが、そのあたりでちょっとしたスリルが味合えた。後を振り向きながら着地点を見定めてぽんと飛びおりる。一種のヒロイズムもあって私たちは何度も繰り返した。

何度めかに、私が窓によじ登って体の向を変えようとした時だった。そのあたりから私の記憶が全く絶えてしまうので、その後の経過は後からの私の推測である。体を窓の外に乗り出し過ぎてバランスを失ったのか、後から来た子に押されたのか、向を変える時に足を何かに引っかけたのか、原因はいくらでも考えられるが、とにかく、私はその次の瞬間大人の背丈ほどの高さのある窓から、外の方へ真さかさまに墜落していったのである。あいにく真下はコンクリートで固められていた。五、六〇センチぐらい外側には校舎を取り囲むようにして狭い溝が、やはりコンクリートで固められていた。

墜落時の直接の目撃者はない。みんな室内にいたのだから。事故の証言は私が頭からコンクリートに激突して気を失ってから後のものである。事故を知った皆が現場に駆け付けてみると、私は狭いコンクリートの溝の中に頭をすっぽり突っ込んで、両足を空に向けていたのだそうだ。

数日後、頭を包帯でぐるぐる巻きにした私は、姉に連れられて幼稚園を訪れた。迷惑をかけたお詫びや良好な経過報告の為だったと思う。小学校はちょうど授業中だった。校門を入って私たちはすぐに御真影の方を向いて最敬礼をする。これはもう習慣になっている。そうした形式を踏んだせいもあったのだろうか、校内はまるで神社の境内のような荘厳な静寂さに包まれていた。そして私たちが幼稚園の教室に近づいた時だった。遠くの方からかすかに歌声が聞こえてきた。小学校の兄ちゃんたちの合唱だった。その曲は幼い私の感性をやさしく撫でるように流れていった。その後私は、小学校の二年生になってその唱歌を習ったが、その時初めて歌詞を知ったのである。「ふじの山」という歌だった。

「あたまを雲の上に出し　四方の山を見下ろして　雷様を下に聞く　富士は日本一の山」

その旋律は荘厳でしかも限りなく哀愁を帯びたものだった。

いまでも「ふじの山」をしんみりと少しばかり感傷的に歌うと、ビデオの再生キーを押したみたいに、静寂な校庭に姉と二人だけでぽつんと取り残されているその時の情景が、鮮明に私の脳裏に浮かんでくる。そして遥か遠くの方から聞こえてくる、荘厳で限りなく哀愁を帯びたその合唱を、その時の幼い私がじっと聞いている。さらにそれを今の私が懐かしそうに見守っている。私はこの頃しばしば、そんな風に唱歌や童謡の効果によって郷愁を演出している自分に気付いて驚くことがある。

姉と私はしばらく校庭で休み時間が来るのを待って伊藤先生のところへ行った。恐らく頭を包帯でぐるぐる巻きにした私を、園児たちは物珍しそうに取り囲んでわいわい騒いだに違いないが、そのへんの記憶は全くといっていいほどない。

伊藤先生は早速、私たちを事故現場に連れていってくれた。私は自分が落ちた窓は、向かって教室の入口のすぐ左手の窓とばかり思っていた。しかし先生が連れていってくれた場所は、教室の正面ではなくて左側の二番めの窓の所だった。下から見上げて見ると成程かなりの高さがあった。私が頭を突っ込んだという狭い溝には、まだ血痕と思われるしみみたいなものが少し残っていたから、私の思い違いはすぐに解けた。しかし窓と溝との五〇センチの距離を、どんな具合に飛び越えて、私の頭がその狭い溝に嵌まったのか、今もって、どう考えてもよく分からない。私の頭部に受けた損傷は側頭部の両尖端に限られており、他に外傷はなかった。

こうして私が引き起こした事故以外に幼稚園での二年間で、私の記憶に残っていることがあまりに少ないのは、私が五、六歳だったという年齢のせいだけなのだろうか。それにしても不思議なのは、思い出の中で伊藤先生の映像はかなりはっきりしていてリアルなのに、私と直接手を取り合って遊んだ仲間たちの顔が、どうしても一人一人個人としては浮かんでこないことだ。全ては私という自我の塊みたいなものと、漠然としたその他の者という関係になってしまう。幼児の記憶の仕組を解明したいなどとは毛頭思わないが、なんとなく気になる。

明石君のお母さんが明石君の誕生日に、あんパンの五つ程入った紙袋ときれいな色紙の束を、園児全員に配ったことがあった。私はその時まで、誕生日というものがあるということさえ知らなかった。思いもよらない贈り物は嬉しかったが、私にはそんなことより明石君のお母さんの行為が、子供心にとてもモダンで格好よく思えたのだった。大袈裟に言えば、この世の中には自分たちとは違った生活様式をもった家庭があったという新しい認識が、私にかなりのコンプレックスをもたらしたのである。私たちはいつもそんなにはっきりしたものではなかったが、ある種の欲求不満を持病のように持っていた。明石君には恐らくそんな不満はないだろうと嫉妬したのである。

しかし私が幼稚園に入った頃から、我が家にも少しずつ家庭らしい温もりが感じられるようになってきていた。家族だけで二階屋に移った頃である。それにしても私たちの漠とした欲求というやつは、実にたわいのないものだった。

裸電灯の下で、ちゃぶ台を囲みながら家族水いらずで夕げを楽しんでいる。幼い子供たちは今日あったほんの些細な出来事を、先を争って母に報告する。母は始終にこにこしながらそんな子供たちのおしゃべりを聞いてくれている。そんな甘い空想だった。家の事情がそうした贅沢を許さないことぐらい、誰一人知らない者はなかったのに。

二階屋に移って子供たちが最初に自分たちだけでした事は、裏の三坪ほどの庭に手を加えることだった。前の固い庭と違って、今度の新しい庭は少し砂の混じった柔らかい土だった。ちょうど二軒隣が種苗や農機具などのお店だったので、私たちは早速、種と唐鍬を買ってきて、壁に沿ったところに小さな花畠を作った。

一つには鳳仙花《ホウセンカ》の種を蒔き、もう一つの畠には朝顔の種を蒔いた。そして「はやく芽を出せ、出さぬとはさみでちょんぎるぞ」と言いながら、じょうろでしつこいくらい水を撒いた。芽が出た時には思わず歓声をあげた。そして「はやく葉を出せ、出さぬとはさみでちょんぎるぞ」と言いながら、またせっせと水をかけたのだった。

肥料もやらなかったのに畠の小さな植物たちは、強烈な熱帯の陽光を浴びてぐんぐん大きくなっていった。鳳仙花のまるまると太った茎は、まるで野菜のように瑞々《みずみず》しく、やがて咲く花の色を予感させるように、さまざまな色合いを競っていた。

そうして花が咲いた時の感動を、私は六十年たった今でも、思い出の中に淡い彩りを添えて呼び戻すことができる。もともと感動という極めて個人的な感情の昂ぶりの内側を、言葉で伝えようとするのには、かなりの無理があるだろう。しかしあれからもう六十年にもなろうというのに、私の体のどこかに今なお保持されているあの時の感動を、単なる記憶といってしまいたくはない。

なぜか私は、鳳仙花という言葉の響きそのものが好きである。ホウセンカと言ったり聞いたりするだけで、なんだか懐かしいような気分になってしまう。恐らく幼かった私は、一所懸命手塩にかけた鳳仙花が初めて花を咲かせた時、自分のあまり汚されていない新鮮な脳に、その時の感動とホウセンカという言葉の韻律を、しっかりと結び付けたまま脳裏にコピーしてしまったに違いない。

朝顔の印象が比較的薄いのは、鳳仙花の花が咲いてかなりたってから朝顔が蕾を付けたせいなのかも知れない。初めて咲いた朝顔の花は、大輪で深味のある紺色だったことを覚えている。

裏の庭を居間の方から見ると、風呂場の陰になっている部分が一坪程あった。そこを目の荒い金網で囲った鶏小屋で、真っ白いレグホーンを四、五羽飼っていた。毎朝、小屋を覗きにいくのも今までになかった新鮮な楽しみの一つだった。

二階屋に移ってから、私たちはこうして生活の中に少しずつではあったが、母を取り戻していたような気がする。思い出の中に直接母が出てくるわけではないのに、なぜかその一つ一つの場面の背後に、なんとなくあのほのかな母の匂いや微笑が感じ取られるのである。

たとえば私たちは病気になりたいという願望をいつも持っていた。病気といってもあまり重くない風邪だとか、原因は分からないが単なる発熱だとか、いってみれば虫のいい症状になることを願ったのである。子供たちの病気が少しでもこじれると、母は躊躇なく人力車に乗って台南病院に連れていった。壮大な台南病院の威容は、私たちにある種の脅威を与えずにはおかなかったから、そんな本格的な病気には勿論なりたくはない。それ程心配のない症状だと、母は伊藤医院か庄司医院の先生の往診をあおいだ。私たちの虫のいい願望は、それよりもさらに軽いもので、ただ少しばかり寝ていれば、そのうちよくなるだろうという程度のものだった。

もし誰かが熱を出して、真昼間から二階の窓際で布団を敷いて横になっていたとする。するといつもは子供のことなど全く顧みる余裕がない程忙しいはずの母が、どこでどう時間をやりくりして来るのか、病人の傍から一時も離れずに付き添ってかいがいしく世話をやいてくれるのである。

それこそ乳飲み子から順に二つ違いの幼子が五、六人もいる我が家で、こうして母の愛を一人占めに出来る機会など、滅多に訪れて来るものではなかった。しかし私たちは決して姑息な策を弄したわけではない。それはただの淡い願望が偶然にかなえられたに過ぎなかったのである。

幸運にも誰かがそうした症状になった時、その子は母に甘えられるという権利も同時に獲得したようなものだった。幸運な子は他の兄弟に誇示するように、いつもの食べ物を母におねだりした。それはまるで甘えの手形みたいなもので、それぞれの異なった手形には好みの違い以上の自己主張があったようだ。私はさくらんぼの缶詰をねだった。弘治はコンデンスミルクの缶詰で、昭はおたふく豆の甘い缶詰だった。私たちはそれを買ってもらうことで、それとなく母の愛を確かめていたのかも知れない。

その頃の「今林商行」は一日一日大きくなっていくみたいだった。仕事場の活気に満ちた勢いは、幼い私たちにもはっきり感じとれた。それはそのまま仕事一途な厳しい父を連想させずにはおかなかった。しかしそうした我が家の隆盛が、一方では自分たちから何かかけがえのないものを奪っているらしいことも、なんとなく感じとっていた。私たちの願いは、もしも仕事で忙しい父を交えることが無理なら、せめて母を囲んだささやかな一家団欒《だんらん》の生活だったが、しかし私たちに具体的なイメージがあるわけではなかった。ただとにかく同じ屋根の下で一時でもながく母と一緒におれる時間が欲しかったのである。二階屋での生活は細やかではあったが、そんな子供たちの願いが一時適えられた時期だったといっていいのかも知れない。その頃の思い出が幾分か明るいのはそのせいだと思う。

童謡で「うたを忘れた　カナリヤは……」とか「赤い靴　はいてた　女の子……」とか「昭和　昭和　昭和の子供だ　僕たちは……」などの歌を聞くと私は今でも条件反射みたいに、階下の四畳半の畳に寝そべって庭の花畠を眺めている私自身を思い出す。そして私の傍らには、やはり条件反射みたいに、その頃の母や幼い弟たちの姿が写しだされて来る。それは童画のようにほのぼのとした明るい映像なのだ。

ゲンゲン（龍眼）の木のある広場の横の道を、平島さんの借家の前を通って台湾縦貫道路に出て、そこを横切って少し行くと、今度は鉄道線路の踏み切りに出た。警報もない小さな踏み切りである。線路の部分は周りの地面からずいぶんと高く盛り上がっているので、その先はなだらかな下り坂になっていた。その辺りまで行くと民家も疎らで、文字通り市の郊外という雰囲気になる。ほとんど人の気配はなくて子供たちの遊ぶ場所がたくさんあった。

そんな中で、まるでゴルフ場のミドルホールのような細長い広場があった。一〇度ぐらいだったと思われる上りのゆるやかな勾配は、なぜか下草がいつもフェアウェイのように短く刈り取られていた。またなぜか、そのスロープのど真ん中を赤煉瓦で囲われた長い長い一筋の溝が、あたかも広場を二分するように横たわっていた。近寄ってみると実に小さな可愛らしい溝だった。絶えずきれいな水がちょろちょろ流れていて、溝の底には灰色の水藻が流れにゆらゆらとゆれていた。

私たちはそのスロープの一番高い所から、溝の中に足をいれて滑りおりるという遊びを発明して楽しんでいた。まず履いてきた下駄を脱いで裸足になる。そして両手を下駄の鼻緒のところに差し込んでしっかりその下駄を摑む。小さな可愛らしい溝は、子供の素足でさえ二本揃えて入れる幅を持っていなかったから、足は前後に揃えて立たなければならない。深さはせいぜい膝の高さくらいしかなかったから、下の方を向いて腰を落とすようにして構えると、なんとなくいざ出陣という気構えになる。そして手でしっかり摑んだ下駄は、溝の縁の辺りをがっちりと押さえていて、その状態がブレーキをかけた状態になった。押さえていた両手を溝の縁から放して、体重をやや前方にかけると滑らかに滑べり出すのだった。ブレーキを掛けなければ怖いぐらいのスピードになるので、小刻みに下駄を摑んだ手で速さを調節しなければならなかった。こうして私たちはその五〇メートル程のスロープを、何度も何度もくり返し滑っては日の暮れるのも忘れて遊んだのである。やがて西の空にたな引いている雲に赤味が差して、ようやく陽が陰り出すと、町の方の実家の屋根の煙突からまるで話し合いでもしたように、一斉に真っ白い煙がむくむくと立ちのぼるのだった。帰る時間が来たのである。

私たちは追いたてられるように「蛙が鳴くから帰えろ」と唄いながら、遊んだ仲間たちと明日を約して、それぞれの家路を急いだ。私は友達と別れると急に家が恋しくなって足を早めた。線路の踏み切りの所に来て後を振り返ると、薄暮の広場はもうすっかり輪郭を失って、辺りの薄墨色の大気に溶け込んでしまっていた。ただ町の方の電灯の灯りだけが妙に生生しくて、私の帰心をあおるのだった。私は一段と高くなっている踏み切りから、電灯の灯りがともりだした我が家の方を眺めた時の切なかった思いを「あの町この町」という童謡とどこかで結び付けているらしくて、「あの町　この町　日が暮れて　日が暮れて　いま来たこの道　帰りゃんせ　帰りゃんせ」と唄ったり聞いたりすると、あの警報機もない小さな無人の踏み切りの辺りが、はっきりと脳裏に浮かんでくる。六十年たった今でもはっきりと浮かんでくる。

花園尋常小学校

昭和五年四月、私は花園尋常小学校に入学した。その時も母は盛装して付いて来てくれた。一年生は二クラスで男子組と女子組に分かれていて、男組の担任の佐久間先生は、当時としては珍しい女の先生だった。三十を少し越えたぐらいのベテランで、幼稚園の伊藤先生とは違ったタイプの男っぽい先生だった。

しかし私にはその時の入学式の様子は勿論、その後の一年生の時の授業風景や教室内での出来事や休み時間に友達と喧嘩したり遊んだりしたことなどが、はっきりとした映像としてはほとんど思い出せないのである。ただなぜか国語読本はその文章から中の挿し絵の部分まで、だいたいのところをかなり鮮明に覚えている。それは考えてみると実に不思議なことである。私は今こうして六十年ぶりに記憶をたどりながら過去を記録しようとしているのだが、実際にその作業を進めていく内に、このような現象にしばしば出会うことがあった。

当時は国定教科書だったから、北は樺太から南は台湾、南洋諸島まで同じ教科書を使用していた。その頃の小学生は国語読本を音読したものである。江戸時代の素読のなごりなのだろうか、読本は大きな声を出して読むものと思っていた。特に低学年の時はそう信じていたから、机の前に両手を延ばして読本を立てたまま開いた状態で、思いきり大きな声を張り上げて読んだものである。

ハナ　ハト　マメ　マス　ミノ　カサ　カラカサ
カラス　ガ　イマス　スズメ　ガ　イマス
ウシ　ガ　イマス　ウマ　ガ　イマス　ウシ　ト　ウマ　ガ　イマス
ハサミ　ガ　アリマス　モノサシ　ガ　アリマス　ヒノシ　モ　アリマス
オミヤ　ガ　アリマス　オテラ　ガ　アリマス　ヤクバ　モ　アリマス。

私たちは巻一の表紙を開いてから、このあたりまでは、息もつかないで一気に読んだものだ。今も思い出し思い出し言えば、ある程度のところまでは言えるだろう。当時は誰でも、巻一ぐらいは暗記していて、空で言えたものである。

考えてみると、樺太から南洋諸島まではそれ程時差がないから、ある時間帯に日本全国の小学一年生が一斉に声を合わせて「ハナ　ハト　マメ　マス　ミノ　カサ　カラカサ」と大きな声を張り上げて国語読本を読んでいたかもしれない。そんな空想にほのぼのとした懐かしさを感じるのは、多分年齢のせいなのだろうが、国語読本が国定教科書だったからでもある

「ハス　ノ　ハ　ニ　ツユ　ガ　タマッテ　イマス　カゼ　ガ　フク　ト　コロコロ　コロガリマス」

というところが私は好きで、何かの時にふっと思い出したりする。

「一バンボシ　ミツケタ　アレ　アノ　モリ　ノ　スギ　ノ　キ　ノ　ウエ　ニ」というところも好きで、夜、星空を見上げた時などにふと思い出したりすることがある。

しかし読本の中の挿し絵は全体的に古風で、子供たちが着物姿なのには特に時代のずれを感じた。当時私たちの身の周りに着物を着ている者など皆無だったのである。南国ということもあったのだろう、みん

な洋服で霜降の半ズボンをはいていた。それに読本の中の家は茅葺きだったが、そんな家は市内に一軒もなかった。なにしろ大正七年に出来て、大正元年生まれの人たちが小学校に入学した時から使われだした読本だから、時代のめまぐるしい移り変わりに付いて行けなかったのだと思う。

風俗的な見方に限っていえば、その変遷は今日以上に急激だったのではないだろうか。たとえば、八歳年上の辰夫の小学校の入学式の記念写真には、かなりいた着物に袴姿の生徒が、それから二年後の正広の時にはほとんど洋服になっていたことでも分かる。

確かに時代が、一日一日古い殻を脱ぎ捨てて新しくなっていくのが、何となく肌で感じとられた時代だったと思う。そして決定的だったのは、三つ違いの昭和生まれの昭が、小学校に入学して新しい国語読本を大きな声を出して読んだ時だった。私は子供心に新しい時代の到来を思い知らされたような気がしたのだった。その国語読本の挿し絵はすべて色刷りで、中の子供たちは「ハナ　ハト読本」の京人形のような表情とは全く違って生きていた。そしてなによりもその文章のリズミカルで明るいモダンな感じは、私たちの使っていた読本と比べると、まさにカラーとモノクロームテレビの違いみたいなものだった。

サイタ　サイタ　サクラ　ガ　サイタ
コイ　コイ　シロ　コイ
オヒサマ　アカイ　アサヒ　ガ　アカイ

私は今でもかなり、「サイタサイタ読本」を暗唱することができる。恐らく弟が得意になって音読しているのを、屈折した複雑な気持ちで聞いているうちにいつの間にか覚えてしまったのだろう。

話はもとに戻るが、尋常小学一年生の時の私の成績表はほとんど「甲」ばかりだった。たしか、国語と図画と操行だけが「乙」だったと思う。私は操行を小学校の六年間ずっと「乙」で通したという実績を持っている。悪戯好きと少しばかりの反抗精神に、潔癖な割には幾分怠惰なところのある性癖は、持って生まれたもので、また今なお持ち続けているはずのものである。思い出の中のエピソードにそんなところが一つ一つ当てはまる場面に出会うと、つくづく因果なものだなあと思うことがある。もう一つ私は習字が苦手だった。その習字が「甲」だったのが六年の間で一学年の一学期だけだったということを記さなければ公正を欠くことになるだろう。

私は初めての習字の時間のお手本が「ノ　メ　ク　タ」だったということをはっきり覚えている。その最初の作品がなぜか教室の後に、赤い三重丸で飾られて貼り出されたこともはっきり覚えている。しかし習字で貼り出されたのはそれきりで、その後の評価は全て「乙」だった。

国語は漢字を覚えるのが苦手で、書き取りの試験はほとんど落第点だった。私は小さい時から、そこにあるものをそっくりそのまま覚える、つまり丸暗記という作業がなぜか嫌いだった。そこに何か自分の考えや意向を指し挟む余地のある作業だと何とか興味がもてたが、もともとぐうたらな気質は生来のものだと思っているから、そんな言い訳はあてにならないかもしれない。図画で「甲」をもらったことも六年間で一度だけあったと思うが、何年の時だったか忘れてしまった。

とにかく私の一年生の時の通信簿は「甲」の方が圧倒的に多かったわけだから、出来る子として親の期待を担っていたとしても不思議ではない。ところがその子が二年に進級した最初の通信簿でいとも簡単に全ての「甲」と決別してしまったのである。昭和五、六年という年は確かに私たち幼い兄弟にとっては激動の年だった。我が家の中でいろんな事がおこり、いろんな変化があった年だった。

私は小学校から中学校にかけて、割に友達運に恵まれていたのではないかと、自分なりに思っている。自分にとってよい友達とはなにかという定義などあるはずはない。それこそ本人次第で、相互間の要素は無限に多様で、しかもその出会いに微妙な偶然性があるわけだから、数少ない親友との出会いも単なる偶然といえないことはない。しかし、今になって振り返ってみると私と親友たちとの間には、はっきりした特徴のようなものが介在していたような気がする。それは私のどの友人にも適応するものだったと思う。そしてそれは主として私自身の性向に多分に起因するものだったと思う。

私の家の家業の隆盛は、幼い私たち兄弟から母との家庭的な触れ合いを疎外していたということは前にも記した。私たちがどれほど母を慕い寂しい思いをしたかは、多少我儘ととれる部分を差し引いたとしても、今なお、その余韻が私の感情の片隅に残っていることでも推測出来る。この手記の文章の少しばかり寂寥なトーンは多分にその余韻のしからしむものではないかとひそかに怪しんでいるくらいである。

私は私の親友とただの一度も喧嘩をしたことがない。言い争いさえしたことがない。そのことが特異なことなのかどうか、他の人の友達関係を知らないから何ともいえないが、争ったことがただの一度もなかったというのは、一つの特徴だったといっていいだろう。別な言い方をすると、ちょっとした事で我を張り合うような相手を私は避けたのである。

こうして日頃多忙な親から満たされ得なかった空疎な部分を、私は身近な兄弟や特定の友達との触れ合いで満たそうとしていたのかもしれない。したがって、私の親友は比較的度量が大きく、大人びていてしっかりした人が多かったような気がする。お互いに嫌味のない適度な遠慮があって、無茶な我を通すようなことは決してしない。

その頃の私はどちらかというと、臆病なわりに傷つきやすくて、すぐ感情的に激情するようなところがあったから、そうした優しさを持ち合わせている友達としか長続き出来なかったのかもしれない。一種の甘えだったのだろう。そういえば、なんとなく相手の方が兄貴という感じで、それでいて決して兄貴風を吹かさない。私の方も決して相手が傷ついたり、不快になるようなことは一切しないし言ったりしない。こうして言葉にすると、いかにも堅苦しく、ぎすぎすした感じになるが、私たちの間ではそれが極めて自然に遊びの中に生かされていたのである。

その頃のほとんどの子供たちは、昭和後期の子供たちに比べると、確かに多忙な親から見放されているような生活環境にいたといっていいだろう。だから、結構自分たちだけで人間関係の機微を会得しているようなところがあった。世間ずれしていたのとは少し違う。たとえば昔の子供はよく喧嘩したと言われているが、確かにその地域や時代の違いはあるとしても、私たちに限っていえばそんなことはなかった。

私たちはできるだけの配慮をしながら、お互いに無意味な争いを避けていたような気がする。そんな知恵を、ごく自然に身に付けていたような気がする。その頃、祖国そのものがどでかい喧嘩をしていた時代という背景はある。私たちが植民地の支配階級の側で生活を営んでいたという事実も、考慮に入れないわけにはいかない。しかしそんなことよりもっと根元で、私たちが掲げていた一種の理想主義みたいなものに注目した方が、当時の子供たちの世界を理解する手立てとしては適切ではないだろうかと私は思っている。「喧嘩」という人間の社会的な関係が崩れかかろうとする混沌の段階でさえ、あの頃の子供たちは侠気を守ろうとするようなところがあった。これは今の世相から思い返してみると実に不思議な現象といっていいだろう。こうした昭和初期のといえば大袈裟になるけれど、私の身近にいた子供たちの行為や物の考え方については、これからも折りに触れて事実を交えながら記録していきたいと思っている。

雑賀《さいが》威《たけし》君は、私の意識の上に登場した最初の友人だといってもいい。雑賀君とは幼稚園で一緒だったのに幼稚園で遊んだ記憶はなくて、家が近かったせいか、園がひけてからよく遊んだ仲だ。たいていは小遣いを手にして東市場に買い食いに行ったのである。

雑賀君の家には、我が家の向かいの住吉さんの家の右側に沿った路地を通って行く。路地の右手は一メートルほどの石垣の上に、コールタールを黒く塗った高い板塀が向こうの道はずれまでずっと、真っ直ぐ続いていた。左側にはただ地面を掘っただけの浅い一幅ぐらいの側溝があって、澱んだ黒い水面には緑色の苔の塊みたいたものが一杯浮いていた。時々底の方からメタンガスがぶくぶくと泡になって浮いてくる。そんな汚い溝だったが御影石のちゃんとした平らな橋が架かっていて、その先には三角ベースが出来る程の広場があった。その広場は近所の子供たちの格好の遊び場になっていた。

丈の低い芝みたいな草原の上を、シオカラトンボを小型にしたような可愛いトンボがいつも飛び回っていた。雌はムギワラトンボと同じ麦わら色をしている。そして面白いことに、雄はシオカラトンボにそっくりなくすんだ群青色だった。

私たちその小さなトンボをよく手捕みにした。蠅を捕える要領で、手のひらを横に払うようにして採るのである。蠅はすばしこくってなかなか捕えることが出来ないが、その小さなトンボは子供でも容易に採ることができた。私たちがその小さなトンボを捕えたのは、それを餌にして大型のヤマトンボを釣るためだった。ヤンマのことをその頃私たちはヤマトンボと言っていた。オニヤンマに似ているが一回り小型で、すばしっこくて精悍なヤマトンボはとても素手では捕えることは出来ない。そこで子供たちがヤマトンボを捕りたいと思った時は、どうしても「釣」らなければならなかったのである。

あたりには芝の花穂《カスイ》だったのだろう、四、五十センチぐらいの細長い穂が至る所に生えていた。その中から丈夫そうなのを一本引き抜いてきて小穂をそぎ取ると、トンボ釣りの竿が簡単に出来た。いかにも細くて頼りなさそうに見えるが、芯はわりとしっかりしていて、真っ直ぐにつっ立っている。その穂先にあらかじめ手摑にしていた小さいトンボの胴体のあたりをしっかり結び付ける。胴体だけを結わえられたトンボは自由になった翅を震わせて必死に逃れようとするのだが、穂の先端で空しくホバーリングすることになってしまう。そこで用意は万端整ったのである。

子供たちはその釣り道具を携えて獲物をさがした。ヤマトンボはたいてい地上一メートルぐらいの高さの枯れ枝の先端か、丈の高い草の先の尖ったところに止まっていて、飛んでくる小型の虫をじっと待ち受けているから、労せずに見つけることが出来た。やたらにホバーリングしている小さなトンボを結わえた穂の釣竿を、ヤマトンボの目の前でゆっくりと輪を描くように回すと、ヤマトンボの大きな複眼がその輪をなぞるように回転しているのがよく見えた。と、次の瞬間もう貪欲なヤマトンボは小さなトンボの上にのしかかって頭のあたりを嚙み砕いているのだった。

か細い釣竿を伝わって来るかなりの手応えを味わいながら、子供たちは獲物をそっと自分の胸元に手繰り寄せて、帽子などで押させて捕った。時には素手で摑むこともあったが、よほど気を付けないとそのするどい顎で血が出るほど嚙まれてしまう。

こうしてこの一見残酷な遊びを、その頃の子供たちで替わって弁明すれば、いつもやっていたわけではない。芝の花穂の立つのはせいぜい年に二回ぐらいだろうし、トンボだって年中飛び回っていたわけではないだろうから、これはある限られた一時期の遊びだったのだろう。私の記憶を辿って言えば、トンボ釣りの経験は五、六回あったかなあという程度なのに、その記憶が特に鮮明なのはやはりその印象の残酷さ故なのかも知らない。ちなみに、私は今なおその小型のトンボとヤマトンボの正式な和名を知らない。

その広場は溝に面していないところは全て高い土塀に囲まれていた。そして一カ所だけくびれたようになった狭い通路があって、そこを抜けると幅のいやに広い道路のような広場に出た。それは明らかに道路だが、右側半分に大きな木がたくさん植わっている奇妙な道路だった。そして東西に向かっているその二百メートル程の道路は、東側も西側も民家によって行く手を完全に塞がれているのだった。道幅の広い奇妙な道路の南側には陸軍将校の官舎が建ち並んでいたが、北側は高い土壁になっていて、そこが憲兵隊本部であることは子供でもよく知っていた。そして子供たちは決してその北側に近寄ることはなかった。

いま私の手元に「台南市区改正図」という四つ切り大の簡単な市内地図の複写がある。これは弟の源治が横浜在住の湯川克夫という友人から頂いたものを、さらに複写してもらったものだ。昭和十一年三月末発行となっている。

昭和十一年三月といえば、私が花園尋常小学校を卒業した年である。その地図は私がいま何とか回想しながら綴っている時代の貴重な資料となるはずだったが、その地図の上の清水町界隈をなぞっていくと、そこにあるはずのない道路が描かれていたりして、とまどってしまった。たとえば、知事官邸から真っ直ぐ延びて台南駅から児玉公園に通じる幹線道路に繋がる地図上の道路は、当時存在しなかったものだ。そこで「台南市区改正図」というのを、「改正予定図」とすれば、どうやら辻褄があってくるのである。

憲兵隊本部の前の、あの奇妙な広場を少し北向きにねじ曲げるようにして延長すると、知事官邸に直接通じるはずだが、その地図上では既に昭和十一年にそうなっているのだった。しかし何らかの理由で中心の部分だけが早々と出来てしまって、両端の土地問題が未解決のまま、こうして奇妙な格好で取り残されたのではないだろうか。

雑賀君の家もその北側の出口をわずかではあったが塞いでいた一軒だった。憲兵隊の方から北の方に向かって行って、突き当った所に彼の家はあった。立派な木造の二階家で、裏のほうに大きな木工工場があって、家は家具類の製造を営んでいた。

私はその雑賀君の家の座敷に上って遊んだことが一度もない。彼もまた、私の家に上がり込んで遊んだことはなかったと思う。私たちはいつも外で遊んだのである。私はその頃家の事情が、とても友達を呼んで遊べるような余地のないことを何となく理解していた。そしてその事は健気にも、もっと幼い弟たちにさえ何となく理解されていたのだろう。弟たちも友達を狭い家の中に連れて来るようなことはほとんどなかった。私は交友関係をそんなものだと思って疑はなかった。家族ぐるみの付き合いというものがあることを知るのにはあと数年待たなければならなかった。

私の両親は自分の子供たちにさえ構えないでいる程多忙であったから、子供たちがどんな所でどんな遊びをしているのか、誰と付き合っているのか、全く知らなかったというより無関心だった。だから私達は逆に誰からも拘束されることなく、ごく自然な子供の感覚で友達を選ぶことが出来たのではないだろうか。その頃はまだ、子供たちは大人から何の拘束もされない子供たちだけの世界を持ち得たのである。

雑賀君とはいつも外であそんだ。お互い相手の気質のどんなところが気に入っていたのか、今もってよく分からないが、ただ彼と会っていると、なぜか妙に気が和むのである。だからといって二人はいつもべたべたと一緒にくっつき合っていたわけではなかった。遠くに離れて住んでいるごく気の合った従兄弟がいて、一カ月ぶりに会う。二人は昨日まで普通に遊び合っていたように極めて自然に打ち解けることが出来る。そんな仲だった。

私は中学校を卒業すると、台南高等工業学校の推薦を断って東京へ遊学したいと母に願った。植民地に育った子供たちが「内地」に憧れるのはごく自然な感情だったが、「東京」はその象徴的存在だったのである。東京の知的でモダンで華やかな街を自分の足で歩いてみたい。そして自分の目でしっかり確かめてみたいというのは、私たちがいつも潜在的に持っていて叶えられそうもない漠とした夢だった。ところが当時、家がかなり経済的に恵まれていたこともあったのだろう、私の青臭い我儘は思いがけなく何の抵抗もうけずにすんなと受け入れられたのである。

あまりにも簡単に事が運んだので、いざ東京行きが現実的なものになると、出発までの時間がほとんどなくなっていた。銀ぶらをしていると、いくらでも映画スターや流行歌手とすれ違うことができる。そんな空想に酔い痴れていた私に身の回りへの配慮が欠けていたことは十分考えられる。私はまるでちょっと観光旅行に行ってくるというような感覚で台南を離れた。友人たちには誰一人目的も行く先さえ知らせていない。一つには、はっきりしたものではなかったにしろ、動機になんとなく後ろめたいものを感じとっていたからかもしれない。私は父の取り引き先である知人の家にお世話になった。その家は本所の錦糸町公園近くにあって、様々な種類のサイレンを作っていた。我家の取引先の家だった。

ある日、その家にひょっこりと雑賀君が訪ねてきたのだった。当の私でさえ一人ではとても探し当てられそうもない、錦糸町の裏町のその家の玄関に彼は立つていた。彼は昨日会って別れたばかりのように、しごく当たり前の顔をして「浅草に行かないか」と私を誘った。浅草に出てから、不思議なことに六区を歩いた記憶が私には全くない。あれ程憧れていた浅草で、エノケンの実演を見ようとはしなかったのだろうか。藤山一郎の歌をじかに聞きたいとは思わなかったのだろうか。私にはただ、二人で池のほとりを語り会いながら歩き回った記憶しか残っていない。一体、二人は何を語り合ったのだろう。

その小さな池のほとりには物売りや屋台などがたくさん出ていて、家族連れや学生たちで賑わっていた。そこはもしかしたら盛り場だったのかもしれない。池の周りには柳の木が点々と植わっていた。その一本の柳の木の下にゴザを敷いて、老人が爪楊枝を一本一本丹念に削っていた。小指ぐらいの太さの柳の枝四、五十本ほどを束ねて五つも六つも膝元に置いている。私たちは立ち止まって、しばらくその老人の鮮やかな手裁きを見ていた。

浅草を出て、それから彼は私を新宿の第一ホテルに案内した。彼はホテルに宿泊しながら大学を受験していたのである。雑賀君が自動式のエレベーターをいかにも手慣れた手付きで操作して、十階の部屋に私を誘った時、彼はもう正に都会人だった。雑賀君は時に、そんなハイカラな側面を覗かせることがあった。

部屋はワンルームで、ベッドと小さなテーブルに椅子が一つ置いてあるだけのシンプルなものだったが、それがかえって私にはすごくモダンに見えた。その部屋でしばらく話をした後、私は彼と別れた。再会の日取りを約するでなく、お互いの今後の日程を聞き合うでもなく、またいつか会った時昨日会って別れたばかりのように、しごく当たり前の顔をして「よう」と挨拶しながら肩を並べてどこかへ出かけていくに違いないことを、その時私は少しも疑わなかった。雑賀君とはそれっきり会っていない。あれからもう半世紀の歳月が流れているというのに。

いま私は、台南市立第一、竹園、花園、尋常高等小学校同窓生の一九八〇年版の名簿を見ている。同窓生の幹事の中に同級生の猪田幸夫君が名を連ねていて、同君が送ってくれた黄色い表紙の小冊子である。それによると、母校は三度も校名を変えていて、私の兄弟で姉だけが竹園を卒業していて、あとは全員花園を卒業している。そして、昭和十一年（第三十九回）の卒業生は七七名になっている。今思い出してみても、あの頃の教室の中は前後左右全く余地がないくらい、机がぎっしりと詰めこまれていた。机を寄せているので、両脇の通路はなく、最後尾の生徒の椅子は壁にぴったりとくっついていた。そうでもしないと七十七名を収容することが出来なかったのだろう。

七十七名の同窓生のうち、いま所在の判明している者は三十三名、戦死者四名、物故者十二名と名簿には記載されている。残りの二十九名はいまなお、お互いに連絡がとれないでいる人たちである。その中の一人に雑賀威君の名がある。

それにしても雑賀君とのあの奇妙なくらい純粋な友情は一体何だったのだろう。いま思い返してみてもよく分からないところがたくさんある。若かったとか、お互いに比較的生活環境に恵まれていたとかいうのは、ほんのささやかな要素でしかないだろう。一つだけはっきりしているのは、二人の出会いには全くと言っていいほど他意というものがなかったことである。たとえ一月ぶりだろうと、一年ぶりに逢ったとしても、まるで昨日会って別れたばかりのように、しごく当たり前のような心性で二人は顔を合わせることが出来た。私はかつて彼をどんな意味でも疑ったことがなかった。彼も私も会っている時は、すごく満ち足りたような穏やかな顔をするのだった。お互いそれで十分だったのである。

小学校一年の時のもう一人の友達だった鈴木道彦君の名前が名簿に載っていないのは、鈴木君が小学校四年の時に転校していったからだろう。

鈴木郡の家は私の家の隣にあった。隣といっても、ちょつと離れている。私の家のおもちゃ箱の置いてある子供部屋の裏の窓を開けると、ランタナの花が咲いている路地があったが、その路地を右の方に行くと、コンクリートで固められたかなり広い共同井戸のある場所に出る。その広い井戸端は私の家の西側の壁に隣接しているが、鈴木君の家の裏側とも接していた。つまり私の家と鈴木君の家は、その共同井戸を隔てて隣同士だった。

私は小学校に入るまで、お隣に同じ齢の子がいることを全く知らなかった。登校する時、毎朝のように顔を合わせる同級生として鈴木君とは親しくなったが、それだけですぐ彼と仲良くなったわけではない。

私は鈴木君とも雑賀君同様に言い争いさえした記憶がないのである。お互いに嫌味のない適度な遠慮があって、いつも相手の存在を認め合うというのは、いま思い返してみても私が親友としてきた人との間に介在する第一の要素だったが、鈴木君ともそんな仲だった。

鈴木君は確か、一年生の時から四年生までずっと級長を続けていた、文字通りの優等生だった。彼に限って、お父さんが視学だったから級長を続けられたのとは違う。運動がやや苦手だったほかは何でも出来て、鈴木君が学級にいる限り他に級長の候補が浮かんでこない、彼はそんな一種の風格を教室の中で漂わしている少年だった。しかし一歩、学校を出ると運動神経がやや鈍いただの少年で、そんな鈴木君と私は妙に気が合つたのである。

視学というのは官制の教育委員で、当時はかなりの権限を持つていた職種だった。鈴木君のお父さんはそんなことを毛先程も感じさせないおだやかな人だった。やや面長な顔に黒縁の眼鏡をかけて、はやりのチョビ髭を生やしていた。そのお父さんがある夜、私と弟の弘治を鈴木君の家の映写会に招待してくれたことがある。他に知らない近所の子が二、三人よばれていた。

その頃私たちは幼い子供たちだけで、夜、家を外にするということなどよほどのことがないかぎりありえないことだった。なんらかの事情があって外出することがあっても、その時は必ずと言っていいくらい保護者同伴であった。そうした時代だったのである。それがたとえお隣だったとはいえ、兄弟二人だけで夜暗くなって外に出る事が出来たのだから、その夜の大袈裟に言えば何か別な世界を垣間見るような気持ちの昂ぶりを、私は今でも思い返すことができる。ましてや、活動写真を見せてくれると言うのである。

巡回用の十六ミリの映写機だったと思うが、勿論、見たこともないすごい機械だった。その黒光りのするいかにも重量感のある機械は、映写室になっている六畳の間からはみ出した敷居の外の台の上に据えられていた。そして白い映写幕は反対側の壁に吊されていた。機械を覗き込むようにして操作していた鈴木君のお父さんが、やおら顔を上げて簡単な挨拶をした後、映写は始まった。いわゆる、文化映画と称する農村の風物やお祭りや美しい風景を撮ったものが主だったが、まだ動く写真そのものが珍しい時代だったから、私たちはもう夢中になって画面に見入っていた。

一つ一つの話はそれ程長いものではなくて、それに一巻がすむとすぐ巻き戻したり次の巻を準備する時間がいるので、その間が休憩時間ということになる。そんな休憩時間はすぐにやってきた。そしてふいにパット電灯が灯される。私はその度になぜか妙に面映ゆいような新鮮な気持ちの高揚を感じるのだった。鈴木君のお母さんが一人一人の手元に配ってくれた煎餅の紙包みを開ける者など誰一人いなかった。

漫画も二巻ほどあった。そのうちの一つは、今でもかなりはっきりと映像もストーリーも覚えている。お話は、遊び者のキリギリスと働き者の蟻の、多分イソップ物語からとったものだった。モノクロームの単純な線画で、動きのぎこちない動画だったが、それでも私たちはいまにも心が躍りだしそうな興奮を覚えたものである。鈴木君のお父さんの棒読みのような弁士の口調などほとんど気にならなかった。

鈴木君と仲良しになってから、私たちはよく鈴木君の家の裏の共同井戸のあるところで遊ぶようになった。インドソケイのある私の家の玄関を出て、背の高い黒塀沿いに五、六メートルも東市場の方に歩いて行くと、すぐ左手に三段か四段ぐらいの石段があった。その一間間口程の石段の幅だけ黒い塀は途切れていて、私たちはそこから井戸端に遊びに行くことが出来た。その十二、三畳ぐらいはあった四角い広場はコンクリートで固められていた。真ん中の辺りがやや高くなっていて、そこに子供の胸ぐらいの高さの古井戸があった。

井戸には分厚い木の蓋がしてあったが、半分は腐っていて、もうかなり永い間使用されていないことが分かった。朽て欠けた板の隙間からそっと中を覗くと、思ったより底は深い。かすかに届く明かりにさらに透かして見ると、レンガや瓦のかけらなどに混ざってガラスの破片が不気味に光っていた。念のため小石を落してみる。するとちょっと時間をおいて、かさっと頼りない音がした。水はもうすっかり涸れてしまっているのだった。そんな気味の悪い古井戸を無視さえすれば、その広場は誰からも邪魔されない私たちだけの格好の遊び場で、よく戦争ごっこをしたりチャンバラごっこをしたりして遊んだ。

熱帯圏にある小学校だったから、夏休みは七月十日から八月一杯まであった。私には学校が夏休みに入る頃になると、私たちの町が決まったように大きな台風に襲われた記憶がある。凄まじい熱帯の台風が通過すると、辺り一面、吹き千切られた木の枝や葉っぱで絨毯を敷いたようになる。そんな落ち葉の中から私たちは木瓜《モッカ》の葉を拾ってきて、チャンバラごっこをして遊んだのである。木瓜と書いてモッカと言う。

私は戦後内地に引き揚げてきて木瓜というこんな植物を初めて見たが、ボケと発音するのを知って驚いたことがある。木瓜はパパイヤのことで、どちらかといえばボケよりもはるかに木瓜という漢字にふさわしい果物だと私は今なお、あの時の驚きを正当なこちら側からの驚きとして当然だったと思っている。

木瓜は井戸端の広場の西側の黒い板塀に沿って二本植わっていた。ずいぶんと年を経た古木らしくて、上の方が無数に枝分かれしていた。木瓜は電信柱のようにすらっと一本天をさすように突っ立っているのが普通である。それにその木瓜はとてつもなくのっぽで、黒塀越しに見える電気屋の二階の屋根ぐらいはあった。

台風が通過した後、古井戸のある遊び場に行くと木瓜の長い葉が何本も落ちていた。木瓜の葉は八つ手の葉の柄の部分を一メートルぐらいに長く延ばして、水道の蛇口の太さに拡大したような形をしている。先端の天狗の団扇みたいなところを取り除くと、一本のすらっとした棒になった。私たちのチャンバラごっこの刀はこの時期、こうして簡単に手に入れることが出来た。しかしその緑色の刀は空洞で固い割りにはたいへんもろいので、夢中になって切り合ったりすると、すぐに折れてしまうのだった。

共同井戸のある広場は、裏木戸を開けるとすぐの所にあるという地理的条件から、鈴木君の家の権利の濃い場所だった。木瓜の所有権も鈴木君の家にあるようなものだった。木瓜の木は年中、次ぎから次ぎに大きな赤ちゃんの頭ぐらいの果実を実らせる。

千成り瓢箪のように鈴なりなった果実は、下の方から順順に熟していって、熟すと橙色に色付くからすぐに分かった。熟し過ぎて実がくずれかかると、その芳香に誘われたようにどこからともなく目白が群れをなして飛んで来て、つっ突き散らす。

だから、私たちが木瓜の実を採る時は、実がまだ黄色くて少し橙色になりかかった時を選ぶ。鈴木君の家には長い竹竿の先に魚を掬う網を結び付けた道具が、常備されていたから、木瓜の実を採る時は鈴木君の暗黙の了解を得なければならないのだが、そうでなくても、網の付いた長い竹竿は結構重くて、一人ではとても扱いきれなった。鈴木君と二人掛かりでやらなかったら、とても目的は果たせなかっただろう。

木瓜の熟した果実は、赤ん坊の頭ぐらいの大きさがある。重量もそれなりものがある。それに表皮が人の大腿部の肌の柔らかさなので、その実を長く重たい竹竿を使って、五メートル以上もの高さからもぎ取るには、かなりの練達を必要とした。とうてい、子供の力では無理というものだ。なのに、私たちは何度もその困難に挑戦したのである。

まずこれと思う熟した実の下に長い竹竿の先端に付いている網を、その実を受けるようにしてそっと差し込む。それから網の縁の針金のところで、果実が木にしがみついている柄のところを捩切る要領でゆっくりと左右に動かしながら押し込んでいく。何しろ、相手はちょっとした圧力にも崩れかねない柔肌の持ち主だ。用心のし過ぎということはない。それでも作業は私たちの頭上五メートル以上のところで行われるわけだから、大部分は自分の未熟な感に頼らざるを得なかった。失敗することはしょっちゅうだった。五メートル以上の高さから墜落してくる大きな果実は、私たちが悲鳴を上げながら避難する間もなく、コンクリートの床の上に、壮烈な散華をした。まるで前衛画家がところ構わず橙色の絵の具を塗ったくったように、コンクリートの床を橙色に染めて見事に散った。ところどころ蛙の卵のような小さな黒っぽい種が点点と転がっている。私たちの木瓜採りは、こんなふうな結末になるのが落ちだったみたいだ。

鈴木君の家に井戸端の方から裏木戸と開けて入ると、すぐ右手の所にバナナの木が五、六本あった。その辺りが薄暗くなるくらい茂っている。猛烈な台風が通過すると、そのバナナの木も散々な被害を被った。広い葉っぱのひらひらした部分がひき千切られたり、柄の元のところから折れたり、ひどいのは木が根元から押し倒されたりした。私たちはそんな傷んだ葉を取ってきて、戦争ごっこをして遊んだのである。

バナナの葉は長い葉で、一本の太い芯を両側にひらひらした広い厚手の葉が長々とくっ付いている。そのひらひらした部分を取り除いて、私たちは機関銃を作った。

機関銃にしてはあまりにも軽すぎたが、それは中身が里芋の茎のようにスポンジ状に出来ているからだった。その太い芯の丸くなった背の側に、切り出しナイフを使って切りこみを入れる。丸い背の幅一杯ぐらいの短形を、きちんと間隔を置いて縦列に並べるように切り込みを入れた。芯の細くなった方が銃口で、切り込みは把手の方を残して後の三方に深く入れた。

切り込みの入った部分を、今度は剝ぎ取るようにして次々に引き起こすと、手前の方だけはまだ表皮がくっ付いているわけだから、葉柄の丸い背中の小さな箱を縦一列に並べたような格好になる。つまり私たちの機関銃は装填された状態になったのである。

こうして私たちは物陰に隠れた。敵を発見するや、渾身の力を込めて把手の方から銃口の方へ掌を平らにして勢いよく滑らせた。縦に並んでいた小箱はちょうどドミノが倒れて行くようにして元の鞘に収まるのだが、その時ポンポンポンという連続した鈍い破裂音がした。実に頼りない鈍い音がした。そうして兎に角その連続音は私たちに一応機関銃の射撃音を連想させてくれた。しかしやがて、私たちはまるでその場に欠落したリアリズムに、なんとか臨場感を取り戻そうとするかのように、それこそ滅多やたらに「ダダダダダ……」という感情的な擬音を乱射し続けたのである。

私の遊び仲間は、雑賀君や鈴木君の他にもまだたくさんいた。しかし遊んだ仲間の一人一人のリアルな印象はまるで記憶になくて、ただその遊んだ時の情景だけが、なぜかはっきりと思い出せる。私たちはその頃、集団で汗びっしょりになりながら走り廻った少し荒っぽい男の子の遊び以外は、たいてい、賭事をして遊んでいたような覚えがある。賭といっても、大袈裟なものではなくて、いってみれば、その時々に子供たちの間で流行ったコレクションを対象とした、単純な取り合いっこのルールなのだ。

昭和四、五年頃、子供たちの間で活動写真のフィルム集めが流行ったことがある。もっと以前から流行っていたのかもしれないし、私たちより少し年嵩の少年たちの趣味だったから、私たちはちょっと背伸びをして兄たちの領域に入り込もうとしていたのではないのだろうかという気がする。劇映画の三五ミリのフィルムの一コマ一コマを収集するのである。五、六歳の子供にはやや高度の趣味と言っていいだろう。

裏町の駄菓子屋へ行くと、新聞紙で作った小さな封筒の中に、そんなフィルムを一コマずつ入れたものが束になって軒下に吊されていた。一袋一銭だった。どんな珍品を引き当てるかもしれないという期待にわくわくしながら、私は一銭を握りしめると駄菓子屋へ走った。それにしても、そもそもどんなものがいいものなのか、幼い私にはまるで分からない。しかし、その頃既にかなりの数のコレクションを持っていた兄たちが後生大事にしていたものが、即ち私たちにとっても貴重品なのだった。

表紙が布張りの葉書大のファイルブックもあって、兄のコレクションはその厚さが七、八ミリにもなっていた。中身は薄い台紙にセロハン紙を張ったもので、フィルムが一コマずつ嵌め込めるようにフィルムの数だけ、セロハン紙に少し切り込みが入れてある。一ページに十枚ぐらいは収納できたから、その部厚いファイルブックに納められていた収集品は大変な数だった。

単に切り取られた一コマのフィルムでも、好みによって色々と並べ替えると思いがけない効果が表れることがある。兄のファイルの中で今でもはっきり覚えているのは、外国物で、髪の毛の薄い痩せて目の落ち窪んだ、怪人のような老人のポートレートである。焦点の定まらない目は虚ろで、酷薄《こくはく》そうな口元は心もち開けたままになっていた。その全く同じポートレートを、クローズアップからロングショットまで、つまり小さい肖像から少しづつ大きなものへと六枚ほど並べられているのだった。ただそれだけの事なのに、妙に印象に残っているのである。ズームアップの効果といっていいのかもしれない。

コレクションはまず日本ものと外国ものに分けられ、日本物も時代劇、現代劇、男、女、好きな俳優という風に整理されていた。私は時代劇しか興味がなく、駄菓子屋でそれ以外のものを引き当てると、貯めておいて賭に回した。

それにしても、私が宝物にしていたフィルムはたくさんあったはずだが、今なお記憶に残っているのはどういう訳かたったの一枚しかない。大河内伝次郎の「地雷火組」という宣伝ポスター風のカラー物だった。色は恐らく後から着色したもので、その頃でも左程珍しいものではなかった。しかしその構図がポスター風なのは、他のフィルムと一線を画する程の珍品だったのである。推測すると、予告編で使用されたカラーのスチール写真用のフィルムではなかったかと思われる。

そのフィルムは中央に侍姿の大河内伝次郎が口をへの字に結び、目玉を吊り上げて見えを切っているものだった。背景となっている地雷が炸裂しているシーンは圧倒的で、カラーの効果を一段と高めていた。そして宣伝ものらしく、地雷火組と大きな字が前面に浮き出ているのだった。

私は当時話題になった、その「地雷火組」という活動写真を残念ながら見ていない。しかし、もしかすると、兄たちに連れて行ってもらって見たものを、すっかり忘れてしまっているのかもしれない。つまり私は、未だ活動写真を理解する年齢に達していなかったのである。それにしても毎日のように一枚一銭で買って来るフィルムで、こんな珍品を引き当てることは、滅多にあることではない。たいていは駄目なやつで、そんなものはまとめて賭の取り引きに使つた。すると、今度はそうした賭仲間の間で自然に所持している枚数を競うようになってきて、賭熱はだんだんと高まっていくのだった。

私たちの賭は単純で実に明解なものだった。出来るだけ草の生えていない、小石なども混ざっていない平らな地面に、およそ三、四メートルぐらいの距離をおいて並行な二本の線を描く。小石の角でやや深目に適当に描いた。そしてその辺りに落ちている子供の掌ぐらいの大きさの、少し厚手の石か瓦のかけらなどを拾ってくる。賭に直接かかわってくる重要な道具なのだが、子供たちは自分の好みと、その日のフィーリングでいとも簡単に拾って来た。

私たちの賭はそれぞれ自分の石を一方の線から三、四メートルほど離れたもう一方の線へ交互に投げ合って、線に近いほうが勝というものである。ただし、二つの石が予め決めていた距離内になければ、勝負には勝ってもフィルムは貰えない。その距離は勝負をする前に、そこら辺りにたまたま落ちていた小枝だとか草の茎だとかを適当な長さに切って、その長さに決めるといういい加減なものだった。それでも一旦決まれば、それは絶対的な距離になる。

魚源の大広間で、母と子供たち。次女・千代子は母と一緒に。
長女・ます代は子供喜代子とともに（筆者は左端）

その賭は先行する者が常に不利であった。後攻の者はもしも先に投げた石が見事線の真ん中に乗ったりすると、無理な勝負を避けて小枝の届かないところに石を投げることが出来るからだ。しかし勝負に負けた者は次ぎには先行しなければならない。投げ損じて相手の石が線から大幅に離れると、その時がチャンスだった。慎重に自分の石をその石より線に近く、なおかつ小枝の長さの範囲に落とさなければならない。ルールは簡単だが結構、技術も駆け引きもいるところは、やはり賭といっていいのだろう。

フィルムの収集熱はそれほど長くは続かなかった。メンコが流行りだすと、私たちはすぐそちらの方に鞍替えしたのである。同じ賭でもメンコの方が遥かに、歳相応な面白さがあった。絵柄もちゃんと子供たちに合わせて選んであった。表には義経、頼光、後藤又兵衛、加藤清正など歴史や講談で有名な人物や、大河内伝次郎、河部五郎、尾上松之助、市川百之助などの剣劇スターなどが極彩色で描かれていた。

五枚出し十枚出しという勝負もした。一枚ずつの取り合いでは埒が明かないというせっかちな賭で、その派生した根元の辺りに、少しばかりの杞憂を感じさせる種類の遊びであった。枚数は任意で、挑戦者の提示する枚数をこちらが受ければそれで決まった。

仮に五枚出しとしょう。三人でやれば十五枚集まる。その十五枚の中から親を一枚決めて、それを残りの中にランダムにいれ込む。そしてそれらのメンコをきれいに揃えながら筒状に積み上げるのである。その作業は当然のことながら三人の見ている前でオープンに行われるから、肝心の親がどの辺りに入れ込んでいるのかは大体の見当が付いた。

賭は三人で交互にそのメンコの束を攻める。そのうちの誰かが親になったメンコを他のメンコから引き離して、しかも裏返しにすることが出来れば勝負は決るのである。勝者はそこにある全てのメンコを自分のものに出来た。ゲームの経過の中で、もしも親でないメンコを集団から切り離して裏返しても、その分だけ自分のものになったから、小さな勝負師たちは、とにかく親だけに照準を合わせて全てを狙うか、一枚一枚丹念に拾っていくか、常に相手の出方をみながら判断し決行したのである。

私たちが収集したメンコにはもう一種類、一銭銅貨ぐらいの小形のものがあった。私はどちらかというと、その小形のメンコのほうが好きだった。銀行に行って十円硬貨を両替してもらうと五百円の円柱の束でくれる。その小形のメンコは駄菓子屋へ行くとそんな円柱の束のようにして売られていた。細長く縦に積み上げているから崩れないように、糸で縦十字の固く結ばれていた。さらに円柱の側面は、つまりメンコの縁にあたるところだが、蝋でしっかり塗り固められていた。絵柄は普通のメンコが錦絵風なのに対して、小形のメンコは剣劇スターの似顔絵が多かった。その絵柄はかなりバラエティーに富んでいて、私たちは掘り出し物を求めては裏町の駄菓子屋を訪ね廻った。

台南市にはその頃、どれくらいの数の廟があったのだろう。当時の幼かった私の感じだと、現在の日本の普通の都市の小公園ぐらいの割合で、あっちにもこっちにも廟があったような気がする。子供相手の駄菓子屋はそんな廟の前の広場にもあった。屋台をただ軒先に置いたような小さな本島人のそんな店で、私たちは時たますごい掘り出し物を見付けることがあった。

東市場の裏側は昔ながらの本島人の町並みが迷路のように入り込んだ地域だった。狭い路地は全て赤煉瓦の石畳で、本島人のいろんな店がひしめくように軒を並べていた。テレビでよく見る中近東の裏町のバザールの感じで、恐らく領台以前の台南の町並みがそのまま残されていた場所だったと思う。表通りの店ではとても見られないような、私たちにとっては一見奇妙な品物が、奥行きが深くて薄暗い店の中に一杯飾られていた。人通りは以外に多くて、その中に内地人を見ることはまずなかった。

私たちの住んでいる町のすぐ近くに全て別な社会が在るということは、幼い私にも何となく理解出来たが、私はそんな路地を一人で歩いていて、心細くなったり不安になったりしたことは一度もない。ましてや危険な目に遭ったことなどさらになかった。

今となっては位置関係がはっきりしないが、そんな迷路のように入り込んだ路地を私がメンコを探しながら一人で歩いていると、ふいに天窓を開いたような明るい広場に出た。赤い石畳の敷かれた廟の前の私の知らない広場だった。広場の一角に、皺の異様に深い本島人のお婆さんが、屋台の上に品物を並べたような小さな一銭菓子の店を出していた。

私はそこで、小形のメンコのすごい珍品を見付けたのである。一つのメンコの厚さが普通のものの倍ぐらいあるものだった。たった一つだけ隅っこに埋もれていたものを探し当てた時の興奮は、今でも体のどこかに残っているのだろうか。メンコというイメージには、条件反射のように必ずといって言いぐらい湧き上がってくるのである。思うに、そのメンコはかなり古い形態のもので、偶然に偶然が重なって、他の品物に紛れ込んだまま長い年月の間、人目に触れずにいたに違いなかった。私の知る限り、同型のメンコを持っている者は私の他には誰もいなかった。

小形のメンコも賭の方法は普通のメンコと同じだったが、小形のメンコには普通のメンコでは出来ない別な賭のやり方があった。

メンコを十枚程、絵の方を上にしてばらばらに床の上に置く。小形のメンコの縁には蝋が塗ってあるから、別のメンコを親指と人差し指で挟んで立てるようにしてから、床の上にばらまかれたメンコの上に押し付けると、ちょうど一本釣りのように吊り上げることが出来た。ある程度の高さまで吊り上げると、そのメンコは自分の物になる。しかしこのゲームにはかなり曖昧な要素があるので、他人とすることはなかった。兄弟の間で半ば遊び半分にした賭だった。

我が家にはそうして集めた小形のメンコが数千枚はあったのではないだろうか。主として兄辰夫と秀友の所有するもので、ほとんどは駄菓子屋で兄たちが買い集めたものだったと思う。またその小形メンコで私たちは賭ではない、ちょつとユニークな遊びもしていた。畳の上で、メンコを使った戦争ごっこやチャンバラごっこをするのである。

鞍馬天狗や桂小五郎や丹下左膳などのような私たちの英雄を、たくさんのメンコの中から選ぶことからその遊は始まった。運んだ主役によって多少ストーリーは違ってくるが、たいていはその強い主人公を取り巻く、大勢の捕り手や小っ葉役人共という設定に決まつていて、勤皇の志士は善玉、佐幕は悪だったのは当時の活動写真の影響だった。観てきたばかりの帝キネや極東映画のチャンバラの再生だったのである。

活弁と音曲入りの自作自演のチャンバラは、疲れてイメージが枯渇するまで、延々と続けられたのだった。

チャンバラは常に一対一の勝負になった。左右にメンコを一枚ずつ配して、親指と人差し指で軽く押さえるようにして動かすのだが、メンコの動きはもう既に桂小五郎と小っ葉役人になりきっている。やがて左右のメンコは互いにぶつかり合って、たちまち壮絶な剣劇が繰り広げられるのだった。チャンバラはその時々の気持ちの高揚にまかせて、音曲の効果に合わせながら激しい立ち回りになったり、静かなにらみ合いになったりする。私たちは「木っ葉役人どもめ、寄らば斬るぞ」というような弁士のよく使うセリフをいくつか覚えていて、巧みに音曲と使い分けながら、自作の剣劇の中に陶酔していった。

もともと一人でする孤独な遊びなのだが、弟たちが見ていると一層熱が入った。メンコを二、三回ぶつけ合って、強い方が相手にぶつかる瞬間、相手の前を斜めに横切る。すると相手のメンコは仰むけにひっくり返えって白い腹を見せた。

そのシーンを、その子のイメージの内側をちょっと覗くことによって具象化してみると大体こんな具合になる。二合三合と切り合っているうちに桂小五郎が一瞬の隙をみて飛び込みざま、相手の木っ葉役人を袈裟懸に斬り伏せたところなのだ。白くなったメンコが桂小五郎の回りにだんだん増えてきて、遂に一対一の対決になる。勝負は簡単には決着がつかない。それも観てきた活動写真の影響だが、大体の筋だてでは最近のテレビの時代劇のパターンと左程変わっていないような気がする。

また、その頃流行つたものに日光写真がある。外観は縦型の二つ折りの定期入れのような形をしていて、ちょうど、定期券を入れる四角い枠のところに、大形の名刺ぐらいの大きさの印画紙を挟んで使うようになっていた。道具も印画紙も駄菓子屋で売っていた。印画紙は十枚一組ぐらいにして、少し厚手の内側が黒光りする紙に厳重に包装されている。半紙大のパラフィン紙に印刷されたネガは、はさみで一枚一枚切り離して、その中から自分の気に入ったものだけを使った。「正ちゃんの冒険」や、「のんきな父さん」などのマンガの絵があったのははっきり覚えているが、あとはメンコの絵柄と大同小異だった。

玩具箱の置いてあった三畳の子供部屋の狭い濡縁で、私たちはよく日光写真をして遊んだものだ。駄菓子屋から買って来たばかりの印画紙を、直射光の届かないなるべく暗いところで手早く取り出して、その上にネガを重ねてから定期入れのような写真機に挟む。印画紙とネガは、間に隙間が出来ないように輪ゴムでしっかり留める。そうして、今度はその写真機をいきなり直射日光に曝すのである。見ている間に、ネガの白い部分が少しずつ褐色に色ずいてくる。頃合を見計らって取り出すと、見事な写真が出来上がっているのだった。日光写真はシャボン玉のような刹那的な遊びである。その見事に出来上がった写真は間もなく少しずつ輪郭がぼけてきて、やがて全体が暗い褐色に塗りつぶされたようになって消滅してしまう。

私たち家族の新しい住まいになった二階屋は、洋館風の造りの四軒長屋だった。すぐ隣には犬養さん一家が住んでいた。御主人もチョビ髭を生やしていた。何をしていた人かよく分からない。商人でないことは確かだった。子供の目から見て、どちらかというと得体の知れない小父さんに見えた。

私はその犬養の小父さんが我が家で酒を飲んでいたのだろう、真っ赤な顔をして座敷から出てきたところに、ちょうど外から帰って来て、ばったり鉢合わせをしたことがある。その時の体がこわ張るほどの恐怖心や、小父さんの吐く息のひどく酒臭かったことを今でもはっきり覚えている。我が家で酒を飲んでいたくらいだから、犬養さんとは多少のつき合いがあったと思うのだが、なぜか奥さんの印象が全くないのである。ただ千代子ちゃんという三つぐらいの、触れたら崩れてしまいそうな楚楚《そそ》とした女の子がいたことは覚えている。外から見る家の中は薄暗くて、いつもひっそりとしていて人影がなかった。

ずっと後になって、風の便りに犬養さんが蒙古に渡って、彼の国の大臣になったらしいという、誠しやかな噂が流れたことがあった。その風評は私の中で、あの得体の知れないチョビ髭の小父さんと極めて自然に結び付いたが、いつも御主人の影のようになって姿を表そうとしない奥さんや、触れると、すぐにでも崩れてしまいそうな楚楚とした女の子とはどうしても結び付かないのだった。

犬養さんの家の隣は、農機具や種苗などを売っている明るい店だった。長男は近所で評判の出来た人で、士官学校出の将校だった。しかし日支事変が始まって間もなく名誉の戦死を遂げて無言の凱旋をした。その時の盛大な葬儀の様子は、今でも脳裏にしっかり焼き付いている。反対側の一番端っこの家は仕舞屋で、姉の記憶によると、お華の先生の住まいだったそうだ。

二階屋の家の裏木戸を開けて外に出ると、そこは狭い路地になっていた。右側は袋小路になっている。左側をずっと行くと、突き当たって別な路地とT字型に交差する。突き当たった路地をさらに左の方にいくと、清水町二町目の往還にでた。

路地の先には、約三百坪ほどの空き地があった。通称「閣下」と呼ばれている場所である。かつては頑丈で立派な白い土塀に囲まれていたと思われるのだが、私たちが遊びに行った頃は既に西側と往還に面したところだけがかなりの損傷を受けながらも、なんとか外観を留めているだけで、路地側の土塀は跡形もなく取り払われていた。

空き地の中には大きな木が五、六本植わっていた。ただ、ずいぶんと大きな木だったという印象だけで、どんな木だったか覚えがない。姉と兄、虎男の証言によるとその木はセンダンの木だったのだそうだ。全てがセンダンの木だったとは思わないが、センタンの木は実にうまく私のある思い出と結び付くのである。

台南市には領台当時、師団規模の陸軍が駐屯していたのだそうだ。師団長は将官で閣下という称号で呼ばれていた。私たちの遊び場だった「閣下」は、かつて師団長であった少将閣下の宿舎の跡だったのである。台南の治安がよくなって師団が連隊規模に縮小され、少将閣下が家族ともども内地に帰還した後も、なぜかその宿舎後が「閣下」という敬称で地名として残されたというのである。

私たちが遊び場としていた頃の「閣下」は、既に昔の面影を全く留めていなくて、ただ大きな木が五、六本、広場をすっかり木陰で覆っているだけだった。地面も建物を解体した時の残骸がそのまま放置されていたのか、至る所に凸凹があって走り回って遊べるような空き地ではない。それでも私たちが「閣下」によく行ったのは、夏、蝉を採りにいくためだった。実にたくさんの蝉がいた。「閣下」は夏が来ると、いつも蝉時雨にとっぷりと浸かってしまうみたいだった。

蝉は全てタイワンクマゼミで、内地のクマゼミとは多少特徴を異にする。タイワンクマゼミの腹側は黒いのにクマゼミのは茶色っぽい。羽の脈の色もよく見ると少し違つているのに気付くはずだ。私は中学の三年の頃、台中公園でシャシャシャと鳴く妙な蝉を見付けて驚いた事があった。それがクマゼミで、台南でいつも聞いているジィィィィと鳴く蝉が、実をいうとタイワンクマゼミという熱帯の蝉であることを、その時初めて知った。

駄菓子屋に行くと、小さな木の樽の中に水を張って鳥もちを売っていた。一銭か二銭出すと棒の先に水飴を巻くようにして売ってくれる。家に帰ってからその緑色のガムのような鳥もちを、指先を水に濡らしながら万遍なく棒に塗り付けて長い竹竿の先端に結ぶと、私たちは勇躍「閣下」に出かけて行った。タイワンクマゼミが最も好んで集まる木がセンダンの木であることを、私たちは経験からよく知っていた。だから蝉採りに行く時は、まず遠くの方からセンダンの樹影を探した。大きなセンダンの木を見付けることが出来たら、そこには間違いなくタイワンクマゼミが群れをなしているはずだ。

どちらかというと、鳥もちを使った蝉採りを私たちはあまり好まなかった。鳥もちでべたべたした蝉の羽をアルコールやベンジンなどで拭き取る作業が面倒臭いのと、どんなに拭いてもどこかに汚れが残ってしまうのがなんとなく気になるのである。

そこで私たちは完全品を得る為に、鳥もちをやめて手っ取り早く蝉の幼虫を採り始めたのだった。場所はやはり「閣下」で、日がとっぷり暮れると私たちは懐中電灯を手にして、二階屋の裏木戸を開けて外に出た。外は暗闇で灯りなしにはとても歩るけない。「閣下」に着くと、私たちは大きな木の根元のところから背伸びして手が届く辺りまでを、丹念に懐中電灯で照らしだした。

時間的なずれさえなければ、幼虫はたいていすぐ見付けることが出来た。日が暮れてからあまり時間がたたないほうが成果が上がったような気がする。幼虫たちは不格好な固い鎧を着て、背中を丸めながら土の中から出て来た。一歩一歩足場を確かめるようにゆっくりと幹を登って行く。固い土の中で何年も生きてきて、ふいに希薄になった身の周りに戸惑っているみたいだった。ある程度の高さまで登ると、幼虫たちは自分の体をその鋭い爪でがっちりと幹に固定して羽化を始める。その様子を自然の状態で見ることは藪蚊の多い「閣下」の中ではとても出来なかったが、私たちは蝉の羽化の様子を、我が家の蚊帳の中でゆっくりと観察することが出来たのである。

私たちは蝉の幼虫を採ると急いで家に帰った。二階にはもう布団が敷いてあって、蚊帳も吊られている。採ってきた幼虫を蚊帳の中に入れて、畳と垂直な面に止まらせると、気の早い奴は早速羽化を始めるのだった。幼虫の背中が割れてピンクに近い生々しい色をした蝉の背中が、丸く盛り上がるようにしてせり上がってくる。やがて頭が出て脚が出てすっかり体を現した蝉は、まだピンクに近い生々しい色をしたままだ。尻のほうだけを殻に付けて頭の方を天に向けたまま突っ立っている。そしてゆっくりと姿勢をもとにもどすと、尻の部分を殻から抜き取るのだった。私たちはそのあたりまで見届けると、昼間の疲れに追い立てられるように深い眠りに落ちて行つた。

翌朝、私たちは既に蚊帳の中に自分たちの蟬を見ることが出来た。蟬の成虫たちは逞しく黒々と色付いていて、苦心して鳥もちで採った蟬となんら変わったところがない。しかも傷んだところも全くない完全品である。私たちはおもむろにその蟬を手摑みにして蚊帳の外に出た。手摑みにする時、蟬が驚いて私の掌のなかで力一杯羽ばたく感触は、釣り上げたばかりの魚を摑んで釣針を外す時の感じにどこか似ている。

私は蚊帳を出るとすがすがしい朝の窓辺に立つた。兄や弟たちも一列に窓辺に並ぶ。二階の窓からは、まだ人影のほとんどない静かな通りが見下ろせた。私の掌の中にはまだ摑んだ時からずっともがき続けている蟬の感触がある。蟬の雄はもがきながらも「ジジジ……」と、ぎこちない鳴き声をたてていたが、私たちは窓際に立つとさらに確認するように蟬を裏返しにして、自分の持つている蟬が雄か雌かを確かめた。雄か雌かはすぐに分かる。胸に共鳴板があるので雄で、腹に産卵管のあるのが雌だ。自分の持っている蟬が雄か雌かを確かめると、私たちは蟬を摑んでいる方の腕を窓の外にぐっと突き出す。それから一斉に蟬たちを大空に解き放つ。蟬たちはそれぞれ黒い点となって、ものすごいスピードで勝手気儘な方向に消えていった。黒い点が消えた辺りの青空をいつまでもじっと見詰めていた私たちは、何とも言えない誇らしいような気分を満喫すると、やおら朝食を食べに本店の食堂にいる母のもとへ出かけていくのだった。

「閣下」の西側にも通りがあった。清水町の往還からその通りを奥の方へ行くと、突き当たった所が憲兵隊本部で、通りの両側は全て赤煉瓦の塀に囲まれた将校官舎だった。祝日になると、憲兵隊の前の広い通りを着飾った佐官級の将校が、颯爽と馬に跨って第二連隊の方へ行くのを見ることが出来た。当番兵を下僕みたいに従えている。上着の黒い服地には、袖や胸元にやたらピカピカの金モールが刺繡してあり、ズボンの外側にも真っ赤な太い線が縦に走っている。帽子の星の記章のところから、下の方が赤く上は純白の鳥の羽で出来たふさふさした飾りが上向きに突っ立っていた。今風に言うと、それが実に格好よく私たちの目に映ったのである。

「ボクハ軍人ダイスキヨ　イマニ　大キクナッタナラ　勲章サゲテ　剣サゲテ　オ馬ニ乗ッテ　ハイドウドウ」という童謡を憧れを込めて唄っていた時代だ。

「閣下」の通りを隔てた西隣に清水町の郵便局があった。そしてその郵便局の西側も通りになっていた。つまり郵便局は二つの通りに挟まれていたのである。その通りは狭い上にやたら迷路のようにくねくねと入り組んでいて、たどって行くと、どこに行き着いたのだったかどうしても思い出せない。

通りのさらに西隣に田中商店という雑貨屋があった。店は奥行きがいやに深くて薄暗かったが、味噌、醤油、酒、お菓子から日用雑貨まで、なんでも揃っている店だった。

その頃の私たちの一日の小遣銭は三銭か、よくてせいぜい五銭だったから、駄菓子屋に行くか、東市場でちょっと買い食いをすれば、もうそれで、すっかり遣い果たしてしまうことになる。私たちにとって田中商店のような大人の出入りする店は、初めからてんで縁のない所だったのである。しかし遠足の前日ともなると、話はまた違ってくる。私たちは大枚五拾銭を母からもらって、田中商店へ走った。

山本夏彦氏はかつて週刊「新潮」のコラム欄で、現在、巷に出回っているもので昭和初期になかったものはほとんどないのではないか。という趣旨のことを書かれたことがあるが、私も実感としてそう信じている者の一人だ。

森永ミルクキャラメル、明治の板チョコ、おまけ付きのグリコ、カルピス、ドリコノ、サイダー。チューインガムも二種類あって、小さな糖衣のものは五銭で、短冊状のものは十銭だった。ドーナツもクリームパンもカステラパンもサンドイッチもあった。今かりに、当時の子供たちと現在の子供たちの遠足のおやつを比べて見たとしても、基本的な相違を見付けることは多分、難しいだろう。そして、この種のものは今後とも恐らく基本的にはあまり変わることはないだろうと思う。

田中商店の路地を隔てた隣に廟があった。台湾の廟には様々な神様が祭られているのだが、その廟が何廟だったか知らない。

廟の正面に清水町の往還を横切って東に向かっている道路があった。本島人の家並が恐らく、昔のままに残されていたと思われる地域だった。平家が一軒一軒、せせこましく寄り添うようにひしめき合っていて、その一角には全く余地というものがない。その道をしばらく行くと左手に、また小さな廟があった。私がかつて宝物にしていた小型のメンコは、もしかすると、その廟の前の本島人のお婆さんが店番をしていた駄菓子屋で見付けたものだつたのかもしれない。道は東市場の裏に接しているから、逆に東市場の方から来ると、迷路の様な曲がりくねった路地を縫って来なければならないのである。

私の家に二階屋の裏木戸を出て「閣下」に突き当たった路地を、清水町の往還に出ないで右に曲がると、広場を取り囲むようにして、四、五軒の内地人の家があった。大工さんたちの家ではなかったかと思う、広場には数本のマンゴーの大木が茂っていて、あたり一面を涼しそうな木陰で覆っていた。弘治の話では、大風が吹いた後に行くと、その広場にマンゴーのまだ青い実が足の踏み場もないくらい落ちていたそうだ。

裏のコーベーの家はその一角にあった。我が家では弘治のことを日頃「コーベー」と呼んでいたから、恐らく裏のコーベーもそれに近い名前だったのだろう。同じ年頃の二人はいわゆる、喧嘩友達である。しょっちゅう喧嘩ばかりしていた。喧嘩といっても、たいていは口喧嘩で二人は余程相性が悪かったのだろう。ちなみに、裏のコーベーは実に頭でっかちの子だった。

東市場

うちの二階屋の往還を隔てた向かいは電気屋だった。鈴木君の家の裏の井戸端の木瓜と高さを競い合っていた二階屋である。本店から東市場にいく近道の、往還から路地に入る入口の右手になる。私たちはその洋風の単調な二階屋をいつも電気屋と言っていたが、おかしなことに、かつてその家で電気に関する物品を見たことが一度もないのである。通りから見える一階の狭い土間には、粗末な木の机と椅子が置いてあるだけで、いつ覗いて見ても品物はおろか人の気配すらなかった。もしかすると、そこは電力会社の出張所で、肺線や停電の時などのための工事をする人達の詰め所だったのかもしれない。

電気屋の隣は源和楼という二階建の台湾料理店だった。店は東市場の正面の入口の角に面していた。母が市場に通う近道と、東市場の正面に通じる道までの往還に面している幅は、家一軒分の長さしかなかったのである。

源和楼は汁ビーフンの美味しい店で、母から店屋物を取り寄せてもらえる時は、子供たちはたいてい汁ビーフンをおねだりしたものだ。なにしろ、その汁ビーフンは十銭もしたから自分の小遣いで手軽に食べられる代物とは格が違う。しかし大人たちはなぜか焼ビーフンのほうを好んだようだ。店は一階と二階に分かれていて、母に連れられて汁ビーフンを食べに行く時は、決まって二階に行った。木製のかなり磨り減った急な階段を登りつめると、中華風の珠塗りの丸いテーブルがいくつか置いてあった。

注文した汁ビーフンが出来るまで、二階の窓から外を覗くと、すぐ目の前に自分たちが寝起きしている二階の窓が見えるのが、なぜか妙に気恥ずかしかった。別の側の窓から東市場へ通じる道路が見下ろせた。

我が家では正月の三日の公休日がすんでしばらくたってから、源和楼から台湾料理を取り寄せて新年宴会をするのが恒例になっていた。いつもは乱雑で喧噪な仕事場が、その時ばかりはどう片付けるのか見違えるように広々とした広間になる。そして源和楼から運び込まれた宴会用の丸いテーブルが六、七台、広間一杯に置かれた。一つのテーブルは十数人が席に付ける程の大きなものだ。

家族だけで一つのテーブルは満席になった。外交員と古参の店員たちのテーブル、小僧たちのグループと、それぞれの職種や年齢などでテーブルは色分けされた。いつも髪を引詰めて一所懸命ミシンを踏んでいる女工さんたちも、髪をセットしてちょっと派手な色の洋服を着て、ほんのり薄化粧をすると、見違えるように艶やかになるのだった。彼女たちは恥じらいながら隅っこのテーブルに寄り添って席に付いた。

新年宴会に参加する人たちの中で、私が日頃見たこともない人たちがかなりの人数来ていた。その人たちは、下請け工場の代表の人たちだった。総勢、七、八十人はいたと思う。大人のテーブルには酒やビールが出たが、酒で宴が乱れるようなことはなかった。

それはいつも素面で、姿勢を崩したことのない父に対する遠慮だったのかもしれない。しかしそれぞれのテーブルでは、賑やかな雑談と、伴って起る哄笑で、ある意味では一年に一度の無礼講の饗宴であった。

刑務所の佐藤さんは、あちこちのテーブルに出向いてはお酌をして回って、若い者をからかったり冗談を言ったりしては、まるで仲居さんみたいに座を取り持ってくれる人だった。佐藤さんは五十年配の小柄な色黒の小母さんだ。一年中地味な着物を着ていた。いつも襟足のところを突き上げて汚れないようにハンカチを巻いていて、無造作に引き詰めた髪に小さな赤い珊瑚の簪をちょこんと刺している格好は、長谷川町子の「意地悪ばあさん」そっくりなのだった。しかし意地悪はあさんとまるで違うのはその笑顔で、佐藤さんの行く先々には必ず笑いの渦が巻くのだった。ちなみに、佐藤さんはうちの仕事の下請けをしていた人である。御主人が刑務所に勤めていて、官舎に住んでいたことから、刑務所の佐藤さんと呼ばれていたのである。

料理は次々に運ばれてきた。もう結構と膨れたおなかをさすり出しても次から次ぎに運ばれて来る。毎年のことだから料理の種類やその運ばれて来る順序は、私たちにも大体のところの検討が付いたから、最初からやみくもに箸を使ったりはしない。何皿かは前菜のような比較的軽いもので、その後から本格的な料理が運ばれて来るのが分かっていた。

私たちが最も好んだのは、えびやかにや豚肉や野菜などを細かく刻んで粉で練ったものを、大きな蟹の甲羅に詰め込んで油で揚げたものだった。ドーナツ型の中心に炭火が入っているホイコウ鍋も、子供たちは喜んで箸を付けた。

新年宴会がお開きになる時には決まって、「祝いめでたの若松様よ　若松様よ……」という祝歌を全員で合唱するのも恒例になっていた。しかしこの歌を唱える人は半分もいなかったと思う。子供たちは勿論唄えなかった。唄えないというより、私は子供心にこの歌が田舎臭くてどうしても好きになれなかった。私が住んでいる福岡市では今でも祝い事があると、決まってこの歌が唄われるのだが、どこというのではないけれど妙な違和感があって、どうしても進んで唄う気になれない。子供の頃に刻み込まれた情緒の部分は、こうして以外と頑固なのかもしれない。

我が家の台湾料理による新年宴会は、その後も戦争がたけなわになって、台南市が空襲を受けるようになり、止むなく中止せざるを得なくなるまで続けられた。その間一度も日本料理による宴会がなかったことを、私はこの頃ようやく、父の深い配慮によるものではないかと思うようになった。今から思うと、どんな場合でも崩れた姿勢を見せることのなかった、どちらかというといつも冷やかに見える程冷静だった父が、何かの拍子にちらっと覗かせた、温かい側面の一つだったような気がするのである。

東市場の正面の入口は清水町の往還から十数メートル奥まった所にあった。往還から入口までの道の両側にはいろんな店が建ち並んでいた。正面に向かって左側の角が源和楼である。その隣は星薬局だった。店の間口は普通の店の三軒分ぐらいの広さがあって、母の思い出話によると、当時、星薬局にはどれぐらいのお金があるか分からないと近所の人々は噂していたという。その頃の人たちは分限者のことを、そんなふうに言っていたらしい。

これは兄辰夫の話である。八つ歳上の辰夫がほんの幼かった頃の話だ。星薬局に内地から音が出る機械が送って来たと評判になったことがあった。辰夫が早速友達と出かけていくと、星薬局の前の道路はもう黒山の人だかりだったそうだ。

「ちょうど、あれだ、テレビの出始めの頃、電気屋の店の前にすごい人だかりがしていたことがあっただろう。あんな具合だった」と辰夫は感慨深そうに話した。

星薬局は清水町界隈でいち早くラジオという文明の利器を取寄せて、町の者たちに分限者の片鱗を覗かせたのである。その機械の型については、もう今は亡き兄から遂に聞きそびれてしまったが、それから数年後に、次ぎの兄の正廣がラッパ型のラジオを購入した時の驚きと、テレビの出始めに電気屋の店先にひしめいた経験とを共に持ち合わせている私には、時代が急速に移り行く時に象徴的に現れる「新しい物」に対する新鮮な兄の心の揺れ動きがよく分かるのである。

私はかなり小さい頃から、「薬九層倍」という言葉を知っていた。そして、「薬九層倍」というと、なぜか星薬局を思い出してしまうのは、多分その頃、分限者星薬局に伴う様々な噂話を大人たちのそれとない会話から聞きかじっていたからだろう。

星薬局の隣に、大きな薬局に押し除けられるようにして、間口のひどく狭い小鳥屋があった。左側の店はそこで途切れる。小鳥屋の真向いの、市場に最も近い店は豆腐屋だった。私たちは豆腐屋の小母さんが出来上がったばかりの豆腐を板の上に乗せたまま水槽に入れて、大きな包丁で一丁ずつ切り離していく作業を、いつまでも飽きずに見たものだ。豆腐屋の隣が私たちが足繁く通った駄菓子屋である。私たちが自らの小遣いで買い求めた遊び道具や駄菓子類は、ほとんどそこで買ったものである。メンコもフィルムも日光写真もそこで買った。頬ばると口いっぱいになる大豆の入った大きな飴玉、蛤の貝の中に詰めてある黒砂糖、味付けをしたのし烏賊、甘納豆、コンペー糖、甘いハッカ水を染みこましただけのような色紙、これは舐めていると、舌が真っ赤になった。ニッケイの木の皮を乾燥させたものは、少し甘くて辛くて薬の匂いがした。端の方から少しずつかじっていくと、一種の清涼剤になる。いろんな色で着色した得体の知れない飲み物や煎餅類など、その種類の豊富さは一々取り上げてはいられない程だ。今でも多分そうだと思うが、そうして駄菓子屋で売られていた物のほとんどは当たり籤《くじ》になっていた。

駄菓子屋で売っていたものは食べ物ばかりではない。刀や鉄砲やお面や風船などの、お祭りの夜店で売られているような玩具ならたいてい揃えていて、写し絵が流行れば、そのコーナーが多彩になり、ラムネの玉が流行るといろんな種類のものが並べられるというふうに、駄菓子屋の小母さんは、子供たちの遊びの動向には極めて敏感に反応した。ちなみに、私たちはラムネの玉のことをビー玉とは決して言わなかった。ラムネン玉である。

赤い色紙ぐらいの大きさで、小さな火薬が等間隔に並んで封じ込まれているのは、ピストルの弾で、一つ一つ切り離しては、黒い小型のピストルに挟んでバーンと鳴らした。その弾が細長く巻かれて連発が出来るようになったのはいつ頃だったのだろう。正月になると、その連発弾をいくつも買って探偵ごっこに現《うつつ》を抜かしたものだ。

駄菓子屋から清水町の往還までに、三軒ほど店があったはずだが、その辺りの記憶が全くないのは、駄菓子屋への思い入れが強かった分、その周囲への関心が希薄になっていたということだと思う。市場の入口の店は源和楼以外は全て内地人の店だったと思う。

私たちは学校から帰って母に小遣い銭をせびると、ちゅうちょなく家を飛び出した。駄菓子屋に行くか、東市場に行くかはその時になってみないと分からない。同伴者やその時の状況次第だった。東市場には雑賀君とよく行ったが、なんといっても幼い兄弟だけで連れ添って行くことが多かった。

私たちは正面の通りから東市場に行くことはあまりなかった。母が毎日午後の買い出しに行く時の近道を通った。その曲がりくねった細道を鈴木君の家の高い板塀添いにしばらく行くと、左手にかなりの広場があった。その短くていやに広い道路のような広場を挟んで、左右に官舎が十棟ほど向いあって立ち並んでいた。鈴木君の家もその中の一軒である。広場の中央に大きな木々が、まるで中央分離帯のように等間隔に植わっていた。

広場を過ぎるとその先に、橙色の実が小粒のブドウの房のように実っている生け垣があった。一つ一つの実はかなり固いが、手に取って爪先でむしると、中には蜜柑の種のような大きな種子が一つ入っていた。私たちはその近道を通る時、生け垣の緑の中で艶やかな橙色を誇示しているそんな房からその実を五つ六つ取っては、爪先でその瑞々しい橙色の果皮を無心にむしり取った。

生け垣の先には市場の管理事務所があった。事務所の中に巡査がいたような記憶があるが、はっきりしない。ただ事務所の中にも外の台の上にも夥しい数の蝿取り紙が置いてあったことを覚えている。実をいうとそれは蝿取り紙ではなくて、トリモチを付けている台はブリキ製の板だった。市場の屋台には蝿取り器を置くことが義務付けされていたらしくて、どの食べ物屋にも同じ蝿取り器が置いてあり、そしてどの蝿取り器の上にも真っ黒になる程の蝿が緑色のトリモチをおおいかくすようにくっついていた。

事務所の軒先に、ずいぶん年をへたと思われるイカダカズラ（ブーゲンビリヤ）の古木が棚の上に茂っていて、かなり広い地面を木陰で覆っていた。真夏の暑い盛りには、そこを通りかかった人々が、その木陰で足を留めて一息いれるのだった。

イカダカズラは小枝に鋭い刺をつけているから、蔓性植物ではないのに枝と枝がしっかりと絡まる。それで、よく藤棚のような日除けの棚に仕立てられた。棚がなくてもうまく剪定《せんてい》さえすれば、ちょうどビーチパラソルのような樹形に仕上げることが出来た。台南公園などで、そんな傘を開いたようなイカダカズラの木をよく見かけたものだ。それにチョウチンブッソウゲ（仏桑華）と同じで、ほとんど年中薄い赤紫色の可憐な小型の花を咲かせている。樹冠を可憐な花で飾ったイカダカズラの棚は、その木陰をそよ風が通り抜けて行く時、ほんの微かな香りを添えていたのかもしれない。

昭和五、六年頃の東市場は、大まかな言い方をすると市場全体を二つに区分することが出来たと思う。一つは母が毎日買い出しに行くいやに高くて窓の多いそれですごく明るい二棟の公設市場と、その東側に展開している無数の食べ物の屋台がある地域である。それらは市場の西側と南側の一部を占めていた。そして残りの東北に当たる地域が広場になっていた。一方が固定した場所での商いをしているのに、広場はかなり流動的で、昨日まであった小屋が今日もあるとは限らないのだった。

広場の北寄りのレンブの木のあった辺りの近くに、よくテント張りの見世物小屋が建つた。月輪熊《つきのわぐま》の芸がメーンの、他に小動物を十数頭ほど集めた小さな移動動物園は、子供たちに結構人気があった。しかし中身は、ロリスをナマケモノと説明したりする、いい加減なものだった。台北にしか動物園がなかった頃で、私たちが日頃見ることの出来る野生の哺乳類といったら、台南公園の檻の中のタイワンザルか、公園事務所の前のケージに飼われていたタイワンリスぐらいのものだったから、例えそれがタヌキやキツネであってもそれなりに好奇心をそそったのである。入場料は五銭ぐらいだった。

ロクロ首や、少女の生きている首だけが太い紐で編んだ蜘蛛の巣に乗っかっている見世物は、何度も見にいった。首だけの少女と、長く延びた首のところだけは作り物だということがはっきり分かるロクロ首の少女が、何か台湾語で話し合ったりしている。実に不思議な現象だった。

原理は鏡を利用した簡単なものだ。今では子供の科学の本などに分かりやすい種明かしが図解で載っていて、少しマジックに興味のある子供ならたいてい知っている。しかし私はそうしたものをなるべく読まないようにしている。私の知人に、月を決して望遠鏡で見ようとしない変わり者がいるが、私のその頃への思い入れも大体そんなところかもしれない。そんな見世物小屋は、何日か後に行ってみるともう別な催物と入れ替わっていた。

小屋掛けの見世物はいつもあるとは限らないが、広場にはいろんな品物を売る香具師たちがひしめいていて、一つ一つ見て回ると半日ぐらいは結構飽きずに過ごせた。なかには得体の知れないものも売っている。オットセイの恐らく燻製にした肉だったと思うが、その赤黒いくすんだ色の乾燥肉は、辺りに物凄い異臭を放つていた。オットセイの写真を見せながらオットセイのような髭を生やした老人が、何やら台湾語で客を呼び寄せていた。私たち子供にもそれが強壮剤であることは何となく分かった。

蛇使い。猿回し。覗きカラクリ。占いをする人。様々な動植物の乾燥したものを売っている漢方薬の露店。瀬戸物を地面に並べている人等々。広場には毎日お祭りの境内のような賑やかさがあった。ただ内地のお祭りの印象と違うのは、広場を賑わしている人々があまり流動しないことだ。どちらかというと大人の年配の男の人が多かったと思うが、彼らは日がな一日広場にたむろしているのだった。今思い返してみると、広場は彼らの憩いの場であり、コミュニケーションの場だったのではなかったのだろうか。

ちょっとした木陰では、真っ白い髭を生やした仙人のような枯れた風貌の老人が、いかにも年代ものの手垢の付いた和綴の漢文の本を、独特の抑揚を付けて読んでいた。その前を十人程の大人たちが膝を抱えて座る格好で、頭を垂れてじっと聞き耳を立てている。後で分かったのだが、それは『三国誌』だったり、『西遊記』だったり、『水滸伝』だったのだそうだ。

地べたに直に盤を置いて台湾将棋を指している人たちを、幾組も見かけた。必ずやじ馬が四、五人たかっている。台湾将棋は複雑で、とても私たちには理解出来なかったが、もう一つの五並べに似た将棋は簡単で、すぐ覚えた。台湾式の五並べの盤は、まず地面に適当に正方形を描く。次にその正方形と同心の少し大きい正方形を、その周りを取り囲むように描く。さらにその外側を囲む大きな正方形を描く。つまり、ちょうど三つのだんだん小さくなっていく桝を重ねて、その平面画を投射したような図形になる。そして四つの角と、横の線の中心を、それぞれ直線で結ぶと出来上がった。その簡単な盤を描き上げると、その辺の至る所に捨ててあるゲンゲン（龍眼）の黒い種を拾って来て、お互い決まった数を持ち合って勝負をするのである。ルールはこれも簡単明快で、種を直線の交点に置いて、直線上に三つ並ぶか、直線上の相手の種の真ん中に割り込むか、相手の種を挟むかすることにちなって、相手の種を取ることが出来た。駒はその辺にある小石でもよかった。

広場にある日、盆踊りの櫓のような舞台が出来て京劇が華やかに上演されることもあった。観覧は無料だが、顔に歌舞伎のような隈取りをして、きらびやかな衣装を着た登場人物が甲高い台湾語でやり取りをするのだから、私たちには全く無縁のものだった。舞台がぐっと小さくなって、紙芝居風の指人形芝居も京劇みたいだったが、台湾語のセリフにかかわらず動きがスピーディで、その方は結構退屈しなかった。

こうして思い返してみると、昭和初期の台南市には二つ貌があったようだ。一つは数少ない内地人の居住地区で、その界隈にはまるで内地の都市の郊外の住宅地をそのまま移してきたような雰囲気があった。商店街も大体内地人の店は互いに寄り添うように連なっていて、その町筋を歩く限り、そこが台湾だということをしばし忘れさせるほどだった。

お正月の門松やしめ縄や垂れ幕などの装い。紋付袴の出立で新年の挨拶に出かけて行く大人たち。桃の節句、端午の節句、七夕祭り、お月見、神社のお祭り、運動会など、行事のどれをとっても、内地の風俗文化をそのまま移したものだった。だから台南で生まれて一度も内地の土地を踏んだことのない私が、「幼年倶楽部」や「少年倶楽部」に出てくる内地の子供たちの様子に、少しの違和感も感じなかったのは当然だったのかもしれない。しかし私の知っている内地人を見ることはなかった。農民や「無法松の一生」のような車引きの話を映画などで見ると、なんだか不思議な気がしたものだ。つまり、そうしたものを除けば私たちの生活環境は、内地そのものだったといってよかったと思う。

一方、本島人の居住地区が市内の大部分を占めているわけだから、そこには全く異質の風俗文化が、揺るぎのないたたずまいで逞しく息づいていた。恐らく彼らも領台以前からの伝統を守って、ごく自然に自分たちの生活を営んでいたに過ぎなかったのだろう。

本島人の社会にも、彼らの伝統的な文化を踏襲した行事があり、儀式やお祭りごとがあって、それらは、領台以前の様式で堂々と執り行われていた。旧正月のお祭りやそれぞれの廟のお祭り、マソ廟のお祭りの壮大な行列、結婚式、葬式など、私たちにはしばしば地元の文化に直接触れる機会があった。

しかし二つの文化が、それぞれ比重の異なる液体のように容易に混わりそうにないことは、幼かった当時の私でさえ何となく理解できた。そして自分たちが内地人であるということも、かなりはやい年代から意識していたのだと思う。しかし一方、当時の政府が植民地政策で現地人を速やかに日本人に同化させようとする、いわゆる大和化を進めていたことなどは、ずっと後になるまで知ることはなかった。

その頃の東市場をさらに思い返してみると、そこが彼らの風俗文化にとって一種の聖域だったような気がするのである。そこでは、彼らは気ままに、そしてごく自然に、伝統的な彼ら自身の風俗文化を仲間たちと共有していたのではないだろうか。そんな地域を内地人の大人たちが意識するしないにかかわらず敬遠していたのは、その文化の比重の違いの大きさを象徴していたのではないのだろうか。私たちが小遣いの五銭をポケットに入れて東市場に買い食いに行って、それが日中だったことを考慮に入れたとしても、ただの一度も内地人の大人たちに逢ったことがなかったのは、奇妙なことだ。

その頃、まだ小学校に入るか入らないかの私たちが、そんな市場の奥のほうまで臆面もなく通っていたことも、考えてみると奇妙なことだ。そして本島人の大人たちがそんな内地人の子供たちを、商売とはいえ、何の屈託もなく受入れてくれていたことも、今思い返すと何だか妙な感じがする。

私たちは駄菓子屋に何か買いに行くようにごく気軽に、買い食いをしに東市場へ通ったのだった。そして永い間通ううちに、買い食いのコースや好みはだんだん固定してきて、今でも大体のメニューを思い出す事が出来るぐらい通い詰めたのだった。

買い食いのコースやメニューは、その時その時の小遣いの額によって当然違ってくる。市場にはどちらかというと、たまに機嫌のいい母から十銭もらった時によく出かけて行ったものだ。その頃の十銭の重みは大変なもので、ポケットの中のずっしりとした充足感には、露店の食べ物は何でも買えるという勢い天を突くものがあった。

最初に行くところはたいてい、総菜のよろず屋といった装いの、兎に角やたらに食べ物の種類を並べて売っている露店だった。畳一畳ぐらいの段差のある台に、豚の腸詰、肉や肝臓やよく分からないがその他の内蔵類を茹でた固まり、豚の大腸にもち米と南京豆を入れて蒸したもの、豚の血でもち米を固めて蒸した赤飯のようなもの、家で作るのとはちょっと違ういろんな具の入った固めの卵焼、大根の煮たもの、魚貝類をボイルしたものなど、数えきれない程の種類が少しずつだがぎっしりと並べてあった。客は正面に置いてある竹製の小さくてなんとも低い、まるで子供用みたいに頼りない椅子に座る。すぐ手前の台には醤油や酢やニンニクのおろしたのや赤や黄色いからしなどが、それぞれ底の浅い磁器の入れ物に入れて置いてある。客は数有る中から好みの品を注文すると、目の前の調味料をその食べ物に合わせて自分の皿で適当にミックスして、おもむろに箸を付けるのだった。

私たち兄弟の好みは大体決まっていて、私は豚の腸詰と赤飯のような豚の血でもち米を固めて蒸したものを注文した。もっともその赤飯の製造過程を知ったのはずっと後になってからである。食べたいと思う物を指して「これ一銭」と言うと、まさかりのような格好をした大きな包丁で一銭分ちょんちょんと切ってくれる。そこはどちらかというと前菜を食べる感じのところで、本格的なものはこれからだった。

私たちは一つ一つの屋台を覗きながら、ゆっくりと市場の中を歩いて廻った。たいていのものは一度は味見したことのあるものだが、その時の腹具合と懐具合でこれからの本格的な食事は決まるのである。兄弟はなぜか同じものを食べるから、時には意見が分かれることもあったが、概は一番年上の者の決定権に委ねられることになる。

キャンモエというあっさりした味のおじや風のお粥は、比較的軽い食べ物だったが、具の中に牡蠣が入っているのには閉口した。ビーコーはもち米を蒸したご飯に、あらかじめ豚肉のこま切れとニンニクなどを台湾の醤油で煮詰めたタレを上からかけるもので、もち米だから腹に重いし一杯三銭とやや値が張る。バーツァンやツァイツァンも三銭したから、同じような理由で皆の意見がまとまることは希だった。

その点ギヂモチは東市場に買い食いに行く時、必ずといっていい程私たちのメニューに取り込まれるものの一つである。切り干し大根の入ったのもあってダイコンモチと言われることもあったが、私たちは何も入っていない真っ白なギヂモチしか食べる気がしなかった。サンドイッチ用の食パンの半分ぐらいの大きさに切ったモチを、分厚くて丸い大きな黒い鉄製の、底の浅い鍋の上で油をひいて焼く。その時ギヂギヂという音をたてるのでギヂモチと言うのかもしれない。舌が火傷しそうな焼きたての熱々に、台湾の少しとろっとした醤油をかけて、隅の方から賽の目に切りながら食べるのである。一切れ一銭だった。

餅といっても材料は台湾のうるち米で、水に浸けた米を石臼で挽いて器に入れ、沈澱したものを重石にかけて固めて蒸して作るのだそうだ。同じような製法で、材料をもち米にしてザラメ糖で甘くした褐色のタイワンモチは、旧正月などの祝い事の贈り物に作られていたようで、我が家にも毎年どこからか、丸い分厚い座布団のような大きな台湾餅が届けられてきた。

牛か豚の血を金太郎飴ぐらいの大きさに凝固させたものを、韮の葉をたくさん刻んで入れてあるスープに浮かせたものは台湾語で何と言ったか忘れてしまったが、そのあっさりした味は捨てがたいものがあった。これは丼一杯が二銭だった。

こうして思い出していけば限りがない程の種類の食べ物が、それぞれ独特の材料と独創的な調理法で、一つ一つの屋台を彩っていて、市場の中は正に「食は東市場に在り」と言わぬばかりの活況を呈していた。多様性こそ豊かな文化だとすれば、私たちはその絢爛たる食文化を、その頃何の文化的偏見もなく受入れいたことになる。私たちは一日の小遣いの枠内で、安くてうまいものを探しながら市場の中を歩き廻ったが、五、六銭を消費した頃には大方満腹感を得ることが出来ていた。

市場の中には、まだその他に熱帯のいろんな季節の果物を売っている露店や、台湾の独特の飲み物を売っている店がたくさんあった。熱帯の果物の中には、バナナやココ椰子の実やオンライ（パインアップル）やモッカ（パパイヤ）などのように季節に関係なく果物屋の店頭を賑わしているものもあるが、大部分はその時々の季節しか店頭に姿を表さない果物で、なかには春夏と年二回実をつけるものや、年に数回実のなる、いかにも熱帯的な果物もあるけれど、それはほんの少数派にすぎない。だから私たちが市場に行った時、そんな季節の果物がすごく気になったのである。

私がその頃、台南市の市街地で見かけることの出来た最もポピュラーな熱帯果樹はソンヤァ（マンゴー）の木だった。確かにモッカやレンブやヨウトウやゲンゲンの木なども市内でよく見かける果樹だったが、私にとってのソンヤァの木の思い出には、なぜかいつも、ほのぼのとした季節感が伴っていて、私の回想を叙情的に淡く彩ってくれるのである。

ソンヤァの木はウルシ科の喬木で、私の思い出の中に出てくる木もほとんどが巨木である。幹の辺りは子供の腕で二抱え程もある太さなのに、すべすべした幹は丸太のようにすらっと真っ直ぐ上の方に延びている。しかし幹の中程からは熱帯の木らしく、あらゆる方向に枝分かれしていて、かなり大きな細長い葉を鬱蒼と茂らせていた。知事官邸の水の涸れた広い外堀には、そんなソンヤァの巨木が堀を埋め尽くすように植わっていた。

二月か三月だったと思う。はっきりした記憶はないが、熱帯育ちの寒さに弱い子供たちの肌を、うそ寒い風から守るために、長袖のシャツを脱ぐことが出来なかった季節だったと思う。ソンヤァの木の梢に白い花がその梢を覆うように咲き乱れた。一つ一つの花は小さく肉太で、円錐形の花房になって咲く円錐花《か》序《じょ》である。私たちは学校の行きしなに、地味だが確かに咲き乱れている、そんなソンヤァの花の饗宴を発見すると、やがて間もなく訪れて来る長い長い私たちの季節の到来を予感するのだった。

ソンヤァの白い小さな花が、数日後、辺り一面にまるで粉を撒き散らしたように散ると、その後にはもう米粒ぐらいの緑色の実を一杯つけていた。米粒大の小さな実は一日一日、目に見えるように大きくなっていく。そしてその実が段々大きくなっていくにつれて、その割合に比例するかのように実の数を減らしていった。やがて夏が来る頃には一つの花房から一個ないし数個の実だけが残されるのである。紐にぶら下がるようにして大きく熟した実は、緑色のソンヤァの巨木をすっかり黄金色の鈴で飾り立てて、それは私に、まるで豊饒な熱帯を誇示しているかのように見えたのである。

黄色く熟したソンヤァの実は、東市場の露店の果物屋の店頭を、真夏の数日間華々しく賑わす。それはやはり季節の果物だった。しかし東市場では、春さきから初夏にかけてもソンヤァの実を食べさせる露店が何軒かあった。勿論その時期に熟したソンヤァがあるはずはない。そこでは未熟な緑色の実を商品として売っていたのだ。もともとは淘汰されるはずの、それ自体には何の価値もないような未熟な青い実である。それを食べ方によって嗜好品としてしまう台湾の食文化の在り方に、私は今さらながら興味を感ぜずにはいられない。そこで売られていたソンヤァの実は、出始めはラッキョウぐらいの小さなものだったが、日が立つにつれて商品は次第に大きくなっていった。ちょうどソンヤァの木になっている実が大きくなっていくように、売られている実も大きくなっていったのである。

その露店でも竹製の、低いまるで子供が使うような椅子に腰かける。屋台の上には両腕で輪を作ったぐらいの大きさの、底の浅い木の桶が五つばかり並べてあった。木の桶は鮮やかな朱色に塗られていて、中には七分目程に水が張ってあった。その水の中に皮を剝いたソンヤァの白い実が無数に浮いていた。ソンヤァはウルシ科の植物だから、青い実の皮を剝いて中の白い実を空気に曝すと、その瑞々しい肌はたちどころに黒っぽく変色してしまう。水に浮いているソンヤァが変色しないのは、その水にはミョウバンを溶かしているからだと聞いたことがある。

皮を剝がれた白いソンヤァは大きさによってそれぞれ樽に分けられていて、値段もそれぞれ違った。一番小さいラッキョウぐらいの大きさのものは三つ一銭ぐらいだったと思う。

私たちは小さな竹の椅子に座ると、赤い樽の中に浮いている白いソンヤァの実から適当な大きさの実を選んで、一銭か二銭を本島人の小父さんに渡した。小父さんは掌の上で小さいソンヤァの実を鉈《なた》を小型にしたようなナイフで半分に割ってくれる。そして実の中の真っ白なまだ柔らかい種を除いてから、私たちの皿の上に置いてくれる。

ソンヤァは箸立ての中に立ててある竹串を使って食べた。半分に割られた実の切り口の方を上にして、その端に竹串を刺すと、種を除いた部分が窪んでいるから、ちょうどお玉杓子を持つ感じになった。

目の前の低い台の上には、ややどろっとした台湾の醬油が小皿に入れて出されていた。私たちはその醬油の上にきな粉みたいな黄色い甘草の粉をたっぷり振り掛けると、黄色い粉にまみれたその醬油をソンヤァのお玉杓子で掬うようにして、お玉杓子ごと口の中に入れたのである。

未熟なソンヤァの種は小さいので、その種を抜いた後のお玉杓子の底は有るか無いかの浅いものだ。しかしそんな平らなお玉杓子でも、醬油は表面張力で盛り上がるから、その時かなりの量を口に入れたこといなる。それを一回一回繰り返すのだから、その総量を集計すると、今日の栄養士なら仰天してしまいそうな量を、私たちは口に入れていたに違いない。

しかし台湾の醤油は日本のものに比べると、かなり塩分の量が少なかったのではないだろうか。すごく酸味の強いソンヤァの実を、甘草のほのかな甘味と一緒に包み込んで程よく調和のとれたものにするには、日本の醤油ではあまりにも塩辛くに過ぎただろうから。それに熱帯の陽光は、私たちの体内の塩分を絶えず汗と共に体外に排出させようとするだろうから、幼い私たちが醤油をすくって飲むようなとんでもないことをしたとしても、さして体に障るようなことはなかったのだろう。私たちは東市場に未熟なソンヤァの実を売る屋台が出廻る頃になると、待っていたかのように竹製の小さな椅子に腰かけるのだった。

東市場の買い食いの締めくくりは、やはり飲み物になった。単に飲み物といっても実に様々で、独特で、なかには奇妙に見えるものもあった。

タンコイテイは、冬瓜《トウガン》の実を拍子木状に小さく切って砂糖浸けにしたものを、水に戻して煮出した飴湯みたいなもので、その中に氷の固まりを浮かして冷やしてあった。飲むと、砂糖浸けの冬瓜の味と香りがかすかにする。一杯が一銭だった。

オウギョウチンはごく柔らかく固めた寒天と思ってもらえればいい。味もほとんど似たようなものだが、原料はまるで違う。寒天は海草で作るけれど、オウギョウチンは木の実の中にあるごま粒ぐらいの小さな種の成分を、水の中に絞り出して作るのである。大正時代の末期に東京の浅草の露店でオウギョウチンが売られていたということを、ずいぶん前に私は「文藝春秋」の随筆欄で読んだことがある。寄稿者は作家の大仏次郎氏だったと思う。オウギョウチンは固まりを細かく適当に崩してどんぶりに入れてから、その上に蜜を掛けて売ってくれる。あっさりした淡白な味で、これも一杯一銭だった。ちなみにオウギョウチンのことを私たちはその頃単にオウギョウと言っていた。

ツェンツァイペンはオウギョウを黒くしたような飲み物で、オウギョウよりはかなり固目に作られてあった。勿論、原料も作り方も違う。私たちはそんな飲み物の中で、ツェンツァウペンを最も好んだ。やはり一杯一銭だった。タンコイテイの冬瓜のかわりにヨゥトウ（ゴレンシイ）をつかった飲み物を売っている屋台にも、私たちはよく立ち寄った。

こうして小さなグルメたちは、青空の下で大枚十銭を実に効率的に、自らの饗宴に使い果たすと、何事もなかったように、いつもの原っぱに戻って行くのだった。

東市場の正面の往還を児玉公園の方に向かって少しばかり行くと、左手に小さな玩具屋があった。本当に小さな店で、ブリキやセルロイド製の玩具が申し訳程度に、二坪ぐらいの店先にぱらぱらと置いてあるだけだった。夏だったのだろう。ブリキ製の小さな福助人形が、盥《たらい》の上でトントントンと膝に抱えた小太鼓を鳴らしているからくり人形を見たことがある。上の方に水を貯めた器があって、そこから細い管を通して福助の背中に水が落ちるような仕掛けになっていた。その水圧で福助の両腕を、ぎこちなく上下に動かす仕組みなっていたようだ。水を受けている盥の中には、小さなブリキ製の赤い金魚が三匹ほど浮いていた。ブリキの盥の内側は空色に塗ってあったから、見ていると、まるでそよ風に吹かれているような涼を感じるのだった。その玩具屋の長男と私の六つ年上の兄正広が小学校時代の親友だったので、私は兄に付いて行って時たま玩具屋を訪ねることがあったのである。だから、その玩具屋にはもう一人妹さんがいることも、お父さんが専売局の守衛をして夜働いていることも、なんとなく知っていた。

玩具屋を過ぎて少し行ったところにパン屋があった。我が家にはその頃まだパン食の習慣がなかったから、パンにはお菓子という概念しかなくて、学校の遠足に行く時ぐらいしか買うことはなかった。餡パン、ジャムパン、クリームパン、ドーナツ、カステラパンなど、たいていの種類はその頃既にあった。いつの頃だったか「玄米パンのほやほや」と言いいながら行商する人がいて、その口調がとてもいいので、子供たちの間でその口真似が流行ったことがある。私たちはよく「玄米パンのほやほや」と声色を使いながらふざけ合って遊んだが、食べたことはなくて玄米パンがどんなものだったか思い出せない。

パン屋から少し行くと、二階建の三、四軒ほどの店が連なった洋館風の長屋があった。我が家の新しい二階建より一回り大きくて、赤い煉瓦作りのなんとなくモダンな建物だった。中程にその建物にいかにも相応しいモダンな毛糸屋があった。

熱帯圏の台南では、毛糸のセーターを着る季節などないといっていいぐらいで、冬でもちょっと有り合わせの肌着を重ねると過ごせるのである。私も毛糸のセーターを着たという記憶はないが、我が家のアルバムに小学五、六生ぐらいの年格好の私が、太い横縞のセーターを着て写っている写真が一枚あったことは覚えている。毛糸のセーターは、つまり私たちの子供の頃の生活実感とは無縁だったといっていいのだろう。私たちから見ても、毛糸のセーターは明らかに女性のお洒落着で、先端的なファッションだった。

その辺りまでは滅多に遊びに行くことはなかったが、たまに用があって通りを通った時店の中を覗くと、大柄でいかにも垢抜けしたモダンな毛糸屋の小母さんがいた。三十代の本島人のそのモダンな小母さんは、私が見かけた時はいつも色の鮮やかな毛糸のセーターを着ていた。明るい店で、木棚のような木製のボックスの中には、小母さんが着ているようなカラフルな毛糸がたくさん飾ってあった。

モダンな二階屋を過ぎると左の方にやや鋭角に延びた路地があった。その道は東市場の裏側と繋がっていた。私はかつて領台以前の清水町界隈の商店街は、恐らく東市場を中心に発展してきたに違いないと推測している。その事を偲ばせるような通りだった。右手の正面には廟があって行き詰まりになっていたから、そこはつまり三叉路になっているのだった。その路地を渡ってしばらく行くと、また四、五軒の店が連なっていた。その中の一軒に姉の友達の家があった。大きな味噌の卸し問屋で、店の奥には大人の背丈よりも高い木樽がいくつも置いてあった。味噌は第二連隊などにも大量に納めていたそうだ。

そこからさらに歩いて行くと、今度はかなり鋭角に左折する路地に会った。辿って行くとやはり東市場の裏側と繋がっていて、私の推測を裏付けるような本島人の町並みが続いていた。右折すると高砂町一丁目の開けた商店街が、大正町のメインストリートまで続いていた。アーケードのある本島人の商店街で、そこは新しく出来た町並みだったのだろう。

その少しいびつな交差点の児玉公園寄りの角に、本島人向けのお菓子を売っている大きな菓子屋があり、いつも店頭の蒸籠で肉饅頭を蒸しているのがその店の看板で、その肉饅頭は評判通りに美味なものだった。

その交差点から児玉公園までは、特に目立つた店はなくて、途中にぽっんと畳屋だけがあった。そこの畳屋の小父さんは消防に出ていて、なぜか仕事をしている時も、はっぴを脱いだ消防の出立をしていた。私は家の前の歩道でわが家の畳替えをしている小父さんの手裁きを何度も見たことがあるので、畳屋の前の歩道で消防の出立をして仕事をしている小父さんの側を通ると、よく声をかけてくれたものだ。

児玉公園の近くに眼科医院があって、私たちはよく通った。その頃トラコーマという伝染性慢性結膜炎が流行っていた。その眼病はウイルスによって感染するから、家庭では勿論、学校でも必要以上に警戒して、少しでも目が赤くなると病院に行くことを示唆したのである。だから一時は眼科医院はどこも満員で、私たちは何時間も待たされた。眼科に行くことが流行っていたといっていいだろう。医院に行ってもただ洗眼するだけである。なかには洗眼した後、黄色い練からしのようなべとべとしたものを細いガラスの棒で目の中に塗り込められている子もいた。

私がまだ幼稚園に通っていた頃のことで、私は幼稚園でも特に小柄だったから、眼科の先生には私が余程幼く見えたのだろう。私だけには特別な洗眼法を施したのである。先生はまず自分の膝元に防水した布を掛ける。その膝の上に頭を先生の方に向けて仰向けにされた私が寝かされた。頭は両膝でびくとも出来ないように固定され、足元はまるでこれから麻酔なしの手術でもするかのように、看護婦がしっかり押さえ付けている。たかが洗眼をするだけなのに、眼科医院がとった私にとってはずいぶんと屈辱的なその手続きを、私ははっきり覚えていて、現在でも眼科医院では幼児の洗眼をこのような手続きで行うのだろうか、探ってみたいような密かなかかわりを今なお捨てきれないでいる。

清水町二丁目から一丁目にかけての往還の最も児玉公園に近い角に旧武徳殿があった。そこは公園を取り巻いているロータリーからかなり引っ込んでいて、武徳殿の前は数本の木によって木陰のある広場になっていた。児玉公園の方から見ると、その木造の古い建物は木陰の向こうに、まるで逼塞しているみたいに建っていた。武者窓から覗くと、往還に近い方が柔道場で続いて板張りの剣道場になっていた。

私が小学一年生の時だったと思う。級友の島崎君に誘われて、その柔道場に通ったことがある。小柄な私はまるで人形に着せるような可愛いい柔道着を肩に担いで、それでも高下駄を殊更にカランコロンと鳴らしながら颯爽と武徳殿まで歩いて行った。

武徳殿に稽古に通って来ている人の大半は警察の人で、私と島崎君を除くと全て大人だった。私たちはそこでいきなり黒帯の屈強な小父さんと乱取をさせられた。武者窓から覗いている人たちには、その時の私たちと黒帯の小父さんとの対比は、大人を基準にすると正に猛牛に挑む人間ぐらいの空しいものに映ったに違いない。

ところが勝負は、私がほんのちょっと腰を捻ることによって、屈強の黒帯の大男が何か術にかかったみたいに中に浮くなり畳の上に叩き付けられるという、予想もつかない結果に終わった。畳に投げ付けられた大男はすぐ立ち上がると、いかにも悔しそうに再度の挑戦をしてくる。すると今度は、私の小さな体が大男の懐の中にそっくり抱き抱え込まれるように後ろ向きなる、と、またもや大男の体が前方宙返りのようになって、畳に叩き付けけられているのだった。つまり私の背負い投げが決まったのである。

何回かの勝負が全てちびっ子の勝利に帰した乱取りが終わると、次に私たちは受け身という単調な基本動作を繰り返し繰り返しさせられた。そして私は、その後再び乱取りをすることはなかった。というのは、武徳殿に通いだしてから三日か四日たった頃、どちらかの手の指を突き指でひどく腫らしてしまったのである。受け身の時に強く畳みを叩くことがどうしても出来ないことを理由に、私はその日から武徳殿に行くことを止めてしまったが、本当の理由は単調な受け身の繰り返しに耐えられなかったからに違いない。

こうして昭和初期の清水町二丁目から一丁目にかけての町並みを丹念に思い返していると、懐かしさと同時に、その通りの成り立ちや歴史的背景などにまで理屈っぽく思いが及ぶのは、五十年という歳月が私の中の何かを風化させつつあるからだろうか。

鳳凰木の並木

昭和初期の台南市は大まかな言い方をすれば、東市場の裏側の本島人の昔からの特異な町並みを一応除外すると、児玉公園を基準にしてほぼ市の西側に商店街が集中していた。そして北側や東側や南側の郊外に内地人の住宅地が片寄っていたという印象がある。一般に本島人の住宅は煉瓦造りの上に庭がないので、内地人の住宅のように、一見、お店と仕舞屋の区別が付けにくい。だから大まかな色分けがしにくいが、内地人の住宅地は狭い前庭にも植木など植えていて一見してそれらしく装っていたから、そんな町並みを歩いていると、なんだか内地の住宅地に住んでいるような錯覚に落ちるのだった。

これも極めて大まかな言い方になるが、つまり内地人はこの異郷の土地で内地人のコロニーを形成していたという印象がある。風俗文化の異なる異郷の地で、同じ風俗文化を共有している者同士が寄り添ってコロニーを形成するというのは、なにも日本人の特性とばかりではいえないだろう。戦後、アメリカの軍人の家族たちが私の住んでいた町で、日本人をオフリミットにして彼らだけのコロニーで生活しているのを見た時、私はアメリカ人を内地人に日本人を本島人に置き換えて、かつての台南市での生活を偲んだ。

私が大正十二年に清水町で生まれて、ようやく辺りを意識的に見ることが出来るようになったのは、私が花園尋常小学校一年に入学した昭和五年頃からだったと言っていいかもしれないから、その頃の清水町界隈や市内の様子が白紙にちかい私の脳裏にごく自然に刷り込まれたとしても不思議はない。

その頃の台南市は、大まかな市内の整備は終わっていて、人口約十四万人の台湾第二の都市として、落ち着いた古都のたたずまいを見せていた。昭和五年というと、台湾での原住民の最後の反乱と言われる霧社事件が起こって鎮圧された年で、領台以来まだ三十五、六年しかたっていない。その三十五年間程の間に、鉄道が敷かれ、道路や運河が整備され、官公庁、学校、病院、銀行、新聞社、郵便局、放送局、電信電話局など、その時代の都市としての機能はほとんど完璧なくらい整っていたのである。

私はそんな台南市をずっと昔からある姿として受入れていて、少しも疑わなかった。その三十五年の間に為政者側からすれば建設であり、土着の人々からすればある種の破壊ということになるかもしれない、一つの都市が移り変わっていく歴史的経過を知る由もなかった。それから十五年後の敗戦の年までこの落ち着いた緑豊かな古都は、その姿をほとんど変えることはなかった。私の台南市に対する限りなく深い思い入れは、私が意識したそんな台南市の姿を背景にした郷愁に過ぎない。

私は台湾語をほとんど話せなかった。買い物をする折に何とか役立つ程度の単語ぐらいしか知らない。台湾語をろくに話せない私が、台湾の文化圏でごく普通に生活できたということは、当時既に、日本語だけで何不自由なく生活出来る基盤があったということになる。つまり私たちは幼児期を内地人のコロニーの中で、まるで内地の都市の郊外か下町の子供たちのように、なにげなく過ごしていたわけだ。

どう思い返してみても、私にはその時期、本島人の子供たちと一緒になって遊んだ記憶がないのである。私の回りにはいつも内地人の子供たちだけしかいなかった。だから私たちが東市場に出かけて行く時は、ただ自分たちの文化圏から外に出て行くという感覚だったのではないかという気がする。いうまでもないが、幼児にはっきりしたそんな意識があったわけはないし、他意はさらになかった。それに子供の交遊域というものは実に狭いもので、私が小学生の頃は隣の南門小学校の生徒とすら滅多に遊ぶことがなかったのである。まして、就学前の日本語を話せない本島人の子供たちと遊べるはずはなかった。

私はそうした自分を含めたその頃の環境を、ずっと昔からそう在るものとして受け止めていた。しかし十年前、二十年前の明治末期から大正時代にかけての私の親たちの環境は、かなり流動的で不安定で、まだまだ異郷の地に生活しているという心もとなさからは、とても解放され得なかったのではないだろうか。

その頃いかにも少数派だった内地からの移住者たちが、ようやく築きあげたわずかばかりの自分たちのコロニーの中で、不安と無聊を癒すためになにかといっては寄り添い合っただろうことは想像に難くない。それが町内会の集会だったり、県人会の集いだったり、小学校の運動会や学芸会だったり、お祭りだったりしたことも容易に想像できる。そしてやがて消防団が結成されていったのだと思う。内地でも多分そうだと思うが、町内の消防団は一種の自警団である。自己防衛の機能を内包した町内単位のこの小さな集団には、その地域の官吏やサラリーマン以外のほとんどの内地人の壮年たちが参加していた。

父も台南市に居を構えてから、かなり早い時期に消防団に加入していたようだった。私は父が消防団の正装をした姿を見たことがないが、写真に写った消防服姿の父の記憶がある。その写真はいつも小僧たちが荷作り仕事をしている、我が家の戸外の仕事場で写ったものだった。出初め式の記念写真のようなもので、手に手に纏《まとい》や飛び口などを持った十数人の消防団員たちが突っ立てた長い梯子を囲っていて、梯子の上ではてっぺんと中程に二人の若者がポーズをとっているものだった。紛失して今はない。

しかし、考えてみるとなぜ出初め式のような厳粛な行事が、一民家の店先でこうして大々的に執り行われたりしたのだろうという疑問が残るが、それについては次兄辰夫の興味ある話が妙な具合にその辻褄を合わせてくれるのだった。

吉川英治や白井喬二や林不忘などの時代小説が好きな兄の話は、多少勧善懲悪ぎみの講談調で、ずいぶんと分かりやすくて面白かった。

「放水事件というんだ」と兄は弟たちを見回して一息入れようにしてから話し出した。

当時、ごろつき新聞というのがのさばっていて、「今でも少しはのさばっていると思うけどねぇ」と兄は「ごろつき新聞」というところを特に強調した。ごろつき新聞というのは企業や特に官公庁関係のあら探しをしては、書き立てるぞと脅して、なにがしかの金銭をたかったりする、いわゆる、ごろつきのやる新聞で、兄にとってはその存在そのものが許し難いふうだった。すねに傷のある企業や役人たちの存在も同時に許せないのである。

そして、そのごろつき新聞が、こともあろうに消防団をゆすりに来たことからその事件は起こったのだった。「奴等は消防団の有ること無いことをでっち上げて、新聞広告を載せないと記事にしてばらまくぞと脅しをかけて来たんだ。そして広告費として法外な金額を吹っかけてきたんだ」。その無法な要求を消防団が一蹴すると、翌日、タブロイド版一枚っきりのその新聞に、消防団を誹謗した記事が、それこそ有ること無いこと満載されたのである。父を中心にした若手の消防団員は激高した。当時、血気盛んな小頭で若かった父は「元気のいい部下数名を引き連れて、そのごろつき新聞の事務所に殴りこみをかけたんだ」。兄は殴りこみをかけたと言うとき、目の前のやくざを斬り伏せるような仕種をした。

大八車に手押しのポンプを載せた消防車を、かけ声をかけながら威勢よく引いて新聞社に押しかけた若者たちは、その事務所の中に放水したのである。新聞社の事務所といっても、六畳程の広さの板張りの部屋に古物の机と椅子が一組置いてあるだけのもので、その時、破壊すべき対象物は何もなかった。中には人もいなく、怪我人もでなかったが、父はその日のうちに警察署に連行され留置されてしまった。

「お父さんはねぇ、自分ひとりで罪をひっ被ったんだ」

翌日、釈放された父は警察署の前で、消防団あげての出迎えを受けて驚いたそうだ『それはまるで日露戦争の凱旋将軍を出迎えるみたいだったんだって』と兄は比喩した。

こうした過去の出来事や思い出話などを、私たちは生前の父から直接聞くことは全くなかった。明治十二年生まれの父は、そうした話をいちいち子供たちに話して聞かせることを、潔いことと思わなかったのかもしれない。戦前、母からも私はその種の話を聞いたことがない。しかし戦後引き揚げて父が亡くなってから、かなりたって西戸崎で私が母と二人きりで生活するようになって、私は母から少しずつ過去の話を聞き出すことが出来るようになった。それも私がねだるように話かけないと、母が自から進んで話かけてくるようなことはない。ある日、私は放水事件の話を母に聞き正したことがあった。その時母は懐かしそうに少し目を伏せて「あの頃はお父さんもまだ若かったから」と言った。

父がまだ若くて血気盛んだった頃、父は東市場の盛り場を取り仕切っている本島人の親分を平手打ちにしたことがあった。放水事件について私が問い正した時、「あの頃は、お父さんもまだ若かったから」と言って、母が思い出したように付け加えた話である。

「殴り付けた親分という人が癩病の人でねぇ、顔や手足はすっかり腐ってしまって膿が垂れていて、鼻も耳も、手や足の指まですっかり崩れ落ちてしまっていたの。お父さんたらうちに飛んで帰って盥にお湯を入れると、たわしに石鹸をつけてごしごしごしごしいつまでもいつまでも手を洗っていたのよ」。母は話してからまた思い出し笑いをした。

私もその時、その争いの状況や原因などについては聞きそびれてしまったが、たとえ聞いたとしても母からは何一つ聞き出せなかっただろう。私が生まれるずっと以前には、こうした諍《いさか》いは恐らく日常茶飯事で、こうした事件を、私たちはある地域が社会的に一応の安定をみるまでの過程の、単なる世相ととらえるべきなのだろうか。父がまだ若かったその頃には、もう鉄道は敷かれていたのだろうか。市街地はどの程度整備されていたのだろう。どんな街でどのように人々は生活していたのだろう。内地人と本島人との間はどんな具合だったのだろう。私は私が物心ついた頃の落ち着いた台南市の情景しか知らないが、領台以来、数限りない紆余曲折をへながら、一つの都市の形成に携わってきた多くの無名の人々に、この頃なぜか思いが及ぶようになって仕方ないのである。

鉄道線路を敷いて駅舎の建設を企画し、建築現場に携わっていた人々。学校や官公庁や公会堂や図書館などの公共施設を実際に手掛けた人たち。道路や運河やダムや上下水道などの整備を成功させた人たち。教育や治安を担った人々。役人や軍人たちばかりではない。商人や商社の人々。農業や漁業や工業などの技術者たち。そうした多くの無名の人々の業績もそうだが、それを支えた家族や当時のその人たちの生活の実態などに、近頃しきりに思いが及ぶのは、やはり私の一種の屈折した故郷賛歌なのかもしれない。

私にとっての故郷は、私がようやく辺りを意識し始めた昭和五、六年頃から昭和二十年の終戦にかけての、落ち着いた緑豊かな台南市のたたずまいを背景としている。それはあたかも背景のほとんど変わらない一幕一場のドラマのようなものだった。そんな私の故郷に対する思い入れは、私の中で時間の経過とともに修正され美化されていって日ごとに輝きを増していくような気配すらあった。

最近、私にもたらせてくる台南市の情報は、ことごとく、私が永年温めてきたそんな郷愁の情感に水を差すようなものばかりになった。考えてみると、私が思い出の中でこれこそ台南市だと思い込んでいる落ち着いた緑豊かなたたずまいも、かつての中国風の町並みの、ある意味での破壊の上に築かれたものだったはずだ。時が流れて、その時代に相応しい町並みに変わって行くのは、歴史というものなのだろう。

私は日本の植民地時代の台南市の歴史を書くつもりは毛頭ない。ただかつて確かに存在していたものが消えかかろうとしている事への哀惜が、歳と供に私の何かを掻き立てるに過ぎないのである。私がもともと志向しているものは、昭和五、六年頃から敗戦の年までの時代を追って、私が実際に見聞きした事実を、その時その時の情感を思い返しながら出来るだけリアルに記述することである。

一方で、少年時代から青春時代にかけての甘美な追憶にデフォルメされた情景が、ことさらに美化されている懸念がないではないが、そんな情感も素直に取り入れて、出来るだけ事実に近い記述を心掛けているつもりだ。また父や母の若かった頃の思い出も情緒過剰なきらいはあるが、そのことも私は私の心情のリアルな表白だと思っているから、強いて文脈を整えるために修正しようなどとは思っていない。

私には私の中の台南市が、領台以来三十余年をかけて、行政が中国の都市を改造して造り直した植民地の都市であるという認識がある。と同時に、私の脳裏に蓄えられている記憶のごく自然な情景を、肯定的に固定しようという心情が一方にあることも否めない。その情景は、敗戦後全ての内地人の引き揚げ者たちが故郷台南を後にしようとした時、多分、最後に脳裏に焼き付けた情景と同じものであるに違いない。

いま私の手元にはないが、私には私の知らない時代を忍ばせてくれる我が家の古い写真の、妙に鮮明な記憶がある。着物姿にカンカン帽を被って映っている父や、当時流行った二百三高地という髪型を結っている若かった母の写真などは、変色したセピヤ色の色合いまでもはっきりと覚えている。

そんな古い写真の中に姉が未だ小学生の年頃の写真があった。なにかのお祭りの中のスナップ写真だったのだろう。一つは着飾った姉が大きな山車の上に数人の子供たちと一緒に乗っているもので、もう一つの写真は何という出で立ちか分からないが、お祭りで花街の芸者衆が男装で錫杖を鳴らしながら街を練り歩く時の手古舞の扮装だったと思う。どちらの写真も幼い姉はまるで舞妓さんのような厚化粧をさせられているのだった。姉の年齢から推測すると大正初期と思われる。しかしそんな行動を私は全く知らないから、多分時代と共に廃ってしまった行事のうちの一つなのだろう。

まだ若かった父や母が渡台した頃、数少ない内地人たちが、何かといっては寄り合って、それぞれの出身地の行事を盛大に行うことによって、自分たちの存在を誇示しようとしたに違いないことは理解できる。そのほとんどは、昭和初期の私たちが意識しだした頃の、あの落ち着いた台南市に残ることはなかった。台南公園での月見の宴も、そんな行事の一つだったのだろうか。その記憶は混沌とした意識の中でぼんやりとしてはいるけれど、芝生に敷いたゴザや毛布の上から大地をじかに感じた感触だけが、妙にリアルで忘れがたい、そんな感覚的なものだ。

私が幼稚園に入るか入らないかの、昭和三年か四年頃の話だと思う。場所は台南公園の大きな池の畔の東屋から少し裏門の方に寄った、そこは芝生のきれいなちょっとした広場になっていて、全体が池の側になだらかな傾斜をしていた。その広場にはもうかなりの数の内地人たちが、家族単位でゴザや毛布を敷いて、御馳走の入った重箱をとり囲むようにして座っている。私の曖昧な記憶ではそれぞれの家族がビールかサイダーの瓶にススキの花を活け、持参した三方にはお団子や里芋などを飾っていた。我が家のゴザは少し傾斜したところに敷かれていて、それがとても嬉しかったことを覚えている。

町内の催しだったのか、県人会の行事だったのか分からないが、こうした集いが、ぷっつりと跡絶えてしまったことだけは確かだった。かつては、こうして月見の宴に皆が集い合うようなことがあったのだろうかという素朴な疑問にも、私は自分の極めて曖昧な、郷愁のような切々とした想いをそっと温めて置こうと思う。多分、その頃の人たちは不安や寂しや人恋しさで何かといっては集い合ったのだろう。

ツツジ祭りのことは、月見の宴より一、二年後のことなのでよく覚えている。台南市の南側の郊外に市の競馬場があった。その東側は競馬場を見下ろせるなだらかな砂地の丘になっていて、ツツジ祭りはその高さが一〇メートルから二〇メートルぐらいのかなり広い丘陵地帯に色とりどりのツツジを植えて、お祭りふうにあしらった催しだった。広島市出身の国本さんという植木屋が主催したもので、この人も消防に出ていた人だ。季節は早春だったと思う。

ツツジは内地の植物で、私たちにとっては初めて見る珍しい花だった。起伏のある丘陵一面に適当な間隔を置いて咲いているツツジの花は、壮観というより、その時私はなんだか内地に迷い込んだような妙な興奮を覚えたものだ。夜景だったし、観客の中には華やかな浴衣を着ている娘さんなどもいて、一層そんな気持ちにさせられたのかもしれない。

その日の夕方、私たちは母と幼い兄弟皆んなでツツジ祭りに行ったのである。入口から岡の上の東屋まで、植え込みの間をくねるように縫っている小道を登って行くと、所々にたっている灯籠や裸電灯の照明で、色とりどりのツツジの花は一段と艶やかに咲き誇っていた。頂上の東屋には出店があって、既に幾組みもの家族で賑合っていた。ブリキで出来た鯉つりの生け簀があったのは出店のすぐ脇のところだった。小さな竹竿に水に浸けると切れ易くなるごく細いテグスを付けて、引っ掛け針を結び付けている、夜店などでよく見かける鯉釣りである。

ツツジ祭りは見るものことごとく新鮮でそして感情的で、当時、桃源郷という言葉を私は知らなかったけれど、まさに桃源郷をさ迷っているような感じに浸っていたのだった。特に鯉釣りは私たちを夢中にさせずにはおかなかった。その後、私はこの種の遊びを何度も経験している。しかし、ツツジ祭りの時の鯉釣りのテグスはサービスで、特別に強いテグスを使用していたに違いないという確信に近いものを今でも持っている。小さな子供でもテクニックなしに大物が釣れたのである。それにしても、すぐ上の兄秀友が釣った大物は特大で、周りで見物していた大人たちまでが嘆声を上げた程だった。生け簀の中で特に目立っていたその大鯉を、兄はテクニックなしでいとも簡単に釣り上げてしまったのである。か細い釣り竿は手元のあたりがもう蹄鉄の角度ぐらいまでにしなって、それでもようやく釣り上げた時、あたりから何ともしれない、「うわっ」という嘆声が湧き上がったことを私はよく覚えている。目の下三〇センチぐらいはゆうにあった大物だつた。

翌日、炊事場から庭に下りたったすぐ脇の軒下に、水をいっぱい張った木製の洗濯盥の中で、その大きな鯉は背びれを少し空気に曝しながら悠々と泳いでいた。ツツジ祭りの東屋の脇の生け簀で泳いでいた時のように。そして日頃、庭になど滅多に下りて来ることのない外交員までが、「どれどれ」と盥の中を覗きに来ては、「これやぁでかい」などと言ってくれるので、その度に兄の鼻は高くなるのだった。

その日は学校に行っていても、盥の中の鯉のことが気になって、先生の話など少しも聞く気がしなかった。小学校に上がったばかりの頃だったと思う。放課後、走って家に帰ってみると、兄はもう帰っていて、盥を抱えこむようにして座っていた。盥の中ではあのでかい鯉が何事もなかったかのように、少し背びれを空気に曝しながら悠々と泳いでいる。私は納得するだけ鯉を見ると、友達の家へ遊びに行った。盥を腕で抱えこむようにしてじっと鯉を見つめていた兄を、その時遊びに誘ったとしても、兄はとても応じてくれなかっただろう。兄は屈んだ後ろ姿にそんな雰囲気を漂わしていた。

数日後、我が家の夕食のメニューに川魚の味噌汁がでた。私はかつて川魚というものを食べたことがなかった。しかし味噌汁の中に浮いている魚が川魚であることは、その独特の泥臭い匂いで直ぐに分かった。そしてあの盥の中の鯉であることも直ぐに分かった。皮付きのその具はなんとなく生臭くて、私はとうとう箸をつけることが出来なかったぐらいだ。それにしても、その時の兄の様子がどうしても思い出せないのは、その時私が兄の重苦しい悲嘆に心から同情していたからではないだろうか。

庭の炊事場の軒下の盥は、いつの間にかいつもの風呂場に移されていた。その後、我が家で川魚が食卓にのぼったことはない。鰻は別である。しかしたとえ公園の池から釣つて来たテナガエビでも、母は決して料理しようとはしなかった。

領台後ぞくぞくと渡台して来た、ある意味での私たちの先人たちは、当時、台湾の首都であった台南という異郷の古都に、内地人の住める環境をどのように造りだすか腐心したに違いない。これは開闢以来の国家的腐心であったのだろう。だから、彼らは崇高な理想と若々しい希望と未知への不安と幾漠かの罪悪感などによって、次第に膨らんでくる過剰な使命観に戸惑っていたかもしれない。私はしばしばそんな若い役人たちの立場に立つて、私の住んでいた台南市を思い返してみる。南方の欧米の植民地にはその頃すでにお手本となるべき都市がいくらでもあった。そんな近代的な植民地の都市の綿密な視察や調査が、多分彼らの最初の仕事だっただろう。彼らかそんな植民地都市から何を学び何を取り入れようとしたのか、想像しただけで実に興味深い。それを私は逆に、私が住んでいた台南市の町並みを想い返すことで、若い彼らの腐心したところを、ある程度推測することができると、不遜にも思ったりしているのである。

もともと台湾の首都であった台南は、清朝時代は城壁に囲まれた古い都市だった。東門、西門、南門、北門という地名は領台後も使われていたし、南門の遺跡はまだ立派に残っていた。城壁の中の町並みがどんなものだったか知る由もないが、しかし台南市の市街地から少し外れた裏町に一歩足を踏み入れると、そこには明らかに清朝時代を忍ばせる古い町並が逞しく息づいていた。

私は二十歳になって初めて永年憧れていた内地に渡ることができた。神戸、大阪、東京と訪れたのだが、その折り、思っていた程に取り立てて違和感を感じることがなかったことを覚えている。胸をときめかして海を渡った割りには驚くものはなかった。映画や雑誌などによる過剰な程の予備知識はあったと思う。

しかし台湾になかった路面電車や地下鉄などを除けば、それ程驚きに値するものは特になかったのである。つまり当時、内地に在るものはほとんど私の住んでいた南の果ての台南の街にも存在していたという理屈は成り立っていたのである。多少、負け惜しみの感はあるにしても、確かに台南には内地にあるものはたいていあったと思う。

流通している品物はいうまでもないが、たとえば姉の居住していた阪急沿線の高級住宅地に行った時も、清水町から竹園町、北門町から花園町にかけての住宅街、南門の郊外や台北市の大正町を思い出して驚かなかった。浅草や心斎橋の人並みも台南神社のお祭りの人出とそれ程変わりはしない。私たちの先人たちは自分たちの描いた壮大な都市計画が、結果として私か住んでいた緑豊かな落ちついた台南市のような都市になったことに、かなりの挫折感を抱いたかもしれない。しかしほぼ五十年後、一人の青年が胸を張って自分の生まれた都市を高く評価していたということを、たとえそれが、負け惜しみや、構えた身贔屓《みびいき》の一人よがりだとしても、言い残して置きたいという心情のようなものが、多分一貫してこの手記の底流を流れていると思う。

戦後おおよそ半世紀をへて、私たちがかつて何気なく生活していた台南市を今さらのように想い返してみると、先人たちが腐心しながらも結果的に、あのように落ち着くところに落ち着いてしまった台南の市街地の全容が、また別の角度から見えてくるから不思議である。

先人たちはまず鉄道、道路、官公庁、軍隊、学校、病院、公園、神社や仏閣、そしてまとまった内地人の居留地などの用地を確保しなければならなかっただろう。そんな場所にいる限りでは、私たちは確かに何となくごく自然に内地風であった。しかしいかに当時の権力をしても市街地の全てを内地風にする訳にはいかなかったのは、当然といえば当然である。それに異なった二つの文化は目に見えるようにはっきりと区分けされていた訳ではない。互いに混じり合って見事に調和していた地域を私はいくつも知っている。そしてやがて、あの緑豊かな落ち着いた台南市の全容が出来あがったのだろうと思う。

私はあの緑豊かな落ち着いた台南市しか知らない。私はその頃、私の街が昔からずっとそのままの姿であったと思い込んでいて、少しも疑わなかった。そんなことは意識さえしなかった。しかし今私は先人たちがどこのどの部分を腐心の末に改造したのか、大体のところは分かるような気がする。そして私がそんなふうに変に先人たちの業績にかかわるのは、多分、私が一九九〇年、平成二年七月にほぼ半世紀振りに台南市を訪れる機会を得てからであることもよく分かるのである。

旅行は、まるで東京か大阪にでも行くような気楽な旅行だった。末弟の源治が旅行社の交渉からスケジュール一切を引き受けてくれて、私たちはただパスポートの手続きをすればよかった。私と弘治、昭、源治という兄弟四人の一見気楽な旅行も、実は私だけがおおよそ五十年振りの訪台だったのである。

桃園の空港に降りて、私たちは台北に戻り、敢えて鉄道で目的地の台南市へ向かった。台南駅に着いた時にはもうかなり陽が傾いていた。駅の構内は昔とさほど変わっていなかったが、一歩駅を出て私は愕然としたのである。駅前広場のど真ん中にあった、あの巨大なガジュマルの木がなくなっている。そしてさらに駅から児玉公園に通じる道路を覆うように茂っていた鳳凰木《ほうおうぼく》のあの緑のトンネルがなくなっていた。しかしその辺りの事情はすぐに理解出来た。人口が五、六倍に膨れ上がっていたこと。それに何といっても爆発的に増加した車の量だ。その後、私は市街地の大部分を車で通ることが出来たが、昔の並木は道路から跡形もなく消えていた。

あの落ち着いた緑豊かな台南市から並木の緑を取り去ってしまったら、最早、故郷とはいえないなあと、私はその時密かに慨嘆したのだった。先人たちが営々として、半世紀をかけて造り上げた懐かしい想い出の中の故郷が、既に崩壊してしまっている。そんな思いがひしひしと襲って来るのに、その時私はじっと耐えるしかなかった。

これが歴史の流れというものだろう。しかしおおよそ一世紀程前に、南の果ての異郷の地で都市計画に携わった若い先人たちの、粗削りではあるけれどその若々しい美的センスと思いきりのいい決断力に少なからぬ敬意と感謝の気持ちを持っていたから、私はその時、ありし日のあの台南市の面影を、今のうちに出来るだけ克明に記録しなければならないという、何か追い詰められたような使命感みたいなものを感じたのである。そしてそれを彼らへのレクイエムにしたいと思った。

台南市に網の目のように張り巡らされていた道路網のうち、並木道はまず先人たちの手がけた仕事といって間違いないだろう。彼らはその主な幹線道路を整備すると同時に、その町並みに合わせてそれぞれの並木を植えたのだろうと思う。私が意識しだした頃はもう、それらの並木はすっかり大地に根付いていて、まるでずっと昔からそこあるかのようにどうどうとした樹容で辺りの風景に溶け込んでいた。

私は、初めて台南市を訪れる人が、もしもその時期を五月から六月にかけての季節に合わせることが出来たら、その人はとても幸運な人だと思っている。なぜなら、その人は台南駅を降りたった時、いきなり見事に咲き誇った鳳凰木の華麗な歓迎を受けただろうから。そうした効果を計って先人たちは、台南駅から児玉公園までのメインストリートを鳳凰木の並木で飾ったに違いない。

鳳凰木の並木は、その頃既に、子どもが二人掛かりでようやく抱えられる程の巨木で、道路の両側からすらりと延びた太い幹は、二階の屋根ぐらいの高さで無数に枝分かれしていた。見上げると、瑞々しい葉がすっかり空を覆うように茂っている。そして両側から勢いよく延びた枝枝が互いに差し込み合っているから、そこを通る人はまるで緑の長い長いアーケードを通っているような気分になった。

鳳凰木は豆科の植物だからその葉は羽状複葉で、ネムの木の葉と瓜二つのような格好をしている。だから空を覆っている緑色の屋根は、山下清の貼絵のように一つ一つ米粒大の小さな葉っぱが、モザイクふうに重なり合つて、ステンドグラスみたいに明るいのだった。

五月から六月にかけての季節、鳳凰木はその淡いみどり色の樹冠を鮮やかな緋紅色の花で飾った。遠くから見るとそれはまるで樹冠が燃えているように見えるから、南の国では鳳凰木のことを火焔樹と讃えるのだろう。

鳳凰木はその季節、その鮮やかな緋紅色の花を次から次にむしろ過剰なくらいに咲かせて、台南駅から児玉公園までの往還を熱帯の街に相応しく装った。その巧《たく》まざる演出は、その季節に期待を膨らませながら初めて台南市を訪れた人たちに、ある種の強烈な感銘を与えずにはおかなかったに違いない。

鳳凰木の花は、広辞苑によると、「花は径一〇センチくらい、五弁、緋紅色で、総状花序につく」と記されている。そしてマダガスカル島原産と書いてある。分かりにくいらか補足すると、一升の花はイチョウの葉を杓子のように丸くした形をしていて、その五弁がロゼット型に開いて咲くのである。中心には赤い瑞々しい雄しべが、束になって勢いよく空を仰いでいる。蕾はカーネーションによく似ていた。そしてその何十ともしれない蕾は上を向いて房になっていた。その蕾が一つ一つ下の方から順々に膨らんできて、やがてパットいっきに花開くのである。それが次から次に咲いていくから、華麗な花の火焔はその季節の間消えることはなかった。

昭和十八年の春、私はそれまで一年間寄寓していた新伊丹の姉の家から帰台することにした。その年から文化系大学の兵役延期の特典が廃止されたから、進学を断念したのである。私はしばらく九州に立ち寄った後の初夏、二泊三日の船旅で台湾に渡った。そしてすぐに台北市の大正町の古澤邸に立ち寄った。

ちょうど、母が古澤さんの奥さんを訪ねて来ていて、私は一年振りに母と再会した。古澤さんは台北の大きな公司《コンス》の役員をしていた。その貿易会社は、藤山愛一郎の台湾精糖傘下の会社で、古澤さんは藤山さんにずいぶんと目をかけられていたのだそうだ。古澤さんはそれまで台南市長をしていた人である。そして古澤夫人は、才色兼備という形容にこれ程ふさわしい人はないという賢夫人である。

母は予定を少し切り上げて、私と一緒に台南へ帰ってくれた。一年振りに降りたった台南駅はさすがに懐かしく、それでいて何となくよそよそしかったことを覚えている。私たちは駅前で俥を二台拾うと、母の俥を先導に一路我が家へと向かった。朝方の九時頃だったと思う。空は晴れていたが、朝早くスコールが通ったのだろう。舗装されている駅前広場はしっとり濡れていた。そして広場のど真ん中の巨大なガジュマルの木も、その雨にすっかり洗われたからだろうか、黒々と見えるほど深い緑の塊となって、私たちの前にたちはだかっていた。故郷に帰って来たと、私はしみじみ思った。

そして二台の俥がその巨大なガジュマルの木の傍らをすり抜けて、鳳凰木の並木道に差しかかった時だった。私は我が目を疑うほどの衝撃を受けたのである。児玉公園まで一直線に延びている雨に濡れた舗装道路に、それこそ今さっき散ったばかりに違いない、鳳凰木の瑞々しい花びらが、正に真っ赤な絨毯を敷き詰めたように散っているのだった。何という壮烈な散りようなのだろう。その日は日曜日だったのかもしれない。まだあたりにあまり人影はなかった。それに車のほとんどなかった時代だ。すぐ前を母の俥の轍が、赤い無垢の絨毯の上にくっきりと二本の線を付けながら走って行く。あたりの風景はすっかり止まってしまったみたいに静かで、ただ、濡れた真紅の絨毯の上を走って行く俥夫の足音だけが、リズミカルにぺたぺたぺたぺたと聞こえるだけだった。

鳳凰木の並木は、台南市の市街地にもう一筋あった。児玉公園と台南公園を結ぶ道路の花園小学校前から、明治町通りとの交差点を経て図書館のある四つ角までで、大正町の並木と同じ時期に植えられたものだと思う。幹の太さで分かる。しかし花園町の道路は大正町通りに比べるとかなり狭い。だから、大きくなり過ぎた鳳凰木の並木は、花園町の狭い通りではいかにも窮屈そうに縦長に茂っていた。はみだして、どうも町並みに溶け込みきれないでいるという風情で茂っていた。なぜか大正町通りの並木ほど印象に残らないのはそんなせいだったのかもしれない。それでも強い風が吹いて吹雪のように花が散ると、登校中の小学生たちは、その中から気に入った緋紅色の花弁を二、三枚拾ってきて押し花にするのだった。鳳凰木の花の押し花は、セロハンみたいに薄くて頼りないが、なぜか女の子に人気があった。

花園町通りが図書館から本町通りと交差する四辻まではタマリンドウの並木だった。私はその短い距離の並木に、腐心の末タマリンドウを選んで植えた若い先人たちの戸惑いが、何だか分かるような気がする。彼らは戸惑いながらも若い情熱で、自分たちのイメージを思いきりよく実行したに違いない。しかしどう考えても、あの位置にタマリンドウの並木は唐突ではないだろうか。けれど私はその唐突さこそ、先人たちがきっと当時若かったに違いないと推測する根拠であり、私が彼らに賛辞を惜しまない所以《ゆえん》でもある。

タマリンドウも豆科の植物である。だからその葉は鳳凰木と同じ羽状複葉だが、鳳凰木の葉に比べると小さくて厚手で、緑もどちらかというと濃過ぎる感じで、全体的になんとなく風情がない。幹も大人が片手で抱えられるくらいの太さの、やや小振りな木である。インドあたりでは喬木になるというのが信じられないくらいだった。

そしてタマリンドウの花がどんな花だったか、開花期がいつ頃だったか一向に思い出せないのは、多分、その花は小さく、葉陰でひっそりと恥じらうように咲くような地味な花だったのだろう。私たちはある日ふと、そら豆の莢のような茶色の果実が葉陰の枝から無数にぶら下がっているのに気付くのである。未熟な果実は手にとると少し重量感があって、きゅうりの実を堅くしたような中身だった。しかし熟すと、いつの間にか卵の殻のように薄く堅くなった果皮の中に数個の種が出来ていて、きゅうりのような中身は、その種を包み込むようにねっとりした甘酸っぱい果肉に変わっていた。梅の果実を酸味が抜けない程度の砂糖で、こげ茶色ぐらいまでに丹念に煮込んだような、甘酸っぱい味がした。

タマリンドウの実の熟す頃、学校からの帰り道に友達と戯れ合いながら並木道に差しかかると、本島人の子供たちが木に登って熟した実を探しているのをよく見かけた。西の空は黄昏ていて、タマリンドウの並木道には、これから隣町でお祭りでも始まるかのようなざわめきが、あちこちに漂っているのだった。

タマリンドウの並木の途絶える四つ角から児玉公園までの短い道路には、なぜか並木がなかった。右手に測候所があったからだろうか。

児玉公園から放送局の方に向かって、左折すると開山神社に行ける交差点まではタガヤサンの並木道だった。タガヤサンも豆科植物だが喬木になるような木ではない。せいぜい子供が抱えられる程度にしか大きくならない優しい感じの木である。吹き抜けていく風をみんなそよ風に替えてしまうような並木道だ。冬を除くと季節を通してエニシダのような鮮やかな黄色い花を咲かせる。熱帯の花木はとても気前がよくて、艶やかに目立つ木はどの木も、一見もったいないぐらいに惜し気もなく咲き乱れる。タガヤサンも咲き乱れる方の木だ。そして花の季節、数えられないほどの白い蝶が乱れ飛ぶ木だった。

私たちがモンシロチョウと言っていたその大型の白い蝶は、ウラナミシロチョウ、ムモンウスキチョウなどで、内地のモンシロチョウとはかなり違う格好の持ち主である。そのヤマキチョウを一回り大きくしたような蝶は、翅脈の太い力強い翅で終始タガヤサンの樹上を飛び廻っている。白蝶たちは、咲き乱れている黄色い花の密を求めて飛来するわけではない。卵を産みつけに来るのである。幼虫はキャベツに付くモンシロチョウの青虫そっくりだった。あたりは官庁街で、タガヤサンの並木道を通って来る勤人たちは、そよ風に吹かれながら、咲き乱れる黄色い花と飛び廻っている白い蝶に何を感じていたのだろう。

タガヤサンの並木道が尽きる四つ角から、左折して開山神社へ行く道路はトウカエデの並木になっていた。どこらあたりまでその並木道が続いていたのか、開山神社より先にはあまり行ったことがないのでよく分からない。トウカエデの並木は小振りで、いかにも植えてからあまり歳月をへていないと思われる若木だった。幹の太さは大人の腕っぷしぐらいのものだったと思う。

開山神社は支那明朝の忠臣、鄭成功を祭った廟と神社を折衷したようなお社である。鄭成功の母が日本人だったということなのだろうが、考えてみるといかにもあの時代の日本人らしい発想で、当時の日本の植民地政策の基本が、大和化であったということを象徴しているようなお社であった。開山神社という呼称には、当時少年だった私でさえなんとなく無理な響きが感じられた。神社の年に一度のお祭りには、市内の全ての学校の生徒が、それぞれ学校別に隊伍を整えて参拝する。そしてその日だけ、開山神社は夜遅くまで大変な賑わいをみせるのである。

お祭りの日、私たちが隊伍を整えてトウカエデの並木道に差しかかると、辺りにはもうお祭りの雰囲気が漂っていた。トウカエデの一本一本の幹には目の届く限り広告の入った灯籠が結わえられていて、並木道を進むにつれて、私たちは否応なしにお祭りの中に引き込まれて行くような気分にさせられるのだった。

簡単な木枠に和紙を貼っただけのその小さな灯籠には、恐らく灯籠を寄贈した団体や会社や商店のものなのだろう、私たちの知っている名前がいくつも看板風に書かれていた。神社に近づくにつれて、隊伍を整えて歩いている私の気持ちの中に妙なわだかまりが湧いてくるのはいつものことだった。はたして灯籠の中に「今林商行」という我が家の屋号を目ざとく見つけ出すと、私は一刻も早くその場から逃れたいような衝動にかられた。

「今林商行」と書かれた灯籠は、毎年おおむね同じ位置にあった。隊列の通る側の開山神社に近い位置で、やがて隊列は道路を横切るように右折して境内に入って行く。私は救われたように、ほつと溜め息を付くのだった。トウカエデの並木道は、私にそんな中学時代の病的なくらい多感だった側面を思い出させてくれる。

想思樹《ソウシジュ》の並木は、私の家の真ん前から停車場に向かって竹園川まで続いていた。私はいま福岡市東部の端れに居住しているが、隣接している糟屋郡の起伏の多い地形に自生しているアカシヤの木は、想思樹に極めてよく似ている。想思樹も、かつて私が住んでいた台南市の郊外の人里から離れた起伏の多い地形の自然によく見かけた木である。

小学生だった私の感覚ではずいぶんと大きな木で、一抱半ぐらいはあったような気がする。槇に似た細長い薄手の葉を年中茂らせていて、いつの間にかアカシヤの花みたいなタンポン形の小さい黄色の花を咲かせている、そんな田舎風な素朴な並木道だった。

想思樹の並木にも花か密かに咲いていた。それは雨が降った後や風が強く吹いた後などに散つた花が、歩道一面に黄色い粉を撒き散らしたように小さなタンポンの花をぎっしりと敷き詰めた時、私たちは今初めて知つたみたいに気付くのだった。改めて見上げて見ても、幾重にも重なった細い緑の葉の間を、切り刻むように互いに反射し合いながら漏れこぼれてくる陽光の中では、一つ一つの葉の付け根あたりでひっそりと咲いている可憐な黄色い小さな花を見つけることは容易ではなかった。

想思樹の並木は私の家の前のいつも小僧たちが仕事場として使っていた空き地を起点に、知事官邸の方に向かって三百メートル程真っ直ぐ続くと、右側の角の派出所のところで幹線道路に突き当たる。台湾縦貫道路である。並木道はそこから停車場に向かって大きく鈍角に左折しながら続く。鋭角に右折すると、東門町を経て市街地へ抜け、高雄市へ繋がるのだが、その道路に並木があったかどうか、記憶にない。

少し斜交いになるが、直進すると鉄道の踏み切りがあって、その先に知事官邸がまるで城塞のように昂然とあたりを睥睨《へいげい》していた。想思樹の並木道は斜交いのその交差点をゆるやかに左折する。そして道はすぐ下り坂になった。右手は黒い高い板塀が単調に続いていて、どこかの官舎だったような気がする。左手は盲唖学校の赤煉瓦の塀がこれも長々と続いて、並木道は坂の下りきったところで途切れる。

坂の下りきつた底の部分を竹園川が道路を横切るようにして東西に流れていた。大きな無蓋の側溝のような竹園川は、三百メートルほど離れた台南二中の校舎のある丘陵地帯を源流にして、ゆるやかな市街地の傾斜を蛇行しながらゆっくり西の方に流れていた。いつもは小川のようにさらさらと流れている川である。竹園川に沿うようにして、これも二中から西に向かっている往還は、停車場と州庁を結ぶ幹線と交差する。想思樹の並木は坂を下ってその四辻の手前で途切れた。竹園橋を渡ると今度はすぐ登り坂になって、百メートルも行くと停車場前の広場になる。その間に並木はなかった。

停車場から台南一中までは、タガヤサンの並木が可憐な黄色い花を咲かせ、その梢のあたりをやはりウラナミシロチョウやギンモンウスキチョウなどが乱舞していた。狭い道路で両側から建物が迫ってきているから、昼間でも薄暗い感じのする道だった。

停車場から真西に明治町の方に延びている往還に並木がなかったのは、今思い返してみると不思議である。道幅もかなり広くちゃんとした歩道もあったのに、花園町の交差点までは一軒も店がなくて、官舎の黒い塀や赤煉瓦の立派な塀が続いているだけのなんとなく殺風景な往還だった。いつも白く乾いていたような印象しかないのは、そこに並木がなかったからだろうか。停車場から百メートルほど来た左側の歩道の真ん中にヨゥトウ（ゴレンシイ）の大きな木があった。季節になると小さな実をたくさん付けてそれが実に酸っぱいのだった。

こうして思い付くままに台南市のかつての市街地の並木道を思い返してみると、先人たちの意図した新しい都市への情熱の部分を、ほんのわずかだが垣間見ることが出来たような気がする。並木に選ばれた木がトウカエデを除くと、全て豆科植物であったことは、若かったに違いない先人たちの壮大な理想と、所詮は宮仕えとしての彼らの立場との葛藤が、これも何だか少しばかり分かるような気がする。豆科植物の生命力は強くて並木に育てる上での失敗がほとんど考えられないのである。

本町、錦町、白金町、大宮町、西門町、高砂町などの商店街に並木がなかったのは、通が狭い上にいわゆる老舗の寄り集まった繁華街だったからだと思う。いかに当時の強大な権力をしても、そこまでは介入出来なかったのだろう。

台南市の町並みは、理想にはやる若い先人たちの思い切った道路整備によって、こうして少しづつ近代化されていったと思うのだが、ある時期からその流れが急に緩んで、やがてすっかり澱んでしまうのである。私の印象では、それは私が小学校の低学年の頃だったような気がする。そしてそれはどうも日本の軍部が支那大陸に進出しだした頃と時を同じくするのである。私が物心付いてから敗戦までの十数年間の私の想い出の背景が、まるで一幕一場の劇場の背景のように変化がなく固定されているのは、多分、戦争という強大なエネルギーが改革の流れを澱みに替えてしまつた結果だったのだろう。

しかしそんな時代の変わり目ともいえる昭和五、六年頃、末広町に当時としては画期的な銀座通りという商店街が、まるで世紀末のあだ花のように忽然と出現したのである。

銀座通りは鉄筋三階建のモダンな商店街で、七階建のデパートもあり、そのデパートに行けばエレベーターにも乗ることが出来た。そしていやに道幅の広いアスファルトの道路の路肩に椰子の並木が植えられた時、私は何となく、銀座通りには椰子の並木が最も相応しいような気がした。椰子といっても巨木になるココ椰子ではない。公園などに植えられている鑑賞用の小型の椰子である。アスファルトの道路に等間隔に楕円形の地面をコンクリートで囲んで植樹するやり方も、いままでになかつたモダンな様式だった。

その何となくヨーロッパの植民地風な銀座通りを飾った椰子の並木が、恐らく先人たちの最後の仕事だったのではないだろうか。勿論、鳳凰木や想思樹やタマリンドウやタガヤサンを選んだ先人たちと同じ人たちではないだろう。しかし私にはなぜか、そこに一貫した感性や情熱や意思が感じ取られてならない。多分そこには私の過剰な思い入れがあって、共に故郷賛歌を謳歌しているような、本来は避けねばならない甘美な情緒が介入しているのだろう。椰子の並木は、はじめビルの二階の窓に届く程の大きさだったが、戦争末期には三階の窓に届く程の大きさになっていた。

かつての台南市には緑豊な古都の街という印象があった。熱帯降雨林地帯の都市だから当然といえば当然である。しかし実際は公園や学校や神社や廟のような公的な空間を除くと、以外に植物相は貧相だったのではないだろうか。当時の市街地の豊かな緑のほとんどは、内地人の庭園に植えられた庭木によるものだったのではないだろうかという印象もある。

以下は私の実感による性急な推論である。内地から渡って来た人たちは、はじめ熱帯の土地に内地と同じような家を建て庭を囲って、内地風な庭園を造ろうとしたに違いない。しかし熱帯には松も梅もなく、植えた植物は熱帯の陽光を浴びて日一日と、とてつもない早さで成長するから、とても日本風の閑寂な庭園としての姿を維持することが出来なかったのではないだろうか。したがって彼らはそのかなり広い敷地に、身近にある珍しい熱帯植物を片っ端から植えては、試行錯誤を楽しんだのはないだろうか。そして結果として残ったのが、私たちの記憶に残っている内地人の庭の植生なのではないだろうか。

小学校五年の頃、青木君の家に遊びに行ったことがある。青木君のお父さんは台南第二連隊の連隊長だったから、連隊長官舎に行ったことになる。前庭の植え込みがどうだったか記憶にないが、二百坪程もある広い裏庭にはマンゴーの一抱え半もあるような大きな木が五、六本植わっていた。ただそれだけの庭だったが、その広い空間にそれが妙に調和のとれた景観をかもしだしているのだった。

森本君の家の前庭は芝生だけの洒落た庭だったが、裏庭は白レンブやセッキヤ（シヤカトウ）やいろんな熱帯の果物の木が所狭しと植てあって、まるで藪のようになっていた。島崎君のあまり広くない裏庭の真ん中にはレイシの木がぽっんと一本植わっていた。夏になると木が赤く染まるほど、たわわに実を付ける木だった。鉄鋼所だった明石君の家の中庭は錆びた鉄で真っ赤になっていた。その仕事場でもある中庭の中程に、健気な荒野の中の一本木のようにぽっんとナツメの木が植わっていた。ナツメとしてはかなり大きな木である。私たちは実が熟す頃よく遊びに行って、その刺のある木に登っては甘酸っぱい実を取らせてもらった。木村君の家の大きなザボンの木。仲本君の家のレンブの巨木。記憶を拾っていけば限りがない。パパイヤ、ゲンゲン（リュウガン）、ナッポイ（バンジロウ）、ヨゥトゥなどは庭の少し広い官舎にいけばたいていお目にかかれた。

私は平成二年七月に弟の弘治・昭・源治と四人で台湾に渡った。弟たちはこれまでに何度も訪台しているが、私だけが四十五年振りに故郷に帰ったのだった。私は自分が生まれて二十年の間育つた台南の街を、今でも私の故郷だと思っている。しかし私の故郷はまるで他所の街に迷い込んでしまったのではないかと思われたぐらい、すっかり変貌してしまっていた。私たちは少しでもかつての面影の残っている風景や建物などを求めて車で市街地を走り廻ったが、公共物以外に昔の面影を見付けるのは最早絶望的に思われた。

訪台の折、私は家庭用のビデオカメラを携えて行った。懐かしい故郷の面影を、台南を知らない家族に少しでもリアルに伝えたい気持ちがあった。そしてかつて私たちの子供の頃は、ほんの身近な所に珍しい果物の木がいくらでも植わっていて、いってみれば熱帯植物園の中で生活しいたようなものだったということを、実際に撮ってってきて自慢したいと思ったりしていた。しかし四十五年前には、家ごとにあんなに茂っていた緑の木々の姿が、市街地からすっかり消えてしまっていた。

「果物の木を撮るなら、昔の官舎を探したらいい」と言う源治の助言に従って私たちは裏町を探すことにした。末弟の源治はかれこれ十回近い渡台の実績がある。私たちは早速徒歩で、昔の記憶を辿りながら往還から少し奥まった路地に入っていった。すると、はたしてそこには赤い煉瓦塀からはみ出るようにして、ゲンゲンやヨウトウやナッポイやセッキャなどの果物の木がまるで昔のままに茂っていたのだった。

そこは台南駅前の私たちが宿泊していた台南大飯店から、花園小学校へ抜ける路地の一角だった。思い返してみるとその辺りは、確か青木君の家のあった高級将校官舎が建並んでいた一帯である。赤い煉瓦塀からはみ出すようにして茂っている木には、ちょうどゲンゲンの実がたわわに実っていたし、ヨウトウも食べられる程に熟していた。私は夢中になってカメラを廻した。茂みの奥の方に、かつての官舎の日本風の屋根瓦が垣間見えた。

私は私の故郷への思い入れのなかの、私たちの育った風土を象徴するような熱帯果樹の実の占める部分に、今さらのように驚かされるのだった。

私たちの先人たちがこの地に初めて足を踏み入れた時、彼らが私たちよりはるかに新鮮な感覚で、この風土の中の植生に接したことは容易に想像できる。

私の通っていた花園尋常高等小学校の校庭の北側の校舎寄りに、ゲンゲンの巨木が茂っていた。ずいぶんと巨大な木で子供二人がかりでも抱えきれないくらいでかいものであった。そこから北寄りの少し離れたところにもレンブの木が植わっていて、これもかなりの大木だった。小学校はもとは竹園町にあったものを、大正十二年に花園町に新築して移転したもので、そのあたり一帯には、本島人の集落があったはずだ。校庭の至る所に赤くて薄い台湾の屋根瓦のかけらが地表に顔を覗かせる程埋まっていたから、かなりの規模だったのではないだろうか。大きなゲンゲンやレンブの木は、その集落やもしかしたら個人の邸宅のシンボルのような木だったのかもしれない。私は小学校を新築した先人たちが、その校庭に果物の木を残したということに、なんとなくこだわりを感じた。そして小学校のほぼ正方形の敷地の正面を除いたすべての壁際に、数えきれない程のゲンゲンの木が当間隔に植わっていたことと合わせると、なんだか少し先人たちの意図とまではいかないが、感性のようなものが伝わってくるような気がしてならない。

花園小学校の外壁の内側に植えてあった数え切れない程のゲンゲン（龍眼）の木は、せいぜい三メートルぐらいの若い木であった。校舎が新築された時に植樹されたものだろう。それでも夏休みが近づくと、ついこの前まで小豆ほどだった実がラムネの玉ぐらいの大きさになって、樹冠を茶色に染める程たわわに実った。実を取って皮をむしると果肉の部分はまだ薄かったが、もう乳白色に色付きかけている。あと十日もすると食べられるような状態になったのだ。するとそんな頃、学校は夏休みに入るのだった。

うまく出来ているなあ、と思ったことがある。先人たちが小学校の周囲を果物の木で飾るという思い付きを実行に移して、その種類を選択する経緯はドラマになるなあと思ったこともある。それにしてもゲンゲンの木を選んだのには本当はどんな意図があったのだろう。小学校の裏門に通じる二〇メートル程の道路の両側は小学校の先生方の官舎になっていたが、その短い道路の並木もゲンゲンの若木だった。これも少し勘ぐった言い方になるが、学校の苗木が余ったので、仕方なく員数を合わせたのではないだろうかと思われる節がある。その短い区間はどう見ても並木を必要とする道路としては規模に乏しく、いってみれば、私たちにはちょっとした広場にしか見えなかったのである。

姉や妹の話によると女学校にはレンブの大きな木が何本もあって「結構、生徒たちはちぎって食べていたわよ」と当時の女の園の内側を少しばかり覗かせてくれた。

しかし私の通っていた中学校に一本の果物の木も植わっていなかったのは、多分、そこに十分な教育的配慮がなされていたからだと思う。弟たちの通っていた中学校にも果物の木はなかったそうだ。ちなみにゲンゲンの木は巨木になって、その緻密で堅い木質は木造船の素材として珍重される。私は台南運河の際の小さな造船所で、赤銅色した上半身裸の逞しい本島人の男たちが、向こうとこちら側の二人で引く鋸で、二抱え以上もありそうな丸太を分厚い板にしているのをよく見かけた。そしてその木がゲンゲンだということを誰かに教わったことがあった。私はその時、丸太になって横たわっているその木の膚や格好から、ごく素直にその木がゲンゲンの木であることを納得したのである。

私の記憶で巨木となったゲンゲンの木は、その他には台南公園の運動場の北側の端にあった木ぐらいなもので、二抱え以上もあるゲンゲンの木は珍しいものだった。もしかしたらある程度大きくなったゲンゲンの木は造船用に切られてしまっていたのかもしれない。

小学校を取り囲んでいた壁の内側に、三メートルぐらいの間隔で植えられていた数え切れない程のゲンゲンの木も、数十年後には当然巨木になるはずであった。先人たちにそんな木の未来のイメージがどの程度あったのだろうか知る由もないが、私たちが小学校を四十五年ぶりに訪れた時、巨木となったゲンゲンの木にお目にかかることは遂に出来なかった。その全ての木を切り払うに当たて、一体どんなドラマチックな経緯があったのだろう。

私の家の真ん前から竹園川まで続く想思樹の並木道は、花園小学校への通学路だった。だからその沿道の様子は、私の脳裏に今でもほんの数年前の事のように鮮明に焼き付いている。どこにどんなものがあってそこがどんな様子だったか、私はビデオの再生キーを押すみたいに、いつでもその部分を脳裏に甦えらせることが出来る。それぞれの映像は年と共にすっかり固定化しているようだが、鮮明度は以前に比べても少しの遜色もない。しかし残念なことに私は絵心に乏しく、対象物をうまく写生することが出来ないので、その極めて鮮明な映像を自分以外の人に再生して見せることが出来ない。従ってそれを文章で表現することの難しさに、この頃しきりに辟易《へきえき》しているのである。

通学路をたどって家を出ると、私の家の前の日頃小僧たちが荷作りの仕事をしている土間のようなところを通って、小さなゲンゲンの木が一本ぽっんと植わっている、ちょっとした広場に出た。

大道芸人や香具師たちがよく客を集めていたその広場の北側の端は路地になっていて、右に行くと台湾縦貫道路の東門町に出た。往還の左手も路地になっていて雑賀君の家にいく細道である。そして両方の路地とも北側は背の高い黒い板塀になっていた。特に雑賀君の家へ行く路地の黒塀は延々とその路地が途切れるところまで続いていた。

黒塀は往還の側にも続いていて、だからその黒塀はかなりの面積を囲っていたことになる。私たちはその横を通る度に高い黒塀に囲まれた内側に、得体の知れない何ものかが棲んでいそうな不気味な気配を感じ取って、できるだけ無関心を装った。しかしずいぶんあとになって分かったことだが、姉の話によると、その辺りはもと軍人の宿舎のあったところで、ある日、内地に転属になったという若い軍人の奥さんが訪ねて来て、捨てて行くに忍びないので、お宅で飼っていただけませんかと脚の短い雑犬を連れてきた。その犬が我が家の初代犬イチだった。その脚の短い白のぶち犬は見かけによらない賢い犬で、すぐ母になっいた。それ以来我が家の飼い犬は代々イチで、飼い猫はミイになったのである。

私たちが小学校に登校する時は、大抵、想思樹の植わっている右側の歩道を通った。黒い板塀に囲われた区画の隣は内地人の経営する小さな旅館だった。女の子が二人いて、上の子とは同じ年で確か幼稚園も一緒だったと思う。その隣は劉家の分家で、劉家が中国の旧家のたたずまいをしていたのに対して、赤い煉瓦造りのモダンな二階建てだつた。

その隣が劉家で、伝書鳩をたくさん飼っていた劉家の広い敷地の隣は、赤煉瓦の塀の狭い間口の内地人の家だった。その赤煉瓦の塀から台湾栗の木が覗いていて、妙に私たちの気をひいた。台湾栗というのは、私たちが勝手にそう言っていただけである。台湾栗の実はアケビとそっくりの莢に包まれていて、熟すと莢が二つに裂けて、中から丸くて真っ黒い親指の先っぽぐらいの大きさの実を、三つか四つ程覗かせる。その漆を塗ったような艶のある丸い黒い玉は、どう見ても栗というには相応しくないのに、私たちはその実を台湾栗と言っていた。

正月が近づくと、母は大きなやきものの火鉢に炭火を入れてくれる。母は熱帯生まれで内地の四季を知らない子供たちに、火鉢の上で餅やかき餅を焼かせることで、何かを伝えようとしていたのかもしれない。ある時、押し入れの中の柳行李の中に、私たち兄弟が一度も袖を通したことのない着物がぎっしり詰まっていたのを見付けたことがある。母は子供たちに内地の子供のように着物を着せることで内地を偲ぼうとしたのだろうか。

私たちは台湾栗の実を拾ってきて、炭火の下の灰の中に埋めた。やがて栗が焼けてはじけると、ふうふう言いながら灰を払って焼き栗を食べた。そんなに美味しいものではない。銀杏の実を焼いたような味がした。私たちは多分こうして、言葉と様式によって事あるごとに内地を偲んでいたのである。

台湾栗の木のある家の隣が森本君の家である。森本君の名前は花園小学校の卒業名簿に記載されていないから、多分、彼は中学校の時に内地から転校して来たのだろう。どちらかというと色白で体格のいい割にはおとなしい子だったが、陸上の中距離の選手で、噂によるとずいぶんと近所の女学生たちに騒がれていたらしい。硬派を自認していた私たちの仲間が、時々彼をからかったのは多分に思春期の鬱屈した焼餅のようなものだったのだろう。私たちが花園小学校に通っていた頃は、勿論、別な人が住んでいた。

森本君の家の隣は派出所になっていた。停車場の方から来ると追分になっている地点で、東門町と清水町へ行く路に挟まれた、底辺の頂点がかなり鋭角の三角柱のような建物だった。それでも、赤煉瓦の頑丈な造りにはどことなく威圧感があった。考えてみると森本君の家も、広大な劉家の敷地も二つの往還に挟まれていたのだろう。

想思樹の並木の往還は、派出所からゆっくりと鈍角に左折して竹園川の方へ真っ直ぐ下っていく。往還には小さな側溝の外側にちゃんとした歩道があって、並木は側溝に沿って歩道側に植わっていた。車道に入りこんでいる大正町や花園町の鳳凰木の並木道とは少し趣が違った。市内の歩道はなぜかどこも舗装されていなくて、雨が降ると水溜が出来る。

私たちが通学するのに、どちらかというと遠回りになる右側をわざわざ通ったのには、途中、気になるところがたくさんあったせいもあるが、ほかにもう一つ理由があった。

通学路の左側は、かつての軍人さんたちの宿舎だつた一体を囲った黒い板塀が、往還の中程ぐらいまで続いていて、その先はかなり広い裸地の広場になっていた。その広場に面して数件の内地人の家がひしめいていた。突き当たりになっている路地を挟んだ、ハーモニカ長屋風の時代劇にでも出て来きそうな古風な家並だった。領台当時、内地から渡って来た目先の効く人が当時の内地風の借家として建てたものだろう。その一帯からかなりの生徒が花園小学校に通っていたようだが、同級生がいなかったからだと思う、どんな人たちだったのか皆目記憶がない。私たちのその頃の交遊関係や視野の狭さに改めて驚かされるのである。一学級上だったり下だったりすると一緒に遊んだことはないし、彼らの様子が浮かんでこないのは、たまたま近所にそういう人がいれば別だが、私には男兄弟が多かったのと友達もたくさんいたからだろうか。その広場で遊び廻っていた子供たちは、ただ賑やかに走り廻っている子供たちの面影でしかない。

広場を過ぎるとやがて台湾縦貫道路に出て、ゆっくりと鈍角に左折する。その角に湯川組の入り口があった。入口から玉砂利を敷き詰めて両側に植え込みなどのある道がかなり奥の方まで続いていた。中には入ったことがないので分からないが、縦貫道路に面して竹園町に下る長い赤煉瓦塀に沿っているみたいだった。赤煉瓦塀はさらに下って、竹園橋の懸っている交差点まで続く。三分の一ぐらいが湯川組で残りは盲唖学校の塀だったと思う。

その下りの長い赤煉瓦塀沿いの歩道には、たしか、想思樹の並木はなかったのではないだろうか。想思樹は右側だけの片側並木だったような気がする。私にはその下りの長い赤煉瓦塀の道に特別な想いがある。私が小学五年か六年生の頃のことだ。その頃私たち一家は既に清水町を引き払って末広町の銀座通りに移り住んでいた。その銀座通りの家から停車場までのかなりの道程を、夜、私たちは人力車にも乗らないで歩いて東京に行くすぐ上の兄秀友を見送ったのだった。兄は中野中学校に入学が決まっていた。やはり東京に遊学しているその上の兄正広を頼って上京するのである。

見送りは母を中にして弟たちも一緒だった。母と夜道を歩くということだけで私はこの上なく幸せだった。我が家にはその頃自家用の人力車があったのに、母がなぜ遠い停車場まで歩いたのか、なぜ大正町を通らないでわざわざ清水町を遠回りしたのか、今となってはよく分からない。しかし確かにその日、私たちは母と長い夜道を連れ立って歩いたのたった。送り出す時の家での様子や、停車場の別れなどは少しも思い出せないのに、下りの赤煉瓦塀沿いの道を母を中にして歩いた時の気持ちだけが、漠とした情景となって私のどこかにしっかりと溶け込んでいるのである。秀友はその頃流行った、ダブルになっていて金ボタンが二列に付いている裾の長い黒のオーバーコートを着て、マフラーをしていた。私にはそんな兄が、急に大人っぽくしっかりしているように見えた。

想思樹の並木は竹園町の四つ角の手前で尽きる。そこから五〇メートル程のやや急な坂道を上りつめると停車場前の広場に出るが、その通りに並木はなかった。通りを横切って台南第二中学校から台南病院の方に延びている往還にも並木はなかった。

竹園川はその往還の北側に沿って流れていた。竹園川というのは公称ではない。ただその川が、竹園町の奥の方に建っている二中の裏側に窪地あたりを水源としているらしいので、私たちの間でそう呼ばれていたのである。川と言っていいのか溝と言うべきか分からないような流れで、それでも市街地の中心部を流れているから、城壁を築くような四角い石でしっかりと護岸されている。川幅は二メートル半ぐらいあったと思う。小学校の低学年だった私が、底に降りて手を延ばしながら精一杯背伸びしても、岸に届かない程の深さがあった。その頃はずいぶんと大きく見えて、大きな河を知らない私たちにとっては、まさに竹園川だったのである。

普段はコンクリートで固められている底の辺りの半分ぐらいを、春の小川のように静かに流れている。上流から流れてくる土砂で、コンクリートで固められている底が覗いているところはほとんどなくて、体積した土砂によって出来た小さな洲には雑草などが生えていた。流れはそんな体積物に遮られたりゆがめられたりして、まるで野原を流れている小川のようにゆっくりと蛇行しているのだった。

私たちはその竹園川にしばしば魚捕りに出かけた。行く時はたいてい三、四人連れ立って、バケツに手網か一方の開いた笊《ざる》を持って出かけた。静かな流れも場所によっては早くなったり澱んだりしている。澱んでいるところは概ね少しばかり深みになっていて、その流れを遮っている小さな洲には雑草が生い茂っていた。そしてうまい具合に水面にその影を落としている。私たちはそんな所を狙った。先ず笊を川下の方にそっと忍ばせて置いて、大股にひろげた片一方の足で川下から勢いよくざぶざぶと獲物を追い込む。そして素早く笊を上げるのだが、獲物が入っていることは滅多になかった。たいていはゲンゴロウやミズスマシやヤゴなどの水棲昆虫で、時にタガメやタイコウチが入っていることもある。大顎を持ったそのグロテスクな怪物を見付けると、私たちは悲鳴を上げて出来るだけ遠くの洲の上に放り投げた。私たちはタガメやタイコウチの大顎が子供のチンチンを噛みつく為に備わっているものだと信じさっていたのである。

それでも時には小鮒やドンコやエビやドジヨウやタイワンキンギヨなどが捕れた。日の獲物はだいたい七、八匹がいいところだった。獲物のうちメダカは員数に入れていない。タイワンキンギヨは小鰯のような紡錘形をした三センチぐらいの小形のきれいな魚だが、それでいていっぱしの闘魚である。蒔絵の金銀粉のところのようにきらきらと鱗が光った。うっかり金魚鉢などで、鮒や金魚などと一緒に飼ったりすると大変なことになる。

台南の市街地は概ね東から西に傾斜した地盤の上の聚落である。地形的にみるとずいぶんと大まかな言い方にはなるが、台湾山脈の裾野の最先端部に位置していると言ってもいいだろう。生活している分にはほとんど気付かない程のゆるやかな坂の街だった。

雨が降ると、雨水は市街地の至る所に張り巡らされた小さな無数の側溝を、その傾斜に沿って運河の方にいっきに流れていった。少し斜めにした立て板の上から、バケツの水をゆっくりと流す按配である。したがって大々的な下水溝の必要性は、差し当たって行政上の課題にはなり得なかったのだろう。市街地に竹園川級の大きな排水施設が他に見当たらないのは、そんな理由ではないかと勝手に思っている。それでも大雨が降って満潮時が重なると、運河に近い田町や新町などは膝下ぐらいまで水に浸かつた。そして水が引くと、あっちこっちの取り残された水溜まりで、近くの養魚場から逃げ出した魚を捕り合う人々でお祭りのような賑わいをみせるのだった。

普段は蛍が飛び交うような穏やかな竹園川も一旦大雨が降ると、岸を越えんばかりの濁流が、中心部を迫り上げるようにして猛り狂ったみたいに流れていく。そんな濁流に小学校の三年か四年生だった信一君が流されたのは、我が家が既に清水町から銀座通りに引っ越していて、私が中学生になったばかりの頃だったと思う。信一君は家の店の外交員である原田さんの長男で、原田さんは父方の遠い親戚筋にあたる。

足を滑らせて濁流に飲み込まれたと思われた信一君は、流れの中央の迫り上がった部分に押し上げられるようにして、まるでベルトコンベヤーに乗っかったような具合で下流に流されたらしい。たまたま下流の図書館の近くの橋の上で、今にも橋桁を越えんばかりに荒れ狂って流れている濁流を見ていた本島人の青年が、ひょいと手を差し出して拾い上げてくれなかったら、橋桁のすぐ近くで大きな口を開けて待ち受けていた段差のある暗溝に飲み込まれていただろう。そこに吸い込まれたらまず助からなかっただろうと、信一君が助かった後、皆んなの専らの意見だった。流れ中央の迫り上がった部分に乗っかるようにして流されていた信一君は、ほとんど水を飲んでいなかったそうだ。

原田さんの家は竹園橋の停車場に向かって左側の手前にあった。すぐ裏を竹園川が流れている。四軒ほどの二階建の長屋で、川の脇から建っているから、周りの地形からずいぶんと盛り上がっている往還からは、二階の部分がちょうど一階建のように見えた。そして橋から台南病院の方に行く往還は急な下り坂になっていて、原田さんの家にはその下った側からしか行けないので、やっぱり階段を上らなければならない。入口の近くにレンブの木が一本植わっていた。実が赤く熟す頃よく遊びに行って採らせてもらった。あまり美味しい種類の木ではなかったが、昭が信一君と同級生だったこともあってよく遊びに行った。レンブの木のある一帯が長屋を含めて我が家の土地だったことを、私はずっと後になって知った。

竹園川に懸った橋を渡ると、停車場までの道はかなりの坂になっている。右手は鉄道の敷地で、往還と線路までの空き地には枕木や石炭がらなどが乱雑に積まれていた。左手の方は竹園川の高さでずっと続いているから、道路を上るにつれてその辺り一帯は見下ろされるようになってくる。つまり寿町通りと大正町通りに挟まれたその地域は、坂道の上の方から見るとちょうど盆地のようになっているのだった。そしてその周辺は比較的内地人の住宅の多い区域だった。

坂を登り詰める少し手前の左手に、東洋コンクリートというセメントの会社があった。工場はその盆地にあったから、工場までは往還からは下った自動車道で繋がっていた。その自動車道のすぐ脇に、粒の細かい砂利が無造作に積まれていた。大豆ぐらいからラムネの玉ぐらいの大きさの、ごく細かい玉砂利である。朝、登校の途中に私は雑賀君とよくその砂利置き場で道草を喰った。私たちは思い思いにしゃがみ込むと、せっせと玉砂利の中をせせった。やがてキラキラと光る水晶の結晶が砂利の山の中から出てくる。ごくごく小さな小豆大の結晶だが、私たちにとっては正に宝物であった。

停車場がいつ頃新しく建て替えられたのか、はっきりした記憶はない。私が清水町にいた頃はまだもっと右手の奥の方にあって、駅舎は瓦葺の平屋だった。出札口の辺りにはいつも、客待ちの人力車《トアチャー》が群っていたような記憶がある。

停車場前の広場を取り囲むようにしていた建物の一つ一つのはっきりした記憶がないのは、往還から広場に入ると急に目の前が開けて焦点が定まらなかったからのような気もするが、もしかしたら広場のど真ん中に植わっていたガジュマルの巨木のせいだったのかもしれない。その巨大なガジュマルの木は、初めて台南を訪れた人の度肝を抜くに充分な巨木であった。まるで停車場を降りたってこれから市街地に繰り出そうとする旅人の前に、大手を広げて通せん坊をするかのように茂っていた。陽光にてらてらとツバキのように光る分厚い葉は、黒ずんだような濃い緑色で、太い幹の下の方だけを残してまるで一つの巨大な緑の塊のように樹全体を覆っている。垂れ下がっている無数の気根は、さながら老樹の髭の風格があった。

その頃、私たちはガジュマルのことをタイワンマツと言っていた。台湾松と書くのだろうが、それが俗称だったということを知ったのは、かなり大きくなってからである。タイワンマツの巨木は市街地の至る所で見かけることが出来た。台南神社、開山神社、孔子廟や台南公園、学校などの公の場所に行くと大抵見事なタイワンマツの巨木を見ることが出来た。市役所の裏側にもあったし、ここかしこに数えられないくらいあったいろんな廟の前のちょっとした広場でもよく見かけた。今私が住んでいる福岡市近郊に点在する神社の境内によく植えられている、樟の大木のような意味合いがあるのだろう。

タイワンマツという言葉は、もともと台湾語の語彙の中に存在していた名詞ではないだろう。とすれば、領台後ぞくぞくと内地から移住して来た人たちによって造語されたものということになる。もともと針葉樹である松と照葉樹であるガジュマルは、似ても似つかない対照的な姿形をしている。ではなぜ、先人たちは似ても似つかないガジュマルに、どちかというと好意的なタイワンマツという名前を与えたのだろう。

私はかつて、タイワンマツの盆栽を作っている現場に居合わせたことがある。そこには数十個の缶詰の空き缶に植えられた実生からの苗が、所狭しと乱雑に並べられていた。先端の辺りに申し訳程度の若葉を数枚付けた、せいぜい一〇センチ位の若い苗だった。それが実生からの苗であることは、私が、これ種を蒔いたのですか、と聞いた時の相手の人の答えによるものだ。芽ぶいてさほど日にちのたっていない苗の幹は、線香花火ぐらいの細くて頼りないものだったが、根元の数センチの部分が、なぜか一様に小指の頭ぐらいの太さに肥大しているのだった。今すぐにでも洒落た器に植え込めば、結構それだけでミニ盆栽になりそうな風情があった。作業を続けている人は、細い柔らかい幹の部分に針金を巻いて、一つ一つ自由自在に形を整えていた。一つとして同じものはなさそうだった。ちょっと歪めては、少し離して見て、また手直してはちょっと離して見ている。彼は手に持っているタイワンマツの苗に、十年後、二十年後の盆栽となって完成された樹影を、描いていたに違いなかった。

台南市で生まれ育った私たちにとって、盆栽といえばそれはタイワンマツの盆栽のことである。それ程タイワンマツの盆栽はどこに行っても見かけることが出来た。その樹影は葉っぱさえ取り替えることができたら、きっと誰でも、松の盆栽と見間違うに違いない程見事なものだった。

内地人の家では、毎年正月になると、内地から送られて来る松竹梅の盆栽で玄関を飾ったから、松の盆栽は見慣れている。しかしどちらかというと、私はタイワンマツの盆栽の方が好きだった。風土的な影響があるのだろうか、曖昧があって、見ていて飽きることがなかった。内地から渡って来た人たちが、数多くの植物の中から盆栽として最も相応しい樹に、ガジュマルを選び、そしてその樹にタイワンマツと命名したとしても、それは決して唐突な発想に基づいたものとはいえないだろう。

広辞苑を引いてみると、思った通りタイワンマツという名詞は記載されていない。手持ちの平凡社の国民百科事典（全七巻）にも載っていない。のみならず頭にタイワンを冠する言葉がほとんどなかったことは、実に驚くべき発見で、つまりかつて台湾で生活していた内地人たちの膨大な記憶と共に、タイワンマツという名詞も恐らく近い将来、消滅していく運命を担っているに違いないと思えたのである。

タイワンマツの巨木のある停車場前の広場を囲っている建物の記憶は、あまりはっきりしたものではないが、それでも新聞社のビルがあったことや、明治町に通ずる往還の角のところに東屋という大きな割烹店があったことなどはよく覚えている。

私たちは広場を横切ると、左手に立派な赤煉瓦の長い塀が続いている路地に入る。立派な赤煉瓦の長い塀は、確か専売局の塀だったと思う。右手の密集して建つている内地人の居住区に内田安勇君の家があった。その辺りから小学校までの地域は概ね内地人の新しい居住地区で、中津川君や佐藤君の家もその一角にあった。あまり遠出をしない限り、そこにはいつも内地にいるような雰囲気があった。私たちはそんな家並みを通って花園小学校の裏門から学校に通っていた。学校の裏門の手前は先生方の官舎になっていて、裏門に一番近い向かって左端が、四年から六年までの担任だった田河先生の家だった。

私たちの通学路は、他にもまだいくつかあった。その時の誘い合った友達にもよったし、はちきれんばかりの好奇心や冒険心を、いとも簡単に実行に移してみせる年頃でもあった。しかしやはりその日の通学路を選ぶのは、多分にその時の気まぐれによったのである。

私の家の前の住吉邸の横の路地を長い黒壁に沿って行くと、まだ道路工事中のような、煉瓦の欠片や盛り上げた土塊などがあちこちに散乱しているいびつになった四つ角に出る。そこは恐らく、都市計画で知事官邸と州庁を直接結ぶ道路工事の頓挫しているところだった。

戦争が拡大していくにつれて、やむなく中断せざるを得なくなった都市計画の破綻の現場のような一郭だった。私たちの通学路はそこから二つに分かれる。左の方のコースは雑賀君の家の横を通って、憲兵隊本部の脇を憲兵隊の長い塀に沿って行く。するとその土塀の尽きる辺りから急な下り坂になる。二階から階段を降りるような落差のある坂だった。その先に草の生い茂った荒地を人が踏み固めたような小道が一筋通っていた。その小道を行くと、竹園町と大正町を結ぶ往還に出るのだが、往還に近づくにつれて日本風の住宅が増えてくる。一体は、寿町と大正町に挟まれた盆地なのである。

いびつな四辻を真っ直ぐ行くコースも、やはりその盆地を通り抜けねばならない。その道は両側に長い土塀が続く単調な道だった。その辺りは得体の知れない土塀や板塀のいやに多いところで、かつての軍関係の地所が他に転用されないまま残されていたのだろう。そして道の奥は袋小路になっていた。突き当たって一番奥の左手に島崎君の家があって、長い塀と島崎君の家の板塀との間には、ようやく人一人が通れるぐらいの空間があった。その空間をコンクリートで固めた細い側溝が通っていた。島崎君の家は落差の大きい坂の崖縁に建っていたから、その脇を通っている側溝は、いきなり急角度で下降している。私たちは時々そんなところをわざわざ選んでは登校したのである。盆地に降りるとその辺りはもう転々と住宅が建っていた。憲兵隊の坂の道よりはずっと竹園町へ寄った地点になる。

それぞれのコースは往還を横切る辺りで合流して、それから竹園川に懸った木の橋を渡る。橋を渡ったすぐ左側に、瀟洒《しょうしゃ》な二階建ての家があった。その頃は珍しいピアノの音が聞こえてきたとしても決しておかしくないようなモダンな家で、後に私が通うことになる台南二中の英語の先生である佐藤先生の家だった。垣根越しに見える庭でブルドックを二匹も飼っていた。ブルドックは猛犬連隊の連隊長だから、私たちは一種の敬意を払ってその脇を通り抜けた。その辺りも内地の雰囲気のある地域だった。やがて私たちはちょっとした登り坂にかかる。坂を登りきるとそこは大正町の往還である。すぐ右手に武蔵館があった。

戦後十数年経った頃、つまり台南を離れて十数年になろうとした頃、私はなぜか突然、真っ赤なかなり大形の花にこだわったことがある。その赤い大きな花の輪郭や鮮烈な色のイメージははっきりしているのだが、その花が何という花なのか、はたして実在する花なのかということがまるで分からない。しかしその花が二つのコースが合流する辺りの赤い煉瓦塀から、塀越しに咲き乱れていた花だったことは確かである。まだ小学校一年か二年生だった私が振り向くと、赤煉瓦の塀越しに真っ赤な大きな花が頭上に咲き乱れていた。こだわっていた頃はかなり植物の知恵があったから、そのイメージからその花が豆科植物の花であることは断定出来た。しかし本当にそんな花が実在するのかというこだわりはずっと続いた。

その赤い花はもしかしたら故なく故郷を追われた私の魂が、失われたものにこだわった挙句に苦し紛れに描こうとした幻想なのではないだろうかと思ったことがある。私はその花の存在を確かめる為に、半ば本気で台南へ行ってみようかと思ったこともある。しかし、そのこだわりは、思いもかけないことからいとも簡単に解消したのだった。子供たちが小学校に通うようになった頃のことだ。私たちは家族で市の動物園に行った。入口を入って左の方へ行くとゾウやライオンやトラなどの猛獣舎がある。そこは少し登り勾配になっていて、道を囲うように植えられているあまり大きくない木に真っ赤な大型の花が咲いていた。

近づいて見た時、私は何となく「これだ」と思ったのである。あまりにも唐突な出会いだったからなのだろうか、その時、感動らしい心の動きはほとんどなかった。その樹は確かに豆科植物の特徴を備えていて、枝からぶら下がるように赤い大形の花を咲かせていた。ふり仰ぐと、煉瓦塀越しに覗いていたあの花に間違いなかった。しかし実際に目の前にしてみると、ずっとこだわり続けていた頃に脳裏に迫ってきたあの鮮烈なイメージとはかなり違う。私は何かが次第に冷めてくるのを感じながら、そんな自分に言い聞かせるように「これなんだよ、これだったんだよ」と何度も呟いた。そしてゾウの囲いの方にはしゃぎながら走っていく子供たちの後を追った。アメリカデイゴという名前はすぐ分かった。花は沖縄の県花のデイゴより少し大きく、どことなく大味な花である。

次女の誕生と長女の結婚

昭和五年から七年にかけて我が家に起こった変化は、私たちにとって正に激動というべきものだった。生活の質まで根元から変えてしまいそうな出来事が、次ぎから次ぎに私たち幼い兄弟の上に降りかかって来たのだった。

昭和五年十二月二十六日に我が家にとつて最初の画期的な出来事が起こっている。その日、今林家に次女が誕生したのだった。私は小学校一年生だったがその日の事はよく憶えている。その頃私たち兄弟は新しい家の二階の表に面した六畳の間に寝ていた。そして裏側の四畳半が父と母の寝室になっていた。ある夜半、その部屋が突然騒がしくなって、今まで聞いたこともない母の悲鳴がしたかと思うと、続いて赤ちゃんの泣き声が聞こえてきた。それからしばらくその部屋のざわめきは続いたが、なぜかそれから後の記憶はまるで幕で閉ざされたみたいに途切れてしまう。それでも母の悲鳴と赤ちゃんの産声だけは、今でも私の耳の底にしっかり残っていて、何かの拍子にふっと聞こえて来たりする。翌日学校から帰ると、箪笥に半紙が貼ってあって、千代子という名前が書いてあった。

次女の誕生が我が家にとっていかに画期的だったかと言うと、母は長女を産んだ後、男の子ばかりを九人も産んでいて、母にしてみれば十番目にようやく待望の女の子を産むことが出来たのだから、その喜びは画期的と言うに相応しいものだったと私が勝手に思っているのである。ちなみに千代子の戸籍上の生年月日は昭和六年一月六日となっている。

次女の誕生が我が家にとっていかに画期的なものだったかという証拠がまだある。生来武骨な父は、我が子を抱いたりあやしたりすることなどの出来る人ではなかった。私の中に、父と私たち子供たちの間のそんな構図はもともと存在しない。ところがそんな父が、生まれて来た女の子を密かにあやしたり添え寝したりしていたということを、戦後、私は母から聞いて知った。我が家の雛人形が武者人形よりはるかに多かったのは、それが誕生祝いの贈答品として格好のものであったからに違いない。贈る人は受け取る側の虚を突くに敏なのである。

「いただくものがみんなお雛様で、押し入れに入りきれないぐらいだったのよ」

母がその時の戸惑いを懐かしむように話してくれた事がある。

次女の千代子が生まれて三カ月程たったある日、今度は突然長女のます代が嫁いでいった。その日の事も私ははっきり憶えている。花嫁衣装を着て真っ白に化粧をしたまるで人形さんのような姉が、これも着飾った母や何人かの付き添いの小母さんたちに手を引かれて二階から降りてくる。表は通りが見えない程の人だかりがしていて、母や姉たちはその人垣を掻き分けるようにして、何台かの人力車に乗ってどこかに行ってしまったのだった。私たち幼い兄弟たちはふだん着のままで、ただただ呆気にとられながらそんな我が家の一大事を見送ったのである。母や姉がどこに何をしに行くのか、その時私たちには全く理解出来なかった。

姉は高雄市在住のある大きな鉄工所の技師さんのところへ嫁いで行ったのだった。義兄となった星加正は愛媛県出身で、背がすらりと高くて丸顔で、太い鼈甲縁の眼鏡をかけた人である。初めて逢った時、兄さんというより小父さんという印象を受けたのは、姉との年齢差が十三もあったからだろう。父と母の年齢差も十を越えていて、それで父は義兄が姉を見初めて結婚を申し込んで来た時、二人の年齢差にそれ程こだわらなかったのかもしれない。そして姉が高雄に新居を構えたということが、私たちにとってどれ程大きな意味を持つたのかということは、多少くどくなるかもしれないが特に説明の必要があるだろう。

その頃、台南市から外に出るには汽車によるしかなかった。汽車や自動車がまだ珍しかった頃で、まして、汽車に乗って物見遊山の旅行をしたなどという話を、私は友達から聞いたことがない。せいぜい親戚や知人を訪ねて汽車に乗ったという羨ましい話を聞くぐらいなものだった。そんな時代だったから、私たちにとってはただ汽車に乗るということだけで、それは取りも直さず大旅行なのである。

姉夫婦が高雄に居を構えたことで、突然私たちの上に降って湧いたように訪れた僥倖《ぎょうこう》はとにかく汽車に乗れるということだった。その年の夏休み、すぐ上の兄秀友と弟の弘治と昭と私の四人だけで、私たちは生まれて初めての大旅行をする事が出来たのだった。

高雄の姉たちの新居は栄町一丁目一番地という所で、高雄駅から三キロ程行った新興住宅地である。いわゆる文化住宅という平屋の一戸建てで、同じ家が同じ向きに十数軒行儀よくきれいに並んでいた。

私は先日「生まれてはみたけれど」という小津安二郎の昭和七年の作品をて見た。サイレント映画である。昭和初期の平凡な下級サラリーマン一家の生活の悲哀を、コミカルに描いた秀作だ。その一家の住んでいた家が、当時サラリーマンが憧れた文化住宅である。映画の中の住宅は郊外電車の路線脇の少し低地にあって、どことなくうらびれて見えたが、高雄の姉たちの家は辺りが明るく開かれていて、正に文化住宅に相応しい風情があった。家そのものは狭くて、三畳の玄関と六畳と四畳半の座敷に台所と風呂場がある。しかし今でいう一戸建の、猫の額程だが庭付きの三Kの家だから、新婚家庭にとって不足はなかっただろう。団地のすぐ裏にキンシ館という映画館があった。朝、義兄を勤めに送り出した後、新妻は着物のうえに真っ白い割烹着を着て、結いたての日本髪には手拭いを巻いて、流行歌を口ずさみながらせっせと掃除に取り掛かる。簡単に掃除をすませると、今度は明るい六畳の座敷にアイロン台を出してきて、真新しい電気アイロン器で、義兄のワイシャツにアイロンがけをする。姉のもとに定期便のように訪問客が訪れて来るのは、たいていそんな時間帯だった。

「ホッタタンのおーばちゃん」とその訪問者は玄関先で大きな声で来訪を告げる。まだ呂律のしっかり回らない三つ位の隣の男の子で、星加が、ちゃんと言えないのである。その声を聞くと、姉は待ち構えていたみたいに張りのある返事をしながら、いそいそと玄関先に出向いて行く。姉はもう身ごもっていて、それが外からでもはっきり分かる程の体型になっていた。それから二人は、ままごとのような親子の会話を楽しみながら一時を過ごすのである。姉は間もなく生まれてくる我が子と重ねて、その子との会話を楽しんでいたのかもしれない。

ある時、姉が秀友を本気になって叱った時のことは妙にはっきり憶えている。原因もその時の状況もすっかり忘れてしまったが、姉が本気になって叱ったのを見たのはその時一度だけのような気がする。今まで見たこともない姉のそんな気迫に、しくしくと泣き出した兄に「あんたなんか今すぐ帰ってしまいなさい」と姉は容赦なく罵声を浴びせていた。私たちはその時玄関脇の座敷から、猫の額ほどの前庭を所在なく見下ろしていた。その畳二畳はどの横長い狭い庭には、数日前、私たちがわいわいはしゃぎながら食べ散らかして捨てたゲンゲン（竜眼）の種から、先っぽが赤味を帯た五センチほどの新芽が足の踏み場もないくらい生えていた。

兄が泣きながら手回りの品を持って玄関を出て行こうとしても、その日の姉はなぜか引き止めようとはしなかった。そして玄関の戸ががらがらといつもより大きな音をたてて閉められた時だった「僕も帰る」

子供たち。左が次女・千代子、その横後列が筆者、長女・ます代は子供を抱く

と言って私は兄の後を追った。どうしてそうしたのかよく分からない。ただそのまま兄を一人で行かせてはいけないと咄嗟に思ったのである。高雄駅まで、どのようにして行ったのかまるで思い出せない。汽車の中で向かい合って座ってからも、二人はずっと無言のままだった。

二人の乗った汽車が高雄を出たのはもう夕暮れ時になっていた。私たちは、台南から高雄までや、反対方向の嘉義ぐらいまでの駅の名前はすべて諳じていた。しかし今、高雄までの駅で憶えているのは鳳山と岡山と車路ケンぐらいしかない。高雄を出ると、やがて左手に半餅山《ハンペイザン》が見えてくる。標高百メートルほどの、野原に饅頭をぽつんと一つ置いたようなその奇妙な山は、裏側半分がなぜか崩れ落ちていて、その姿がまるで半餅のように見える。私は勝手に餅の字を当てたが実際は併なのか塀なのか、よく分からない。しかしどの字を当ててもそれなりに趣があるような気がする。半餅山は散髪屋から出て来たばかりの小学生の五分刈りの頭のような、つんつるてんの緑の山である。日中よく見ると、線路から一キロも離れていないその山肌は灌木の疎林に覆われていて、麓で野良仕事をしている人影の動きがはっきり見えた。

私たちは相も変わらずお互いに一言も言葉を交わすことなく、ぼんやりと黄昏れていく窓外の景色を眺めていた。そして汽車が半餅山に差しかかった時だった。夕焼けの茜色の空を、まるで薄墨を塗ったみたいに半餅山の輪郭が遮って、不意に辺りが陰った。その巨大な半円の影は、真っ赤に染まった私の視野からそこだけを覆って、すっかり暮れてしまっているのだった。その時、半餅山の裾の暗がりにぽっんと灯が一つ灯っていたのを、私は今でもはっきり憶えている。ふいに感情が昂って、涙がこみ上げてきそうになったこともはっきりと憶えている。

六十年前のその時の感慨を今説明することはとても出来ないが、私はいまでも、時々似たような感慨に浸ることがある。車でどこかに出かけていて、すっかり陽が陰ってしまった、車のあまり通らない田舎の道を通る時、ふと遠い稜線の山裾辺りにぽっんと家の灯が灯っているのを見かけたりする時だ。私はふいに涙がこみ上げてきそうになることがある。何か知らないが、それは無性に懐かしいという感情が噴出してくるような感じなのだ。その時、私は恐らくどこかに母の面影を同時に蘇らせているのだと思う。その時も私はきっとただ無性に母に逢いたくなっていたのだと思う。あの灯の下にもきっと一家団らんの暮しがある。ちゃぶ台を囲んだ夕餉の席で、子供たちは今日の細やかな出来事を先を競って母親に告げているのかもしれない。

汽車が車路ケンに着く頃から、乗客たちがあちこちで網棚から手荷物を降ろしたり服装を整えたりして、車内が急に忙しくなる。やがて窓外に街の灯りがふいに溢れてきて、ようやく市内に入ったことを告げてくれる。そして東門町の踏み切りに差し掛かると私はもうすっかり家に着いたような気分になるのだった。

私がその情景から童謡「あの町この町」を思い出す小さな無人の踏み切りからは、一直線に見通すと我が家の横のちょっとした広場が見えるはずだ。しかし汽車は一瞬、窓外の景色を拭き消すように通過してしまう。そして知事官邸前の踏み切りの辺りから速度を落として、竹園川を跨ぐ小さな鉄橋では今にも止まってしまいそうになるのである。汽車を降りてからの記憶はない。高雄に残してきた幼い弟たちがその後、どのようにして台南に帰り着いたのかもまるで覚えていない。

平成二年の七月、私たちは兄弟四人で台南を訪れた。私にとってはほぼ半世紀ぶりの訪台である。一日、末弟源治の友人の車で弘治に縁のある塀東市を訪ねることが出来た。帰りに敢えて鉄道を利用することにしたのは、窓外の景色を懐かしんでもらおうという、源治の心配りによるものだった。その時私は半餅山を見ることができるという期待で、密かに胸を膨らませていた。高雄駅を出ると間もなく左手に、野原にぽっんと一つ緑色の饅頭を置いたような半餅山が見えるはずである。

しかし、私には高雄駅を出た頃から既にある予感があった。駅を出ると、すぐに台湾らしい田園地帯の風景が広がっていなければならない。この辺りは二毛作だから、隣どうしなのにちぐはぐに生育している田んぼには、水牛やアマサギやカササギを真っ黒にしたようなオウチュウなどがつぎつぎと視野に入ってくるはずだ。サトウキビ畑もそれぞれの畑の成長は不揃いで、それはいかにも熱帯の山圃風景なのだ。ほんのちょっとした小さな水溜まりに数百羽の家鴨が群がっていたりしている。

ところが列車はいつまでたっても市街地を走っていて、一向にあの懐かしい田圃風景が現れて来ない。建築中の高層アパートなどが、次ぎから次ぎに現れては通り過ぎていった。そしていつの間にか列車は工場団地のようなところを走っているのだった。私はふと日本の臨海工業地帯を通っているような錯覚に落ちた。ちょうどそんな時だった。「あれ半餅山かなあ」と誰かか気のないような声で言った。

銀色に光る無数の大小のパイプが縦横に走っている近代的な工場のスレイトの屋根越しに、その崩れかけた低い岡が見えた。原形を留めない程に至る所掘りかえされて、白い肌を剝き出しに曝したその無惨な姿は、セメント工場による石灰石の採掘現場に違いない。私は同じようにセメント会社によって醜くく破壊された香春岳のことを思い出していた。

「そういえば、浅野セメントがあったなあ」と私はふと思った。高雄には戦前、浅野セメントという大きな企業があった。台湾南部には精糖会社以外にこれといって取り立てる程の企業がなかったから、その頃浅野セメントは小学生でも知っている程名が通っていた。露天掘りによって変形し、無惨にも白く露呈している地肌は明らかに石灰岩である。すると、ここもまた香春岳のような石灰石の採掘現場なのだろう。

私にとって半餅山は、のどかな田園風景の中に、散髪したての子供のいがぐり頭のようなつんつるてんの小さな山がぽっんと一つ置かれている、そんな山だった。しかし今考えてみると、不自然に崩れていた山の向う側半分は、既にその頃からセメントの原料として採掘されていたのではないかという疑問によって、なんだか辻褄が合ってくるような気がする。やがて、近い将来に「半餅山」という名前も存在もイメージも消滅してしまうのだろう。あの頃からまだ半世紀しかたっていない。

それから程なく、姉夫婦は高雄での新婚生活を二年足らずで引き払って、長男、武を伴って台南に戻って来た。姉の話によると、それは父の懇請によるものだったそうだ。しかし私たちには、その後も何回か高雄に行く機会があった。田原《たわら》の小母さんの招請によったのである。田原さん一家は、父たちと同じ頃に台南に渡って来て、しかも同じく福岡県の出身だったことから、親戚付き合いのように親しくしていた。

田原の小母さんの家は山下町にあった。寿山《ことぶきやま》の麓の辺りで、近所には寄り添うように日本家屋が建て込んでいて、下町のような風情があった。すぐ近くを汽車の線路が通っていて、そこからは寿山の中腹に祭られている高雄神社をはっきりと望見できるのだった。朝早く起きて見ると、神社の階段に猿たちがずらっと並んで座っているのが見えるのよ、と小母さんがよく話していた。尻尾の長い台湾猿で、日本猿よりひとまわり大きくて気が荒いのだそうだ。皆で寿山の頂上までハイヤーで行った時、羽織袴に朴歯の下駄を履き、羽織の太くて長い白い紐を肩に返して破帽を被り、木の根っ子のような太い杖をつきながら下山して来る一人の壮士風の学生とすれ違ったことがある。その時も、きっと猿退治に行ってたのよと小母さんは言った。

そんな高雄の滞在中に、ちょうど遊びに来ていた二番目の兄に活動写真へ連れて行ってもらったことがある。鈴木澄子の「四谷怪談」という写真で、筋も場面もほとんど覚えていないが、その時の恐怖感だけがいつまでも後遺症みたいに残ってしまって往生した。その後、私は不惑の年頃までそのたとえようのない怖さに、夢の中でしばしば金縛りにあう羽目になったのである。夢の中で不意に襲いかかってきて、私を無理やり押さえつけようとする異様な圧力の正体は今もって全く分からない。気体でも液体でも固体でも生物でもない。ただ執拗に私を組み伏せようとする圧力は、あの時見た四谷怪談の怖さが凝縮したものだ。

魚源

昭和五年から七年にかけて、私たち幼い子供たちの上に唐突に降りかかってきた変化は、世間的に言えば父の事業の飛躍的な発展の始動しだした時期に当たる。

姉が高雄に嫁いで一年もたたないある日、私たちは何の前ぶれもなく母と別居することになった。それは私たち幼い兄弟にとって、正に青天の霹靂《へきれき》というべき受難の始まりのような出来事だった。母は三つになる源治と乳飲み子の千代子を伴って「魚源」で寝泊りするようになったのである。魚源は清水町の我が家から五キロぐらいはあるだろう、台南運河の畔にある料亭である。

魚源という割烹店の存在を、私たちは母がそこに移り住むようになるずいぶん前から知っていた。我が家では、我が家にとってそれが重大な意味合いのある事柄であっても、子供たちのところまで伝わって来ることはなかった。その夜も何の前ぶれもなく、子供たちはハイヤーで運河の畔にある大きな料亭に連れていかれたのである。そこが魚源であることを私は後で知った。

その夜の盛大な開店の祝賀会の模様は、六十余年たった今でも鮮明に思い出すことができるが、それ程そのことは私たちにとって唐突であったし、全てが絢爛豪華《けんらんごうか》で、まるで竜宮城に迷い込んだような、夢を見ているのではないかと思った程、極めて強烈な印象となったのである。

祝賀会は大広間で行われていた。その大広間は三十余畳の和室が三部屋続いていて、中の襖を取り払うと百畳敷になる程の大きな座敷である。床の間に向かって右手の運河に面した廊下は、普通の家庭の廊下の五、六倍はありそうな広い廊下で、そこには大きな氷柱が等間隔に置かれていた。中庭に面した左側の廊下にも氷柱は置かれていて、季節は多分夏だったと思う。氷柱の中の鯛や伊勢えびや熱帯の華麗な花や果物などが、氷に屈折した光で、まるで生きているみたいに輝いて見えた。

　私のその夜の記憶は、しかし、いきなりその酒宴の真っ只中から蘇ってくる。それ以前の記憶はまるでない。宴会にはもうかなりの酒が入っていて、舞台に仕立てられている床の間の辺りで、博多にわかが演じられていた。時々わあっと言う歓声や拍手が起こって、大広間はさながら「宮古座」にいるような雰囲気になっていた。大人の男たちは一様に魚源の鯛と海老が互い違いに向かい合って環になっている紋が、白地に紺の模様になっている浴衣を着ている。酒気を帯びた大人たちが、しきりに酒宴を盛り立てていて、その中を仲居さんたちが忙しそうに料理や酒を運んでいた。しかしなぜか、私の記憶の中に父や母の晴れがましい姿が一向に浮かんでこない。私たちもただ広い廊下を行ったり来たりして、退屈すると氷柱に手を触れるぐらいで、まるで招待された子供のように宴の外から眺めるだけだった。そして宴会場にいた子供たちは、私たちだけだったような気がする。

　魚源が、うちの家であるということを私たちが実感したのは、それからしばらくたって、母がその魚源に移り住むようになってからである。

　父は御用達商人だった。主として警察関係の仕事で、壮丁団の制服などはほとんど一手に引き受けていた。そういう場合の接待は世間的にも容認されていて。半ば公然と行われていた時代だ。その頃の台南市の人工の割合に、豪華な料亭が意外と多かったことは、そんな社会構造や通念を裏付けるものといっていいかもしれない。しかし父はその性格からだろう、そんな主席に侍ることを極端に嫌った。したがってその接待費用は接待された人たちの勝手気ままな浪費となって父の元へ請求されてくる。戦後、母の語ったところによると、その経費は莫大なものだったそうだ。もともと合理的な考え方をする父が、そんな接待を自分の手で出来たらと考えたのは、今私が考えてみても、ごく自然に納得出来る合理性がある。父が料亭魚源を手に入れたのは、最初は単なる膨大な接待費の節減という経営上の手段からだったようだ。

しかしまるで別世界の水商売で、父は早々につまずいてしまうのだった。接待にかかる費用が、なぜか以前よりも極端に増えていったのである。その原因はすぐに分かった。そしてその原因となる、雇ったおかみのずさんな経営と不正が明るみになった時、父はすかさず「おかみ」という重要なポストを、最も信頼出来る母と決めたのだった。

それでも日曜日が来ると、決まったように兄弟四人は、母を訪ねて魚源まで出かけて行った。その頃の私たちにとって「魚源」は、まさに遙々とした果ての地にあった。タクシーもバスも既にあったが、数が少なくて市街地では日常的にほとんど見かけることはない。安平港と市街地間に、まだ人力のトロッコが走っていた頃で、一般には専ら人力車が交通の手段として使われていた時代である。私たちは子供たちだけで、それまでに歩いてそんな遠出をしたことがなかった。

清水町の自宅を出ると、私たちは児玉公園に向かって歩いていく。ロータリーになっている公園には六本の幹線道路が集中していて、そのなかの一番広い、後に銀座通りとなる道路を行くと左折すれば台南神社へ通じる四つ角あたりから、道路の両脇で今まで見たことがないような大掛かりな土木工事が始まっていた。工事は高い板塀が張り巡らされた中で進んでいたが、板塀よりも何倍も高い鉄の櫓や、トラックの出入りする場所から見える現場からその工事の大掛かりな様子を垣間見ることが出来た。

そこが後に、銀座通りというモダンな商店街になることは全く知らなかった。まして、一年後に私たちがそこで暮らすことになるということなど知る由もなかった。通りは州庁の向かいにある児玉公園から、ずっとなだらかな下り坂になっていて、工事現場あたりから西の方を見渡すと、西市場を通して運河の辺りまで一望出来た。

魚源まで行くのに、私たちは児玉公園から別の道を選ぶこともあった。市内で一番高い高楼のある消防署の向かって左の道を行けば末広町だが、そのすぐ右隣の道を行くと、そこは内地人むけの商店がずっと西門町まで続く商店街である。

その頃の市内の大まかな印象では、児玉公園から西門町《せいもんちょう》までの錦町《にしきまち》と、その北隣の本町通りと、その東西に走る二本の通りを南北に横切っている白金町《しろがねちょう》と大宮町《おおみやちょう》が、特に内地人の経営する商店の多い通りだった。ショッピング街であった。

いま、手元に昭和七年十一月東京興信交通社発行の「日本職業別明細図」という大きな一枚の地図がある。おおかた広告料が目当てで企画された地図なのだろうが、実に雑で大まかなものになっている。しかし今となってはこういう物でも有難い貴重な資料として参考にせねばならない。私たちが魚源に行くのに錦町を西に下る道を選ぶと、消防署の向かい側に伊藤内科医院があった。何度か掛かったことがある。少し下って左手に、竹中商行という間口の広い商店があった。次男の辰夫の親友がいて、何度か兄に連れられて行ったことがある。錦町通りと白金町通りの交差点の斜め右角に台南郵便局の本局があった。その四つ角から白金通りを北に少し行くと右側に、いろは堂という文具店があって、私たちはそこで、トンボ鉛筆やヨット鉛筆や肥後守など、ほとんどの文具類を買い求めていた。

その日、私たち子供四人がわざわざ遠回りしてまで「五端」に寄ったのは、父の指示によったのだと思うがよく覚えていない。「五端」は大店だった。そのことが外観よりも店の中に入ってから分かるという造りの奥行きのある店構えで、入ると広い土間にはタンスや机などの家具類やいろんな金物や雑貨類が、所狭しと置いてある。私はそれまでに、こんな大きな店に入ったことがなかった。その豊富な種類といい品数といい、全てが驚きだった。

気が付くと、店の奥の方のテーブルに恰幅のいい山本さんが座っていて、にこやかに笑みを浮かべながら私たちを手招いていた。そしてその横に着物姿の父が同じように、にこやかな笑みを浮かべて座っている。私は父が私たちに見せている笑顔に少なからず戸惑いを感じた。私たちが父と接触するのは、母がいなくなってから、仕方なく小遣いをもらいにいく時ぐらいで、父は日頃、子供たちに滅多なことでは話かけたり笑顔を見せたりすることはない。父は家長であって、普段はその家長としての威厳を崩したりはしないのである。そんな父がにこやかに私たちを迎えてくれた。私たちが少なからず照れながら近づいていくと、前もって用意されていたのか、山本さんがかなり重たい紙包みを兄に手渡した。折り畳み式の将棋盤と駒だった。山本さんは自分が名付けた子供たちが大きくなって逢いに来てくれたことがよほどうれしかったのだろう、こぼれんばかりの笑みを浮かべながら「よう来てくれたなあ」と何度も言った。山本さんには子供がいなかった。

私たちが日頃魚源に行くのには、児玉公園から州庁の横を通って末広町からいっきに運河まで下る一番近い道を選ぶ。そのいやに道幅の広い通りは、本町通りなどに比べてあまり店もなくて、いつも閑散としている。しかし西門町の交差点ぐらいから次第に賑やかになってきて、辺りは露天の屋台の密集する西市場の盛り場になるのである。

私たちは毎日のように近くの東市場へ買い食いに行っては、盛り場の賑わいを見てきている。その頃の西市場の盛り場は、東市場の盛り場と比べると決して大きいとはいえなかった。しかし毎年のように少し

魚源の縁側で、母と子供たち

ずつではあるが、西市場の盛り場が大きくなっていき、それに伴って、何となく東市場の盛り場が衰退していくような気がしていた。それが年を追ってどう変化していったのか、とても具体的には記述できないから、これからの話には多少年代的に前後するところが出てくるかもしれない。

西市場は西門町通りの宮古座の前あたりにある、大きな一つ屋根の下に小さな小売店が密集しているショッピングセンターである。そこでは生鮮食料品から日用雑貨まで何でも揃えることが出来た。しかし私たちが通った盛り場は、初めの頃そんな商店街の裏側に東市場の盛り場の半分程の規模でしかなかった。それが年を追うごとに敷地の広い南側に拡がって行って、末広町から運河に通じる往還を跨いで、辺りの広い敷地を埋め尽す程の規模に拡大していった。それを順を追って記述する程の確かな記憶はない。

西市場に着くと、私たちは宮古座の前の入口から、南側に小さな店が肩を寄せ合うようにしている、商店街の曲がりくねった狭い通りを抜けて裏口の方に出る。裏口を出ると、もうそこにはいろんな種類の屋台がひしめいている青空市場になっていた。

そこで私たちはどういう訳か最初に「ヂヂ餅」を食べた。「ヂヂ餅」のすこし先の所に焼き米粉《ビーフン》の屋台があった。具をたっぷり入れて味付けした焼き米粉を、熱い鉄板の上に円錐形に盛り上げている。日本の中華料理店などのメニューにあるものと味はさほど変わりないと思うが、小皿一杯が三銭だった。私たちはこうして買い食いを楽しみながら、母のいる魚源を目指して歩いて行った。私たちはそんなふうに数え切れない程盛り場をうろついたのに、唯の一度も友達はおろか内地人に逢ったことがない。これは実に不思議な現象といわざるを得ないだろう。

盛り場の中は本島人ばかりの賑わいだった。その中に私たち幼い四人が臆面もなく入り込めたのは、家庭の事情が特殊だったということに尽きる。事業がことごとく隆盛で上向きに経緯していた我が家では、幼い子供たちに一々構ってなどいられないという事情があったのだと思う。そうして放任された子供たちが、内地人としては特殊な体験をした訳だが、いま思うとそれは実に貴重な体験だったような気がする。

銀座通りから運河へ下る往還は、西市場の盛り場を左右に分けていた。私がまだ小学校低学年の頃は、右側の西市場の裏側あたりに食べ物屋の屋台が密集していて、賑合っていた。その頃、往還の左側は道路沿いの真ん中辺りに世界館という活動写真館があった。まだ弁士や楽士のいる活動写真の時代である。世界館の手前の広場は見世物小屋やサーカスのかかる広場で、ある時期かなり永い期間ベビーゴルフの敷地になっていた。ベビーゴルフはパターだけで遊ぶゴルフで、満洲の撫順から引き揚げてきた私の妻の伯母は、同じ頃、撫順でも流行っていたと言っていた。

世界館の運河に近い側はかなり広い敷地で、正月の消防の出初め式もそこで行えるくらいだった。出初め式のクライマックスは演習で、丸太で組まれた三階建位の櫓の上の小屋に火を付けると、大変な数の群衆の中から溜め息とも歓声ともつかぬ「うおっ」と言う声が上がった。すると櫓を取り巻いていた数台の消防車から一斉に放水が始まる。また「うおっ」という言う溜め息とも歓声ともつかぬ声が湧き上がる。私は小学六年生の頃、そんな様子をベビーフアーストというカメラで写ったことがある。写真の貼ってある私のアルバムは、残念ながら持って帰れなかった。

一度こんな実験も行われた。五メートル四方で深さ一メートル位の穴に水を張ってガソリンを流し込む。離れたところにある焚き火の「おき」を竹の棒で弾くように飛ばしてその穴に投げ込むと、一瞬、穴全体に火柱が上がる。その時ははっきりと歓声が上がった。その実験には義兄の星加が大活躍をした。ひっくり返すと勢いよく消火液が飛び出す消火器を持って、一人で敢然と燃え盛る炎に立ち向かったのである。一直線に勢いよく飛び出した消火液が炎に掛ると、まるで黒板の赤い色の白墨を黒板拭きで端から消すように、瞬く間に火は消えていったのである。今度もはっきりと歓声が上がった。しかしこの実験には多分に我が家の宣伝か加味されていた節がある。驚異的な成果を見せた消火器の販売元は他ならぬ今林商行だったからである。

その広い敷地では、大相撲の興業もあった。私は都合三度大相撲を観ている。いずれも小学校から団体で行ったものである。そこで最初に見た横綱は玉錦だった。常ノ花が引退した頃で、小学校低学年だった私の記憶に残る力士は、他にあまりない。ただ幕内の支度部屋を覗きに行った時、贔屓筋の人たちに取り巻かれて、それぞれ関取たちが冗談を言ったり、ふざけ合ったりしている中で、一人隅の方で明荷に向かって静かに本を読んでいる若い力士がいた。チャンバラ映画にでも出てきそうな美男子で、まわりの喧噪の中で、その端正な姿勢をびくとも崩さない。明荷の前面には双葉山と書いてあったのを私は今も憶えている。数年後、横綱双葉山を見る事になるが、その頃は既に連勝記録の最中だった。そしてその時も、本番ではないが西の横綱男女ノ川を寄り切りで破った。地方巡業だから、かなり興味本位な取り組みもある。のっぽの初代鶴ヶ嶺と小兵の巴潟の取り組みは観客を大いに湧かした。その時の「しょっきり」は父の依頼によるものだったということを後から母に聞いたことがある。家に帰って目録に目を通していたら、最後の方に嘱望されている新十両として照国が紹介されていたことも、なぜかはっきり憶えている。

余談になるが、その頃幕内上位で活躍していた鹿島洋《かしまなだ》は、私の母校台南第二中学校の先輩である。双葉山の連勝を誰が止めるかという話題には、真っ先に揚げられる注目の関取だった。消防車という仇名があって、突進型の第一人であった。

横綱双葉山という大力士は破竹の連勝中にも、それがどんな地方の巡業の場所であっても、ほとんど負けを知らなかった。やがて六十九連勝して安芸ノ海に破れることになるが、その場所前の予想では、連勝はこの場所で鹿島洋によって阻止されるだろうという専らの噂であった。というのは双葉山が場所前の巡業中に二度破れるという事件があったからである。相手は二度とも鹿島洋だった。そしてその噂通り双葉山が安芸ノ海に破れた場所で、鹿島洋は双葉山を破るのである。もし鹿島洋が安芸ノ海の前に双葉山と対戦していて連勝を阻止していたら、鹿島洋という力士は相撲史の中に燦然と輝いて残っただろう。本場所前になるとよく父のもとへ鹿島洋から番付表が送ってきていた。

私たちが母のいる魚源へ通った道すがら、寄り道をして遊んだ沿線の様子は、私が小学校低学年から中学校の低学年位までのおよそ七、八年程の間のものだが、先にも書いたように、時代的にはかなり錯綜したり前後したりしているところがある。時代を追って順序よく確かな記述をしていくには、あまりにも時間がたち過ぎてしまった。パチンコのことに触れたいが、これも小学校の低学年だったというだけで、はっきりした時期は分からない。世界館のすぐ西側にちゃんとした屋根のある商店街のような一棟があった。広場はその先に拡がっている。ほとんどが飲食店だったが、その中にパチンコ屋が一軒あった。

私たちは家庭で放任されていたが、そのためか玩具やお八つなどは過剰なくらい与えられていた。市井で流行ったものはたいてい我が家にはあった。もしかしたらそれは、年の離れた兄たちがいち早く流行に飛びついて、そのお下がりが私たちのところに溜まっていたのかもしれない。コリントゲームもそんな遊び道具の一つだった。それはパチンコの台を横倒しにしたような木製のもので、すり粉木を小さくしたような棒で玉を押し出すと、後はパチンコと同じように釘の間をぶつかりながら落ちていって、途中いくつかある穴に入るか、どこの穴にも入れないで落ちてしまう。そんな遊戯台だった。

世界館の運河側の商店街でパチンコ屋に初めて入った時、私はすぐそれがいつも家で遊んでいるコリントゲームに似ていると思った。十坪位のがらんとした店で、開けっ放しのだだっ広い入口から、これも開け放たれている向こう側の裏口が通して見えて、他には誰もお客はなかった。パチンコ台は両側の壁に十五台位ずつ並べられていた。左側の中程に切符売りのような受け口があって、そこでメダルを買う。確か一銭で二枚ぐらいくれたのではなかったかと思う。メダルを入れると玉が一つ出てくる。それを弾いてそれが穴に入ると玉が元に戻って来る仕組みだ。どの穴にも入らずに落ちてしまうまで何度も繰り返すことが出来た。当たりの穴には台ごとに穴が正面から見えないように、それぞれ飾りが施されていた。ブリキ製の杯や花や瓢箪などがペンキできれいに彩色されていた。

私たちがパチンコに初めて出会った時期は、恐らく日本でパチンコという遊戯台が誕生した時期とそれ程の差はなかったのではないだろうか。その頃は内地で流行ったものはほとんど一年足らずの内に台湾にも波及していたようだ。まだチューリップなどはなくて、ただ大当たりのところに入ると、玉が戻ってきた上にもう一枚メダルが出て来る。

　こうして私たちは買い食いをしたり遊んだりしながら、少しずつ魚源に近づいた。パチンコ屋のある商店街の西側は、行事や催物がない時はただの広場だった。そこを抜けるとようやく運河に出る。

　台南運河は大正十五年に、父の恩人である荒巻さんが市長だった時に完成した新しい運河である。旧運河はもっと西寄りの港町にあった。安平と西門町を結ぶ人力のトロッコの線路に沿った、ちょっとしたお堀りのような水路である。新運河が出来ると、結果として魚源のある一帯から以西の広大な土地は、台湾本島から完全に切り離されてしまった。そして船溜りの東端に懸かった木橋のただ一カ所だけで、二つの大地は結ばれていたことになる。その橋が黒橋という名前であることを知ったのは、五十年ぶりに台南を訪れた時だった。そういえば確かにその橋は全体にコールタールか何かを塗ってたみたいに黒かった。私たちが魚源に行くには、二つの行き方がある。一つは黒橋を渡って大きく迂回する方法で、もう一つは一番手前の船溜まりの右側を通って岸に出て、向こう岸に待機している渡船を呼び寄せる方法である。その渡し船はなぜか無料だった。

　しかし　船溜りから百メートル程ある岸まで行って、もしも向う岸に船頭がいなかったら、引き返して運河を迂回しなければならないから、私たちは渡し船をあまり利用しなかった。こちらから行く時は、船溜りから運河の岸沿いに、水深二メートルぐらいは見える海の中を覗きながら迂回する道を行った。岸に付着している緑色の藻の間をいろんな稚魚が、小さな群れをなして泳いでいるのが見えた。

　台南運河には二つの主要な船溜りがある。一つは市街地に最も近い船溜りで、夏になると海水浴行きの渡船の出る船着き場があった。安平の先の東シナ海に面した海岸線には、大小様々の砂州があって、台南運河が東シナ海に抜ける辺りの左側にも、広大な砂洲が横たわっていた。その中程の小高い砂の岡に海の家の休憩所があって、その州全体が市民の海水浴場になっていた。州にはすきまなく砂防林のモクマオウが茂っている。若木や中には一抱え以上もある大木もあって、休憩所で休んでいると、梢を渡る風の音が潮騒とかすかな汐の香りを運んで来た。海水浴場へ行くポンポン船は、わずか十トンばかりの小船である。夏休みの最盛期になると家族連れの客で溢れんばかりになったが、私の記憶ではなぜかそれが全て内地人だけだったような気がする。あの時代は、海水浴も内地人の数少ない社交の場の一つだったのだろうか。ポンポン船は運河の鏡のような水面を、三十分ほど滑るように進んで行った。

船溜りの右側の岸には、よく中国風のジャンクが係留されていた。四、五屯程の船底の浅い木造船である。船腹は極彩色な模様で彩られていて、船首には決まって大きな魚眼が描かれている。麻袋の生地のようなこげ茶色の布を継ぎ合わせた、その低い船体にはどう見ても不釣り合いなでかい帆は、遠くから見るとその帆だけが波を掻き分けて走っているように見えた。そんなジャンクの中に、特に糞尿だけを運ぶ専用のものがあった。船の中に直接運んできた糞尿を流し込んで満杯にすると、辺りに悪臭を放ちながら沖の方に出帆して行く。私たちはそんなジャンクのことをパンサイ船と言っていた。パンサイというのは人糞の台湾語である。噂によるとそのパンサイは養魚場でサバヒーという大衆魚の餌になるということだった。戦前は一般に下肥に対してそれ程の嫌悪感がなかったようだ。まだ国民の大多数は農民であったし、農耕作業には日常的に人糞を下肥としていた時代だ。都市でも水洗便所の普及率はほとんど零に近かったのである。広島の牡蠣の養殖に人糞を使用していると聞いた時も、私は別に驚かなかった。

船溜りの左岸には大小の貨物船や漁船が係留されていて、岸に沿って倉庫が建ち並んでいた。その横を行くと、行き当たりの岸の角の辺にいつもじめじめしていて、とろ箱などが乱雑に散らかっているコンクリートの敷地の所に来る。多分そこは魚の卸し市場だったと思う。私はそこで初めてシュモクザメを見た。

卸し市場の角を左折して真っ直ぐ行くと黒橋に行ける。その辺りの船溜りの幅が運河の中で最も広いのに船数が少ないのは、黒橋の近くの水深がかなり浅くなっていたからだと思う。船溜りの西側に赤煉瓦造りの製氷工場があって、出港して行く漁船が船底に砕かれた氷を積み込んでいるのをよく見かけた。

私たちは黒橋を渡って製氷工場の横を通って、運河に小石を投げたり、岸から海の中を覗き込んだり、適当に道草を喰ったりしながらゆっくりと歩いて行った。運河沿いの道を真っ直ぐ行って突き当たった所に小さな造船所があった。その横を通る度に、大きな原木を上半身裸の逞しい二人の男が、両側から手引きの鋸で引いているのを私は見ている。

私たちが黒橋まで行くにはいくつかの道があったが、いつも、一番近道を選んだ。世界館の横の広場を横切ると、辺りから画するみたいに、日本風の二階建の料亭の建ち並んでいる一画に来る。新町という遊郭街だった。私たちがその街並を通る時はたいてい昼の日中だったから、辺りにはほとんど人影がなく、まるで由緒ある城下町を歩いているみたいな感じがした。一軒一軒が立派な二階建ての日本建築で、そんな家がずらりと建ち並んでいるのだから、なんだか襟を正したくなるような気持ちになる。

私が中学の四年生になったばかりの頃だったと思う。五年生の先輩が私の仲間四、五人がたむろしているところに来て、次ぎのような歌を唄った。

ヘイ　ヘイ　トワチヤァエー　　ここから新町まで　　クイカギン
トワ　ベンキョウ　で　サンカギン
クイカギン　でも　ボヤキン　で　クワッキンキン

先輩はこの歌を博多どんたく囃子しのメロディで唄った。妙に明るくて調子のいい歌だった。その日本語と台湾語をごっちゃ混ぜにした歌詞の意味を、私は今でも翻訳なしに理解することが出来る。

おーい　おーい　俥屋さん　ここから新町まで幾らだね
大勉強して、三十銭
いくらでもかまわんから、超特急でやってくれ

新運河

このさらっとした風俗描写のような歌は、ただ新町という語句が挿入されていることによって艶歌になっている。その頃、私たちの町で新町といえば、それはつまり遊郭のことだった。しかし私は遊郭については漠然とした知識しか持っていなかった。

静寂な城下町のような新町を通り抜けると、やがて黒橋のところに出る。私たちは通常このコースを通って魚源に向った。黒橋は運河の南端に懸かっているが、直接運河を跨いでいるわけではない。正確に言うと運河と繋がっている堀の上の橋である。幅五、六メートル程のその堀を南の方にずっと辿って行けば、きっと海水浴場のある砂州の裏側の内海に行き付くはずである。満潮の時

には運河の水が黒橋の下を通って堀の方に流れて行き、干潮時にはその水が堀の方から運河の方に、まるでせせらぎのように流れて行く。黒橋の辺りはなぜかいつも本島人の子供たちの溜り場のようになっていた。釣りをしていたり橋の下の浅瀬で小魚を追ったりしていた。そんな彼らはよそ者の私たちがそこを通っても、決してちょっかいをかけたり、敵意を見せたりすることはなかった。

造船所から西へ向かう道は運河に沿ってどこまでも一本道で、四キロ位行くと海に出る。静かな内海で、対岸が海水浴場のある大きな砂州である。運河を辿って行くと、ちょうど、黒橋から堀を逆に辿ってその辺りで出会うことになる。

魚源は造船所からの道を五〇メートル程行った右手にあった。左側は草原や魚温という養漁場などが延々と広がる平坦な土地である。道路のすぐ脇からの魚源の敷地は千坪を越えたが、正確な広さは分からない。玄関は道路から十五、六メートルほど、枝珊瑚を砂利のように敷き詰めた真っ白い道の奥にあった。「魚源」という屋号は父の源之助から一字を取っている。そして母の名前マツは離れ座敷の一つの「松の間」に使われている。私はこの頃、魚源の経営が一つには父や母の生活の息抜きの為でもあったような気がしてならない。功成り遂げた事業家が片手間で粋な喫茶店を開いているみたいな具合である。その頃、やがて新たに銀座へ進出しようとしていた我が家の勢いは、経済的にも十分過ぎる程の余裕があったと思われる。割烹店を経営する段になって、初めはいかに父の合理的な発想がそこにあったとしても、水商売である。父が逡巡しないはずはないと思う。その時の経済的な経緯は抜きにして、それでもなお、父が決断するに至った要素の一つが、私は何だか「海」だったような気がしてならない。

戦後母から聞いた話によると、父は隠居したら内地に帰って、生まれ故郷の近くの志賀島で別荘を買い、ゆっくり釣りでもして暮らしたいと言っていたそうだ。父がもう十年早く年をへていたら、自分の夢を実現していたかもしれない。しかしまだ現役だった父にとって、魚源はとりあえず趣味である漁の基地だったのだろう。父は常時、漁に使う五トン位のポンポン船と、はえ縄漁に必要な手漕ぎの舟を、裏の運河の岸に係留していた。年配の内地人の漁師さんも一人雇っていて、趣味と言うにはやや本格的な趣があった。メリヤスの半袖のシャツにステテコを着て、白いモスリンの腰巻姿で、背をこごめながらせっせとはえ縄の仕掛けをしている父の姿は、実にのどかで屈託がなかった。

私たちにとっては魚源は母のいるところではあったが、日曜日ごとに訪れていると、そのうち、何となく別荘に通うような気分になっていた。清水町の我が家には、家庭というものがなかった。私たち幼い子供たちだけが取り残されていたようなものだ。しかし、日曜日に魚源に行くと、そこには母がおり、日頃は滅多に見ることのできない屈託のない父の姿があった。いつもは別々に生活している者たちが、日曜日ごとに別荘で落ち合って家庭的な雰囲気を味合っている。そんな感じがしないではなかったのである。

魚源の敷地は西側半分を、道路沿いから玄関まで高い板塀で囲ってあった。囲の中には築山を配した和風庭園の間に、一つ一つ独立した六畳一間の「離」が三つある。東側半分は玄関まで開かれていて、その右端はタイワンマツの生け垣になっていた。そして生け垣の内側はバナナ畑だった。幅が四メートル程で、道路から玄関の近くまで続いていた。セイヨウキンチョウという種類である。キンチョウというのはバナナの台湾語だが、当時、私たちにはバナナという言葉の方が他所の言葉のように聞えていた。普通のバナナの半分位の大きさで、ほとんど反りがなくて、レモンをそのままの形で引き延ばしたような感じの高級品である。皮も薄く味は淡白だから何となく品が良く見える。毎年かなりの量が収穫出来たが、手入れをしていない畑は収穫した後のバナナの木が倒れたまま放置され、足の踏み場もないくらいだった。

高い板塀とタイワンマツの生け垣の間の広い道には、砂利の代わりに白い枝珊瑚が敷き詰められていて、奥行き一五、六メートルもあっただろうか。私たちはよくそこで、軟式のテニスボールを素手で打つ三角ベースをして遊んだ。どんなにいい当たりをしても外の道路までは届かない位の広さがあった。

玄関の正面は大きな自然石で囲った中に、タイワンマツなどを植え込んだ馬車廻しになっている。開け放たれている玄関の目隠しの意味があったのか、市内の大きな料亭の玄関はどこも同じ様式になっていた。入口に石造りの大きな門柱があり、右側の門柱に少し崩した太い字で魚源と書かれた子供の背丈ぐらいの門札が掲げられていた。門柱からは石畳で、開け放たれた玄関の正面に大きな衝立が置かれている。衝立の先の廊下は三つの間を通した六十畳敷きの大広間に行ける。広い廊下を使うと百人の宴会が出来た。

玄関の直ぐ右隣が帳場になっていて、お客がある時の母のいるところである。その先が厨房である。製氷会社で出来た大きな氷を、そのまま割らないで一つ入れることが出来る位の大きな冷蔵庫があった。ご飯を炊く時だけは薪を使うが、料理は全て木炭を使ったのは、その頃の一般家庭もそうだったのだろう。恰幅のいい本島人の板場さんが、手際よく鰻をさばいて蒲焼にしていくのを、頭部に錐を打ち込むところから、たれを付けながら何度もひっくり返しては焼いてお皿に盛り付けるまで、ずっと飽きずに見ていた。

厨房にはそこから御用聞きなどが出入りする裏口がある。その裏口を入ってすぐ右側に六畳位の小部屋があったが、住み込みの仲居さんたちの部屋だったと思う。

私が弟たちと五十年振りに台南を訪れた時、魚源のあった場所にも行ってみた。訪問する前から私には、半世紀の歳月は木造の建造物の原型を保たせるには永過ぎるという諦めに近い考えがあった。戦後、これまでに身の周りで急激な変化という奴をいやという程見てきている。昔のままの魚源が残っているはずがないと、車の中で自分に言い聞かせていた。車が安平に通じる道路から魚源の敷地と思われる辺りに差しかかった時、その辺りの変わりようは、一見して私の思った通りだったが、馬車廻しが残っていた。かつて魚源の門札の掲げられていた大きな門柱も、そのままの形であった。それからその先の衝立のない玄関を見た時だ、私はそのまま踵を返してしまった。見てはならないものを見てしまったような、嫌な気がしたのである。あの頃の、おからで磨き上げたぴかぴかの廊下は、永い間土足で踏みにじられたのだろう、無残に荒れ果ててしまっていて見る影もなかった。私は現に今、そこに居住している人たちへの遠慮から、建物の中を見たいという気持ちにはためらいがあった。しかし厨房の裏口の脇に廻った時、また私の気持ちが揺らいだ。恐る恐る覗いてみると、そこにかつての厨房だった空間があった。しかし全く人の気配がない。永い間使われた形跡がない、古い倉庫みたいに静まり返っていた。

昼間だというのにその中は薄暗く、最初ぼんやりとしていたあたりの輪郭が、馴れてくるにつれて五十年という時を一気に巻き戻したみたいに、昔を蘇らせてくれるような気がした。昔のままの位置に「おくどさん」があった。所々崩れて露出した所が赤黒く爛れている。天井から不気味に垂れ下がっている、煤で真黒に汚れた無数の蜘蛛の糸が、そこが廃墟になってからの永い時間を示していた。

想い返すと、私にとってはほんのこの前のような気のする、半世紀前のことだ。上半身裸になった恰幅のいい板場さんが、汗まみれになりながら真っ赤な炎を上げて燃えている「おくどさん」に大きな薪を放り込んでいる。大きな宴会があると、次から次にたすき掛けの仲居さんたちが出たり入ったりして、その喧噪はまるでお祭りのような賑わいだった。出前の酒屋の小僧さんに誰かが大きな声をかけると「へい」とまだ声変わりのしていない澄んだような声が返ってくる。「板場さん、松の間にお出しするもの、まだですかって」「そこに出来てるよ」などというやり取りが聞こえてくる。

帳場から大広間にいく廊下の中程に、右に入り込む廊下があった。廊下沿いに六畳の部屋があって、母の居室になっている。乳飲み子の千代子と三つになった末弟の源治が一緒に寝起きしていた。その部屋に行くと、何となく乳くさい母の匂いがした。懐かしいという感じの匂いがした。

魚源の建物の全体の構造は、中庭を取り巻くように配置されていた。だから玄関を入って直ぐの廊下を辿って行くと、中庭を眺めながら一周して元の所に戻ることが出来る。中庭はその半分程が泉水で占められている日本庭園である。広島出身の植木職人の国本さんが手掛けた、小堀流の少し人工的な趣のある庭園だった。泉水の回りは全て大きな自然石で、築山はいうまでもなく、中庭の植樹していないところ以外はほとんど大小の石を敷き詰めてあった。大広間から眺めると開かれた泉水の向こう側に築山があって、その先に色々な木が後の建物を隠すように密植されていた。

いつだったか、桜の木が内地から取り寄せて植えられたことがある。冬だったと思うが、その時申し訳程度に咲いた桜花を見た記憶が微かにある。しかし花が咲いたのはその時きりで、その後は毎年葉桜しか見ることが出来なかった。泉水の周りの所々にツツジやサツキなどの低木が植えてあったが、これも花が咲いたのを見たことがない。一般に植物という奴は頑固で、環境が合わないと頑としていい顔を見せない。沖元君の家は台南公園の管理事務所の裏にある社宅だった。裏庭の片隅に、台南ではとてもお目にかかれない珍しい枇杷の木が一本植わっていた。沖元君の話によると、内地から取り寄せた年、その木はちゃんと美味しい枇杷の実を実らせたのだそうだ。しかし翌年からその木は一応黄色い小さな実は付けるが、決して完熟しようとしないのだそうだ。頑なのである。

中庭はあくまでも泉水を主題にした庭園である。その泉水には五十尾ほどの大小様々な緋鯉や真鯉が悠々と回遊していた。池は一部、大広間から「松の間」に渡る広い廊下の真下まで入り込んでいたから、私は廊下に寝そべって、真下に泳いで来る鯉たちに餌の麩を投げてやる。すると何だか自分が自然と一体になっているような澄んだような気持ちになるのだった。池は浅くて中に入って泳いだこともあるが、せいぜい膝頭までの水深だから、所詮、首だけ出して底に手を付いて這い廻るしかない。所々丸い穴のような一メートルぐらいの深みがあって、驚いた鯉たちの隠れ場になっていた。

国本さんの造園した魚源の庭園は全体的に花木が少なく、ツツジやサツキに花が付かないので色彩感に乏しい。それにしても、一年中花を絶やさないブッソウゲ（ハイビスカス）やイカダカズラ（ブウゲンビリア）などの華やかな花木がなかったのは何か造園上の意味があったのだろうか。ただサンタンカという年中可憐な赤い花を咲かせている低木が、所々大きな石の脇などに植えられていたのを覚えている。

しかし魚源の敷地には庭園とは関係がない大きな鳳凰木の木が四本植えられていた。台南は熱帯圏に属するから、たいていの花木類は季節を問わず惜しげもなく年中咲き乱れる。ところが鳳凰木には季節感があって、五月から六月頃にかけて一斉に開花する。遠くから見ると、まるで樹冠が燃えているみたいに真っ赤に咲き乱れた。

小笠原諸島あたりでは戦前、鳳凰木のことを小笠原桜と言っていたそうだ。確かに鳳凰木の散り際は潔くて、強い雨風に逢うと昨日まで絢爛《けんらん》と咲き誇っていた満開の花が、一晩で路面に真っ赤な絨毯を敷き詰めたように散華する。しかし鳳凰木は何といっても熱帯の花木だから、散った花のすぐ後から次から次ぎに新しい花を咲かせる。潔さでは桜こそ世界一の花だと自負している人たちにとっては、いささか奥ゆかしさに欠ける感じがしないではない。植民地の人たちは内地に対して多分にデフォルメされた過剰な憧れみたいなものを持っているので、鳳凰木のあるがままの美しさを認めようとしなかったのだろう。

魚源の鳳凰木の木のうち、一本はあまり大きくはないが一番華麗に花を咲かせる木だった。玄関の右に厨房の裏に行ける通路がある。その入口の右側に六畳一間の離れがあって、一年後に長男を出産した姉夫婦が、高雄から引き揚げて住むことになる。その家のすぐ外にあったその木は、せいぜい屋根を覆う位の高さしかなかったが、花の季節になると、辺りの景観を変えてしまいそうになるほど見事に咲き誇った。私たちが魚源に遊びに行くと、道路から魚源の敷地に入るとすぐ、遠くから六畳の離れが、あたかも燃えているように樹冠を真っ赤に染めた鳳凰の木に彩られているように見えた。

鳳凰木の残りの三本の木は大木で、板塀で囲まれた離れの入り口と、道路寄りの奥の方にそれぞれ一本づつと「竹の間」の近くに一本植わっていた。いずれも幹の太さが一抱え以上はあったと思う。

私は戦後、母から魚源では薪を他所から買ったことがないのよ、と聞かされたことがある。何でも、鳳凰木は成長が早くて、茂り過ぎて張り出した邪魔っ気な太い枝を切っていくと、結構、魚源で年間に消費する位の薪が採れたのだそうだ。その仕事は母専用の人力車のお抱え車夫をしていたホガの役目だった。もっとも年中暑い土地だから、せいぜいご飯を炊く時と風呂を燃す時ぐらいしか薪は使わない。そういえば、離れの隅の方に、薪に使えないような葉っぱの付いた細い枯れ枝が積まれていて、そんな枝先にはよくヤマトンボが止まっていたのを覚えている。

あまり大きくはないのに、最も賑わしく花を咲かせる鳳凰木の木のすぐ脇の六畳の家に、魚源に行くと私たちは必ず寄ることにしていた。その一間だけの家には、高雄から引き揚げて来た姉夫婦と生まれたばかりの甥、武が起居していた。その頃姉は「婦人倶楽部」という月刊雑誌を購読していた。その中に「少年倶楽部」に「のらくろ一等兵」を連載していた田河水泡の「凸凹黒兵衛」が載っていた。私たちはその漫画が読みたくて姉の家にしげしげと通ったのである。

中庭は全て大広間に面している。大広間から眺められるように造られていたと思う。その大広間は四枚の襖でそれぞれ三つの広間に仕切られていた。一つの座敷が三十余畳の広さがあるので、襖を取り払うと縦長の百畳の大広間になった。

我が家には、その大広間の床の間を背にして撮った家族写真がいくつか残っている。どの写真も母を中心にした家族全員のものだが、その中に父が写っているものは一つもない。その頃は何かといっては写真館で家族の記念写真を撮ったものだ。しかし父が母以外の家族と一緒に写った写真は一枚もない。そんな父の気持ちを、私の世帯ぐらいまでは何となく理解出来そうな気がする。「大の男が、でれでれと、そんな女々しいことにいちいち付き合っておれるか」。言葉にするとそんな感じの、男をいやに強調した生き方である。あの頃はそういう時代だった。

大広間で床の間を背にして撮った記念写真は、ほとんどが元旦に撮ったものである。床の間には、大きな鏡餅と、柳の枝に色鮮やかな小判や宝船や鯛や打出の小槌や賽ころなどを吊した繭玉が飾ってあって、みんなそれぞれ盛装している。我が家では元旦が来ると、こうして家族全員が顔を揃えるのが決まりになっていた。繭玉は帳場や各座敷にも飾ってあったからかなりの数になる。それらは全て母の部屋で作られていた。私たちが正月前に魚源に行くと、母の香りのする母の部屋で繭玉作りを手伝うことが出来た。

大広間の中庭の反対側の廊下は、普通の家庭の廊下の六、七倍はあるかもしれない程の広さがあった。薄い卵色というのだろうか、実に美しい廊下で、母が先頭にたって仲居さんたち全員が豆腐のオカラをガーゼで包んだもので、何度も何度も拭いて磨き上げたものである。その上に立つと、ぼんやりと自分の姿が写るぐらい輝いていた。私たちはそのぴかぴかに光っている廊下の上に魚源の分厚い座布団を敷いて、一人がその上に乗り、もう一人が押したり引いたりしてよく遊んだ。

その広い廊下の運河に面した側にも庭園があった。つまり大広間では床の間に向かうと西側に庭園を眺めることが出来る。運河に面した庭は、中庭と同様にタイワンマツや大きな自然石を配した日本庭園である。そしてその庭園にも大広間に沿って、瓢箪の膨らみが四っぱかりあるような形をしてコンクリートを剝き出しにしたいかにも人工的な池が造られていた。池には運河から直接ポンプで海水が引かれている。大人の背丈位の深さがあったが、いつも水深は一メートル位に保たれていた。そこには父がはえ縄漁で、東シナ海や海水浴場の裏辺りの内海で捕って来た獲物の一部が放たれていた。チヌやコチの大物からハモ、キス、アジ、カワハギ、フグにタコ、カニ、アナゴ、カブトガニなど、私たちにとっては、水族館の趣があった。私たちはそんな海の魚の様子を広い廊下に寝そべりながら、時を忘れて眺めることが出来た。

広い廊下を床の間に向かって突き当ると、大きな引き戸があって、中は納戸になっていた。床の間の裏側まで続いているかなり広い空間である。中には恐らく大きな宴会などで景気を付けるのだろう、大太鼓や小太鼓や鼓やいろんな小道具類が雑然と置かれていた。私たちは小道具類を一通り手にして遊んでみたが、そんな大人の遊び道具にはあまり興味が持てなかった。

大広間から中庭に沿って廊下を行くと右手に渡り廊下があって、離れの「竹の間」に行ける。短い渡り廊下の左手に七、八本竹が植えてあった。橙色の地に所々青い筋が縦縞模様に入っているきれいな竹である。その竹が植えてある細長い空き地を隔てて、「竹の間」に並ぶようにして「松の間」があった。どちらも八畳と六畳二間の小宴会用の座敷である。「松の間」の南側には築山を配した庭園があった。私たちはその二つの離れにはあまり立ち寄らなかった。私たちは魚源に行くと先ず帳場を覗いてみる。そこに母の気配を確認すると、真っ先に行く所はたいてい「船の間」だった。

魚源の北側の裏口を出ると、すぐそこから護岸された運河の岸になっている。三メートル程なだらかに下っている石畳の先は海だ。運河の護岸されている岸の全てに、海に面して傾斜した石畳の部分があるのは、干満の差が大きい為の処置だったのだろう。それにしてもなぜか魚源の敷地の裏の岸は魚源の敷地の一部のように囲われていた。

東側の土地一帯は台南第二連隊の上陸舟艇の演習基地になっていて、魚源との境界は軍の方から仕切られている。そして反対側は運河の護岸された南側の端になっていた。その先は造船所の敷地で、その一段低い敷地には大きな船を引き揚げる為のレールが、何本も直接海から陸地まで引かれていた。こうして両側から囲われた魚源の裏の運河の岸は、自然に魚源の敷地の一部のようになってしまったのだと思う。

その岸に常時、一隻の大きな屋形船が係留されていた。子供の私たちから見ると三十数トンはある堂々とした屋形船である。狭い桟橋を渡って中に入ると、ふすまで仕切られた十畳と八畳二間の座敷があった。船べりに寄り掛かって見渡すと、目線の位置に海がある。大広間の廊下から水槽を眺めるよりもっと身近なところで自然の海に触れているような気がした。船底をぴちゃぴちゃとリズミカルに叩く音と、微かな揺れの中で何だか自分が潮風の真っ只中にいるような気がした。私たちはそんな「船の間」がとても気に入っていた。だから魚源に行くたびに、私たちは真っ先に「船の間」へ直行するのが常だった。倉庫から父の大切な車竿を無断で持ち出し、厨房で板場さんから餌にする生えびをもらって、「船の間」の座敷から釣りをしたことも度々ある。しかし成果の記憶は全くない。「船の間」には榧《かや》製の分厚い本格的な碁盤や将棋盤がいくつも置いてあったから、私たちもよく将棋盤で遊んだ。挟み将棋や山崩しや駒廻しで、本将棋はまだ知らなかった。

屋形船は新造船ではない。中古の木造船を改造した、上部の座敷の部分だけが新しいちぐはぐな船だった。船底に少し水漏れがあったり、夏の台風への杞憂もあって、しばらくすると陸地へ引き揚げられてしまった。そして大広間の正面の空き地に、赤煉瓦で土台を築いて、その上に横向きに乗せるような状態に固定された。大広間の方から行くと桟橋様の階段を五、六段昇って「船の間」に行くことができた。屋形船が陸に上がっても、私たちは魚源に行くと、真っ先に「船の間」に行った。中二階になった船べりからは第二連隊の演習場が一望出来る。耳を澄ますと運河沿いに植えられたモクマオウの梢を渡るかすかな潮騒が聞こえた。時折、モクマオウの梢でペタコが甲高く囀った。

大広間の西側つまり裏側は百坪ばかりの空き地になっていた。所々に低木が植わっていて、そのうちの一本にセッキャ（シャカトウ）の木があった。大人の背丈ほどの木だったが、ふっくらと横に茂っている木だった。そしてよく実を付けてくれる木だった。私たちは実がまだ固くても拳大の大きさになると、適当にそんな実をもいで清水町の家に持って帰った。米櫃の中の米の中に埋めて置くと、三、四日で完熟する。人によって違うとは思うが、その美味しさはアケビの数倍あるといっていい。空き地の隅の方にナッポイ（バンジロゥ）の木もあったが、美味しい実のなる木ではなかった。

セッキャの木のある空き地から「竹の間」「松の間」の裏側を通って行くと三軒の「離れの間」が配置されている敷地に行ける。六畳一間に厠の付いたその「離れの間」は、それぞれ二つの築山で隔てられていた。一番西側つまり玄関からは最も遠い位置にある離れと、真ん中の離れの間にある築山を思い出すと私は反射的に母を思い出す。築山は日本庭園の様式で造園されたものなのに、なぜかその築山の西側半分は丸坊主のままで、そこにはニチニチソウが表面を覆うように隙間なく植えられていた。暑いところだからニチニチソウの花は一年を通して可憐な花を絶やさない。いつ行ってもそこだけはお花畑だった。

その頃、母は毎朝その花畑で花を摘んでは仏壇にお供えしていたのだそうだ。私はそのことを戦後何かの話の折、母から聞いた。母の最も好きな花がニチニチソウであることも戦後知った。三つの「離れの間」にはそれぞれ名前が付いていたが、「美人の間」という部屋があったことことだけは憶えている。しかしそれがどの離れだったかは分からない。

東側の玄関から一番近い「離れの間」は、後に兄・正広が療養生活をする為に数年間使用していた特別の部屋だった。兄は台南一中の三年生の時、何があったのか突然東京に遊学した。中野にいた遠い親戚の家に下宿して中野中学に通ったのである。一中時代は剣道が強く、成績もよくて担任の教師から陸軍幼年学校を勧められたくらい優秀だったそうだ。

正広が四年生になった時の冬、思いがけない出来事が兄の身の上に降りかかる。健康そのものだった兄が、風邪をこじらせたぐらいで、結核を患ってしまうなんてことを信じる者は誰一人いなかった。しかし兄は既にかなり病状の進んだ結核患者になっていた。不幸にして結核という不治の病を背負わねばならなかった下宿先の劣悪な環境について、戦前はずいぶんと聞かされたものだが、いつの間にか風化されてもうその具体的な話は憶えていない。兄は家族の者が行ってすぐに連れ戻したが、しばらく下関の結核療養所で療養した。その時の写真が数枚我が家にあった。その中に大きなラッパの付いた新型のラジオの横で、患者用の着物を着てにこやかに笑っている兄の写真があったのを憶えている。まだラジオが家庭にはそれほど普及していない、そんな時代である。

それから時代はずいぶん後のことになるが、兄は台南に帰ってから、「離れの間」で母の手厚い庇護のもとに療養生活を送った。母は兄の体から結核菌を追い出す為のあらゆる努力を惜しまなかった。台南病院の偉い先生に診てもらったことはいうまでもないが、とにかく、体力を付けることが第一だと言って、ある時期、毎日のようにスッポンや鯉の生き血を飲ませたそうだ。そのためか兄が小康を保った時期がある。兄の写真に弟たちと南門小学校のテニスコートでテニスをしたり、魚源の近くの空き地で模型飛行機を飛ばしているスナップが何枚か残っている。

兄が療養していた「離れの間」の裏には、魚源の敷地の安平に通じる道路際の高い板塀との間に、かなりの空き地があった。空き地は西側の造船所との境界まで続く。貝殻や枝珊瑚の細かい破片が混ざった砂地で、いつかサツマイモを二畝ほど植えたことがある。そんな砂地に義兄の星加がマンゴーの苗木を十本植えたのは、昭和十四、五年頃のことだったと思う。何でも台南農業試験場から、まだ実験中の苗を半ば強引に分けてもらったものらしい。背丈が一メートル位の若木で、見た目は普通のマンゴーの木とあまり変わったところはないが、南洋マンゴーという新種の珍しい種類ということだった。それから間もなく姉の一家は兵庫県の伊丹市に移住する。五人家族が引っ越したというのに、私にはいつどのようにして姉の一家が台南を離れて行ったのか、全く記憶がない。いつの間にか内地に行ってしまったという感じだった。何かそれなりの経緯があったに違いないのに、それについても今もって誰からも聞かされた事がない。

昭和十七年の夏、内地に遊学する為に、私は伊丹の姉の家に止宿していた。ある日私は台南からの分厚い封筒を受け取った。なかには手紙と数葉の写真が入っていた。中学生の昭と源治に小学校高学年生になった千代子が、彼らの背丈を越える程に生育したマンゴーの木の前で、今収穫したに違いないマンゴーの実を、両手に持ったり、籠一杯にしてこれ見よがしに目の前に差し出しているようなスナップだった。

そのマンゴーの実は驚く程大きなもので、乗せている妹の掌から半分位はみ出していた。翌年の夏、私は台南に帰って熟した南洋マンゴーを手にすることが出来たが、実際自分の手に持ってみて、改めてその大きさと重さに驚いたのである。それは今までのマンゴーの概念を遥かに越えていて、そこには何かロマンのようなものさえ感じ取れた。未知の暗国大陸の奥深く探険している自分が、今までに見たこともないような大きな果物を発見する。私はずっとそんな夢のような冒険物語に憧れていた。南洋マンゴーはその皮を剝くと一種独特の強烈な匂いがする。慣れないと耐えられない匂いに違いない。私はしかしあまり抵抗なく果肉を賞味出来た。本来マンゴーの持つている繊維が極端に少なく、酸味も少ない感じで、どちらかというと甘い果肉である。

実を結ぶ前に内地に引っ越してしまった義兄は、敗戦によって自分が手に入れた南洋マンゴーを遂に賞味することが出来なかった。それにしても今現在、あの南洋マンゴーは遺伝子を残してくれているのだろうか。平成二年の夏、兄弟四人で四十五年振りに台南を訪れた時、市場や盛り場を通る度に、私はそれとなく果物屋で南洋マンゴーを探した。探した場所が狭く限られていたためか、無駄であった。店頭で売られているマンゴーは、五十年という歳月の間に改良されて、どちらかというともっと南方系の特色を多分に取り入れたと思われる。在来種のマンゴーでさえあまり見かけなかった。

魚源の廊下は中庭を囲むように一周している。大広間の反対側の廊下は普通の幅の廊下で、その下にコンクリートで造られた真水の生け簀があった。中は三つに区切られている。水深は二、三〇センチ位で、鰻、鯉、スッポンがそれぞれ分けて入れてあった。鰻の水槽には何本も竹筒が沈められていて、鰻はその中に潜んでいる。なかには一本の竹筒に二匹三匹入っているものもあった。お客の注文があると、網を持った板場さんが廊下の下に潜り込んで、網の中に竹筒を傾けては簡単に鰻を捕まえることが出来た。

狭い廊下の南側には浴室があった。かなり大きなもので、裏通りの小さな銭湯ぐらいの広さがあった。浴室の隣の三畳の小部屋は、下働きのお玉ちゃんの部屋だった。お玉ちゃんは沖縄の人である。私より二つか三つ年上で、背丈はないが、丸顔のがっちりした体格をしていた。いつも着物にたすき掛けで、汚れたような前かけをして働いていた。色は浅黒く美人とは言えないが、絶えずにこにこしていて嫌味のない娘さんだった。後から聞いた話だが、何でも父と母が内地を旅行して帰りの船の上で、身売りされる為に同じ船に乗っていたお玉ちゃんのことを聞いて、母がその場でお玉ちゃんを買い取ったのだそうだ。ちゃんとしつけて、うちからお嫁さんに出すと約束して買い取ったのだそうだ。母は時に常識を越えた突っ拍子もない思い切ったことをすることがあった。

私たちが日曜日ごとに魚源に通ったのは、一つは、そこに誰からも拘束されない変化に富んだ自由で自然のある遊び場所があったからだが、何といっても、そこに母がいたからである。しかし私たちははやる気持ちで魚源に着いても、いきなり母の元に飛んで行って、まつわりついてみたり、母のいない家での寂しさを訴えたり、何か欲しい物をねだったり、とにかく、どんなふうにせよ母に直接甘えた記憶がない。思い返してみても、ただ、母のいる魚源に来て思い切り遊んだという想いだけである。

私たちは母が清水町にいた頃も、日頃忙しく働いている母や、歳の離れた姉や兄たちからほとんど構ってもらった事がなかった。我が家には一般的な家庭らしい温もりのようなものが希薄だったような気がする。しかしいつでも母が同じ屋根の下にいるという観念だけが、私たちの気持ちを何とか落ち着かせていたのだと思う。ところが母が魚源に行くようになってからは、事態がまるで違ってきた。

私は母の求心力ということを考えることがある。よく分からないが、漠然とした空疎な感じが体のどこかにぽっかり穴を開けていて、その穴はごまかそうとしても、決して埋めることが出来ない得体の知れないものだ。ところが幼い私たちは、ごく自然にその穴を埋め合わせていたのだと思う。ただ、母の元に行きさえすれば事足りた。その空疎な感じと母の求心力とには、明らかに因果関係があったに違いない。

台南銀座通り

昭和五年は私が花園尋常小学校に入学した年である。母が「魚源」で暮らすようになるのは、それから一年あまりたってからだ。その頃の我が家の事業の隆盛は、子供心にも何か目を見張るものがあったような記憶がある。そしてその隆盛は、年を追うごとに急速に進展していったような印象がある。

我が家では毎年、仕事場を片付けて恒例の新年宴会をするが、日頃は仕事の熱気でむせ返っている仕事場が、その日ばかりはすっかり片付けられて、その広げられた土間に大きな円卓が六、七つくらい配置される。一つのテーブルに十余人が囲める位の大きさだったから、かなりの人が集まる盛大な宴会だった。そんなお客たちの中に私の知らない人たちがずいぶんと招待されていた。その人たちは下請けの代表の人たちだということを後で知った。何でもその頃、我が家の下請けの人の数は百人を越えるということを聞いたことがある。確かに家業は時を追うごとに拡大していっているみたいだった。やがて、母が魚源に移り住むようになってからさらに一年あまりたって、そんなことを象徴するような出来事が私たちの上に起こったのである。それはある日突然といっていいだろう。私が家が仕事場諸共、いきなり清水町から末広町の銀座通りのど真ん中に引っ越したのである。

記憶というものは不思議なものだ。清水町のつましい私たちの生活が激変してしまうような、そんな唐突な引っ越しの前後の記憶が、私にはまるでないのだ。

その日、私は午後のかなり早い時刻に、学校から一人で清水町二町丁目の我が家に帰って来た。その頃にはもう引っ越しは終わっていて、がらんとした仕事場の中で数人の店員たちが後片付けをしていた。年配の店員が私を認めると、銀座に行くように言った。その口調には、どことなく浮付いているようなところがあったが、私が学校から直接銀座の新しい家に行かなかったことを訝《いぶか》っているようでもあった。

本来なら、私たちが魚源に行く途中、完成しかかった銀座通りのビルを見て、間もなく自分たちがこのビルの一角に引っ越してくることになるという期待で、何らかの感慨がなければならないだろう。しかし私には全くそんな記憶がない。もともと知らされてもらえなかったのか、忘れてしまったのか、それさえ分からない。引っ越しの日のことも、前もって知らされなかったとは思えないのだが、記憶がまるでない。

私は店員に言われるままに銀座通りへ急いだ。銀座通りは当時としては目を見張るほどのモダンな商店街の出現だった。昭和五十三年、毎日新聞社発行の「別冊一億人の昭和史」の中に「日本植民地史台湾編」があるが、その開きのページに台南市銀座通りの在りし日の写真が掲載されている。椰子の並木のある広い道路を挟んで、両側に鉄筋コンクリート三階建の商店が十数軒ずつ並んでいる商店街の出現は画期的なもので、銀座通りという呼称に名前負けしていない重厚さがあった。

銀座通りは西に傾斜した緩やかな坂道である。通りに立つて西の方を見渡すと、ずっと下った坂の先に運河の船溜まりを望見することが出来た。時には逆光で水面が白く光って見えたりした。

当時、銀座通りのあまりにも広過ぎると言われていた道幅は、台南市内では西門町通りと双璧をなすものだった。私が四十五年振りに訪台した折、台南市は既に車社会を迎えていて、表通りに面している市街地は、私たちの記憶にある町並の面影はすっかり変貌していた。来たるべき車社会に対応するため、戒厳令下で、道路拡張が強行された結果だということを聞いた。道路に面した家並はことごとく、有無を言わ

銀座にあった今林商行（「別冊一億人の昭和史」日本植民地史３台湾、毎日新聞社刊より）

さず取り壊されたらしい。その時、もともと道幅の広い銀座通りと西門町通りだけが現状を維持された結果、今なお、昔の面影を忍ぶ事が出来る町並みとして残ったのだそうだ。銀座通りは、椰子の並木を取り払っただけで、外観は一応昔のまま残っていた。私たちが住んでいた家も外観だけはそのままあった。

私が銀座通りの新しい我が家に着いた時、店の中はすっかり飾り付けなども終えていて、すぐにでも開店出来そうなくらい整理されていた。一歩店の中に足を踏み入れて私が感じたことは、天井がいやに高く見えたことと、店内の眩いばかりの明るさだった。清水町の二階屋の、狭くて裸電球の薄暗い店先と比べると、あばら家と御殿の違いを感じた。

確かに、私は御殿に迷い込んだような、何か妙な気持ちの昂ぶりに戸惑っていた。五、六人の十代と思われる着飾った女店員たちが小まめに働いていた。初めて見る人たちだが、皆台湾の人で、子供の日から見ても美しい人たちだと思った記憶がある。広い店内にいくつも置かれているガラスケースの中の、今まで見たこともないような数え切れない程の品々が　次々と彼女たちによって手際よく整理されていた。男の店員も新しい顔が何人か働いていた。私はこれまでに、これ程広くて明るくて、それに清潔で豪華な感じがする店に入ったことがなかった。それが今、現実に我が家として目の前に存在するということに戸惑ったのである。

我が家は銀座通りの、児玉公園から下って来ると右手の並びの、ちょうど真ん中当たりに位置していて、三軒分を占めていた。店は三軒通しになっているから、かなりの広さがある。上手の二軒分は洋品雑貨が主で、シャツやネクタイや毛布や旅行用の靴や肌着類やその他いろんな日用雑貨品が飾ってあった。中央の入口には煙草売り場があって、赤いレッドジャスミン、青い第二ジャスミン、内地のバットやチェリーなどが売られていた。ニイタカという高級な葉巻なども陳列してあった。私は大人になったら、最初にそのニイタカという葉巻を吸うんだと肝に銘じていたから、今でもその名前は忘れないでいる。しかしそこで売られているものは概ね大人向けの物で、だからあまりはっきりした記憶がない。

銀座通りは坂道に沿って建てられているから、数メートルごとに段差がつけられている。三番目の売り場にはその少し低い段差があった。他の二軒に比べて間口もほんのわずかだが狭い。けれども子供たちにとってはそこが最も興味のある売り場で、通りに面した場所に、楽器類が飾られていた。その陳列ケースにはトロンペット、クラリネット、アコーディオン、ハーモニカ、太鼓から小太鼓にいたるまでたいていの楽器が揃えてあった。靴類も大人の靴から兵隊靴まで揃っていた。珍しいものでは警察の呼び子や十手や手錠などが置いてあったから、私は今でもかなり鮮明に、そんな売り場の様子を思い返すことが出来る。数年後にはレコード部も出来て、昭和十八年の秋頃だったと思う、こんな事もあった。

私は翌年の四月、福岡の第二十四連隊に入営することになっていた。その年、文化系の大学や専門学校の兵役延期の制度がなくなったので、私は伊丹の姉の家から急遽母の元へ帰省していた。それから私は軍隊に入るまでの時間、毎日ぶらぶらと仕事もせずに、全く自由な時間を享受させてもらっていた。その頃は、軍隊に入ると生還出来ないというのが常識になっていたからだと思う。厳格な父でさえそんな私に何も言わなかった。

私はよく時間を持て余すとレコード部に籠もることがあった。当時流行った灰田勝彦の「きらめく星座」や伊藤久男の「元気でいこうよ」などのレコードをかけることによって一人、寂寥を癒していた。

そんなある日の事だった。通りの方から五、六人の大人たちが、レコード売り場に向かってつかつかと入って来た。店の奥にあるレコード部からは、午後遅くなると表通りの向かいのビルに当たった陽光が逆光になって、しばしば急に入って来るお客さんを確かめることが出来なくなることがある。その時もそうだった。生憎レコード部には私一人しかいなかった。全く客の応対をしたことのない私の方へ、その五、六人の大人たちは足早に来ると、先頭にたった背の高い男の人が軽く頭を下げるなり「三根耕一です。よろしくお願いします」と言ってまた頭を下げて、きびすを返すようにして出て行ってしまったのである。私の横の壁にはティチクレコードの歌手のポスターである。三根耕一、上原敏、田端義夫などの顔写真の載ったポスターである。売り出し中の「旅姿三人男」三根耕一というポスターも貼ってあった。私が今のはディクミネだと思った時には、もう彼らの姿は逆光にシルエットを見せながら通りに出て行くところだった。確かに三番目にいた小柄な腰の低い女性は「十三夜」の小笠原美都子に違いない。私はなぜか最後まで残って深々と頭を下げて行った女の人にこだわっていた。

多忙なスケジュールの中で、市内のレコード店を駆け回っている彼らには、中学校を出たばかりの、挨拶もろくにに出来ないような頭を丸刈りにした男の子は、ずいぶんと頼りなく写ったに違いなかった。

銀座通りの一階の部分は、表通りから、アーケードがあって、売り場があって、その裏側は庭になっている。我が家の三軒分の庭は合わせるとかなりの広さになる。父はその広い場所に清水町の仕事場の機能を、そっくりそのまま移して来たのだった。いかにも父らしい合理性がある。思い返してみると、清水町の仕事場と銀座の仕事場は、所々重複し、こんがらかることがある。総括的に見ると、表側のモダンな部分と裏側の古い部分が隣り合わせになっているような具合だった。

清水町の一番奥にあった外交員の事務所は、銀座でも東側の一番奥に移された。反対の西側の奥が厨房と食堂になっていて、細長い木製のテーブルと長椅子は清水町で使っていたものをそのまま持って来たものだ。事務所と食堂の間の空間に、清水町の仕事場をそっくり移動して来た格好になっていた。中央の南側の壁際に、やはり万力の据えてある仕事台がでんと構えてあった。ミシンが四、五台置いてある仕事場では女工さんたちがせっせと働いていて、炭火を入れたアイロンは、霧を吹きかけるとジュと音をたてた。

清水町もそうだったが、銀座にも玄関らしい構えがなかった。店の間口が玄関といえば言えないことはないが、私たちの住いの玄関らしい構えがなかったのである。売り場の中央の奥にレジがあって、そのすぐ後ろに階段がある。そして、私たちの住いは二階になっていた。三階は泊まり込みの店員たちの、二軒分を通しにした大部屋である。

レジと階段との間の狭い下駄箱の中に靴を入れて、私は階段を上がって行った。二階は表の方から廊下、八畳、六畳、廊下、ベランダという間取りになっている。東側の二軒分は一応通しになっているが、それぞれ床の間と違い棚と押し入れが、隣合わせの格好で二つに仕切られていて、東側が父の部屋、西側が子供たちの部屋になっている。それでも表側と裏側の二本の廊下は筒抜けだから、昼間は、四つの部屋を自由に行き出来た。つまり私たちにとって、二階の東側二軒分の全てが自分たちの部屋のようなものだった。

その日朝から、母は魚源から仲居さんたちを四、五人連れて、引っ越しの手伝いに来ていたらしい。私が二階に上がった時、母は仲居さんたちと一緒になって廊下を拭いているところだった。オカラの入ったガーゼの袋で、まるで磨き上げるようにせっせと廊下を拭いていた。母は新しい家の廊下を魚源の鏡のようなぴかぴかに光るあの広い廊下のようにしたかったのだろう。着物の裾を端折って、仲居さんたちと繰り返し何度も何度も同じところを磨いているのだった。

二階の階段を上がって真っ直ぐ延びた廊下を行くと、突き当たったところに三階に上がる階段がある。廊下の左側が私たち家族の住まいで、右手の一軒分とは壁によって仕切られていた。踊り場のすぐ先に扉のない入口が一カ所ある。そこから隣の部屋にいけた。そこには一階の店と同じ段差があって、階段を一段下りるようにして行くのである。

銀座通りの家は清水町の元の家に比べると、全てが新しく広くて、明るくて清潔だった。引っ越した後もかなり長い間、私たちはその唐突な環境の急変に戸惑うばかりだった。二階の裏のベランダはちょっとしたキャッチボールが出来るぐらい広かったし、三階のベランダや屋上からは、市内の西南北側の街のたたずまいを、遙か遠くの方まで眺望することが出来た。東の方角は上り坂になっているし、児玉公園の茂みや、州庁の庁舎が眺望を遮っている。私たちは屋上で遊んでは、市内を見渡した。高い所からの眺めには、いつも何かが感じられて飽きることがなかった。

表の通りに面した側にも、部屋ごとに出窓のようになった小さなベランダがあった。建物はその部分だけ表通りに突き出す格好になっている。私たちは時々その狭いベランダにゴザを敷いて寝そべることがあった。すると何だか自分が、銀座通りのど真ん中の通り上に浮いているような妙な気分になる。表通りが賑やかであればある程、まるで魔法の絨毯に乗って浮いているような、変な充足感に浸ることが出来た。

まだ清水町にいた頃、私たちは夜、外に出ることなど滅多になかった。だからだろうか、数少ないそんな貴重な体験は、かなり鮮明に記憶に残っている。ツツジ祭りには夜連れて行ってもらった。小学校の講堂で時たま催された映写会も夜だった。昼と夜の世界の違いに　私は何かしらとてつもないものがあるのを何となく感じていた。それは子供の世界と、得体の知れない大人の世界の違いのようなものである。

銀座通りに引っ越してからは、私たちは必然的に、「夜の世界」と毎日つき合わされる羽目になっていた。夜、表通りに面したベランダから、通りや向いのビルのアーケードの辺りを見下ろすと、そこには夜の繁華街の世界があった。辺りを見回すと極彩色のネオンサインが明滅している。一階の店に下りて一歩表に足を踏み出すと、そこには銀座通りの夜の賑わいがある。毎日というわけではないが、内地からやって来るいろんな興業の顔見せや宣伝隊の賑々しい行列は、必ず銀座通りを通った。毎年のように西市場の盛り場で興行するサーカスは、象やラクダや馬などを先導に、楽隊、ピエロ、座の花形などを連ねた派手な宣伝隊を繰り出して来る。私たちはそんな行列を家にいながら、二階の出窓から見下ろすことが出来た。毎年のように内地からやって来るサーカス団が、かならずしも同じものではということを知ったのは、中学に行ってからのことだったと思う。

その頃のある日、私はちょっとした用事があって事務所に行った。事務所の前のテーブルで、父が五十年配の立派な髭を蓄えた、赤銅色に日焼けした精悍な男の人と談笑していた。男の人は見たこともないような洒落た牛皮のジャンパーを着ている。話は弾んでいるようで、二人とも笑顔を絶やさない。胡散臭いと言えなくもないが、二人はよほど気の合う仲なのだろうと私は推測した。

用事をすませて私が事務所を離れると、一人の店員が寄ってきて、私の耳元で囁くように「あの人は木下サーカスの団長さんだよ」と言った。私たちが子供の頃、大人たちの脅し文句に「そんなに言うことを聞かないんなら、人さらいに渡してサーカスに連れて行ってもらうから」と言うのがあった。当時、大人たちも含めて、サーカスの曲芸はとても人間業とは思えなかったのだろう。あの蛸のようにくねくねした身のこなし、空中ぶらんこや綱渡りの妙技は、小さい頃から無理やり酢を飲ませたり、猛獣を調教するように鞭で特訓しなければ、とても普通の人間の出来る業ではない。だから人攫いでもして、子供のうちから厳しく仕込んだに違いない。という理屈が一般的に信じられていたようだ。私の観念ではやくざの親分よりもっとすごいサーカスの団長と、父が互いに心を開いたように談笑しているのをたった今見て来たばかりでる。極めて複雑な気持ちにならざるを得ない。

戦後、私の家族が台湾から引き揚げる時、極端な持ち物制限に合ったそうだ。記念になるもの、資産価値のある物を一つでも隠し持って、引き揚げた後の生活不安に対処したかったに違いない。しかし誰もそうはしなかった。不正が発見されると、連帯責任で帰還船の乗客全員が足止めをくうという巧妙なやり方に屈したのである。しかし私の家の荷物の中に一つだけ妙に派手な夏物の掛け布団があった。表柄は金箔の絹地に、その布地一杯に飛翔している極彩色の竜が、精密に刺繍されたものである。

木下さんが中国を興業した折に持ち帰ったもので、父はそれをお土産としていただいたらしい。こんな派手なものが、よくも検閲を通って来れたものだと、私は直観的に思ったことがある。その見事な刺繍は初めから掛け布団として使われていたのか、布団のカバーに加工することによって検閲の目を誤魔化せたのか分からないが、物の極端に不足していた時期だったから、そのまま父の掛け布団として使われていた。

大相撲が台南で興行される時、前日には決まってふれ太鼓が市中を練り歩く。私の家の店の前でも、明日の取組の二、三番を、呼び出しさんが透き通る声で披露していった。父は台南出身の幕内力士鹿島洋の後援会に入っていた。まだ宮古座が純粋に芝居小屋だった頃は、大きな芝居や歌舞伎などが掛かると、顔見せに役者を乗せた華やかな人力車が、十数台も連なって通った。なんだかよく分からないが、着飾った芸者衆を乗せた人力車のデモンストレーションも実にきらびやかなものだった。

夜は夜で、チャンバラ映画で見たような本格的な新内流しが門付けに来たり、チャップリンの扮装でチャップリンの物真似をする宣伝マンが芸を披露したり、チンドン屋が行き来したり、まだ日支事変が始まる前頃の夜の銀座通りは、正に盛り場の趣があった。「東京音頭」や「さくら音頭」が流行った昭和九年頃が最盛期で、町内から選ばれた若衆や娘さんたちが、揃いの浴衣にたすき掛けで、派手に飾った山車の周りを狂ったように踊った。見物客は期せずして歩行者天国となった大通りを埋めつくしたものである。

その時、幼かった私たちもその群衆の中にいた。ほんの少し、我が家から表通りに足を踏み出しただけなのに。踊りの輪の中には、生まれてすぐに新潟に養子に出された後、何か訳があったのだろう、家に戻って働いていた兄、義男の姿もあった。

山車に備え付けられたスピーカーからは絶え間なく音頭が流れてくる。その大きな音響が群衆のざわめきと一緒になって両側のビルに反響し、銀座通りが何か湧き上がって来るような躍動で渦を巻いている感じがした。その山車と踊り子たちを中心に渦潮のように猛り立つた躍動が、少しづつ揺れるように移動していった。私は、その時の、音頭に酔ったように無心になって踊っている義男の姿だけをはっきりと覚えている。そこだけを切り取った押し花にしたみたいに、その記憶は脳裏に刻まれているのである。

我が家が清水町から銀座に移って、一家が引き揚げるまでの期間は、十五年にも満たない。そしてその間、銀座通りらしい賑わいを見せたのは、大東亜戦争の始まる一、二年前頃までの、精々七、八年間位である。銀座通りは、いうまでもないが、年から年中お祭りのように賑合っていたわけではない。普段の日中、特に夏の昼下がりなどは道幅が広いためもあって、むしろ閑散としていた。

熱帯の真夏の陽光は、アスファルトで黒く舗装された広い道路を焼いて、時にアスファルトの表皮を溶かすことがある。そんな時その上を歩くと、微かに靴跡が付いた。だから人々は暑さを避けて停子脚《ていしきゃく》を通った。停子脚というのは商店街の一階の部分が歩道になっていて日除けの役割をしている、アーケードのようなものである。不意に襲ってくるスコールの時も雨宿りすることができる。

真夏のゴーストタウンのように静まり返った昼下がりにも、私たちは銀座通りのちょうど、停子脚の真上辺りの二階の座敷でごろごろしていた。やがて陽が陰ると、銀座通りはそのまま大人たちの世界へ移っていくのだが、その間も、私たちはずっと銀座通りのど真ん中にいたのである。

ほんの少し前まで、どちらかというと辺鄙な清水町の狭苦しい二階屋にいた私たちが、突然起った変化に、いかに戸惑ったかを表現するのは難しい。まして、幼い私たち兄弟に及ぼした内部の変化の因果関係を詮索することなんて、出来っこない。しかし確かにその時私たちは、常套句を借りると、天地がひっくり返るくらいの変化の中にほり込まれていたのである。たとえばその時期、私の通信簿の評価が極端に低下している。それはすぐ上の兄や弟たちにもいえた。私には学校が、実につまらないものになっていた。今思うと私の中でかつての楽しかった学校での子供っぽい世界が、銀座通りの輝くような大人の世界の中に、飲み込まれてしまっていたような気さえする。

私が銀座通りに移って、目を見張ったり戸惑ったりしたことは数え切れない程あるが、水洗便所には特に驚かされた。今は少なくなった、公衆便所などの屈み込み式のものである。その頃の便所は、薄暗いうえに狭苦しくて、深い肥壺の中の汚物もそれにたかる大きなゴキブリも、否応なく視野に入るような構造になっていた。強いアンモニア臭も避けることは出来ない。しかし銀座の家の新しい便所は、真っ白いタイル張りで、広くて恥ずかしくなる位明るいのである。肥壺は見えないし鼻を突くような刺激臭もなかった。知事官邸や帝国ホテルなどはどうだったか知らないが、台南にいた間、私は私の家以外で水洗便所を利用したことは一度もない。便所は一階に二カ所と二階にも二カ所あった。

私たちにとって二階のベランダも、奇妙な空間だった。居間と同じ高さの地続きで、裸足で下りて遊んでも左程汚れたりはしないし、外部から完全に遮断されているからそこにいると、確保された自分たちだけの縄張りという感じがするのである。ベランダは二軒分通しになっているので、かなりの広さがあった。三〇センチ位の真四角な石を碁盤の目のように並べて、それぞれ一センチ程の隙間にコールタール状のもので段差を埋めているという造りになっていた。だから裸足で走り廻っても石の角で怪我をするようなことはない。見上げると青く澄み渡った空が広がっており、雨が降ると一面水浸しになる。かつて私たちはこんなすごい空間で遊んだことはなかった。

ベランダは三階にもあった。私たちの居間の真上の店員たちの部屋のベランダは、初めから屋根が葺かれていて、倉庫として使われていた。そのずらっと隙間なく並んだ木棚には、太巻の反物がぎっしりと積み重ねられていた。隣の段差のある一軒は一階と違つて二階、三階は壁によって仕切られているが、そのベランダからは共に青空を仰ぐことが出来る。私たちはその三階のベランダが気に入っていた。

我が家の裏の路地を隔てた向こう側は、市役所の地所になっている。路地に出て見ると凸凹した模様の入ったブロック塀が、銀座のビルの長さと同じ位一直線に続いていた。その敷地の我が家に近いところに、一本の巨大なタイワンマツの木が鬱蒼と茂っていた。子供の手で四抱えも五抱えもある大木である。有に三階建の高さがあったろう。だから二階のベランダからの眺めは、半分位そのタイワンマツに遮ぎられる。市役所は平屋だが、その白っぽい屋根が目線の位置になるから、眺めとしては少しも面白くない。それに比べたら三階からの眺めは良かったが、屋上からの眺めが、やはり最高だった。

屋上もベランダと同じ造りになっている。各家ごとに一メートル程の分厚い壁で区切られてはいるが、その程度の障害は、小学生の私たちにとってさえ意味がなかった。私たちは自由にビルの端から端まで行ったり来たりして遊ぶことが出来たのである。

屋上からは市内のほぼ半分に当たる西北の方角を、かなり遠くの方まで見渡すことが出来る。北の方角は大宮町から錦町、本町を越えて台町、明治町辺りまで見えたはずだが、そんなふうに意識して見た覚えがないから、本当はどうだったのか分からない。

西の方角は下り勾配になっているので、西市場から運河を通して、安平《アンピン》の辺りまで見渡すことが出来た。運河を航行するジャンクの帆が、とてつもなく大きく見えることをはっきり覚えている。しかし不思議なのはそんな時も魚源の位置を確認しようとした記憶が一度もないのである。小学校の低学年の意識というのは精々そんなものなのだろうか。その頃はとにかく、漠然と街並を見渡すだけでよかったのかもしれない。

南のつまり我が家の表側の方角には、すぐ目の前に銀座の向いのビルがある。児玉公園の側から、角に、七階建の林百貨店、薬局の愛国堂、貴金属や時計やレコードの店、履物店の正直屋、運動用品や書籍などを売っていた五階建の小出商店、田中写真館、森永キャンデーストアー、今中歯科医院、次が分からなくて、一番端にレコード店があった。しかしなんといっても林百貨店が、銀座通りの存在感に大きく寄与していたことは確かだった。台南で最初の、そして私たちが引き揚げるまでの間の唯一の百貨店だった。

林百貨店にはエレベーターがあった。これまでも内地から突然渡って来て市民を驚かせた文明の利器は数々ある。ラジオや電話や自動車や汽車などので、大八車やリヤカーもそうだったらしい。そしてエレベーターは前者に匹敵する位の画期的な文明の利器の一つだったと思う。百貨店自体の規模は大きなものではないが、初めの頃は、ただエレベーターに乗るためだけのお客で、店の中はひどく混雑していた。

私たちもエレベーターに乗るためにしばしば百貨店に通った。エレベーターで七階まで昇ると、そこは屋上になっていて、子供向けの小さな遊園地がある。その狭いスペースで金魚掬いや鯉釣りが出来た。しかしそこの鯉釣りのテグスは、いつも呆気ない位すぐに切れてしまう。ツツジ祭りの時のテグスと違って、純然たる商売だから、しばらく水に浸けているとすぐ切れてしまうようなテグスを使っているに違いないなかった。屋上の北側から下の方を眺めると、台南神社の外苑や白金町通りの街並が見渡せた。

林百貨店の隣の愛国堂は大きな薬局で、主人は私が中学三年か四年位の頃、台南神社の外苑の武徳殿の剣道場で時折見かけることがあった。口髭を生やして眼鏡をかけた五十がらみのがっちりした体格の人で、あまり上背はない。上下真っ白な稽古着に真っ赤な胴を付けて目立っていた。何でも腕前は二段ということだった。

銀座通りの店は一見整然としていて、全て画一的に見えたが、それぞれの店はその規模に応じて個性的に間口の広さを異にしていた。愛国堂の隣の貴金属やレコードなどを売っていた店の間口はその狭い方に属した。なぜか屋号がどうしても思い出せない。その頃は騒音防止条例などはなかったので、いつもその店からボリユーム一杯にして流れてくる流行歌は、否応なしに私たちの耳に届いていた。私が戦前流行った流行歌をほとんど知っているのは、多分にその時々の流行歌を、そのレコード店が繰り返し繰り返し流してくれたおかげだと思う。いつだったか、店の前に淡谷のり子の上半身の写真ポスターを貼った大きな立看板を見たことがある。淡谷のり子の少女っぽい初々しい写真だった。どこかのレコード会社の宣伝ポスターだったのだろう。何という歌の宣伝だったかは覚えていないが、子供心にも妙に艶《なま》めかしく感じたことを覚えている。

レコード店の隣は、正直屋という履物店だった。今と違って、靴は私たちにとって学校という集団行動を共にする団体に属した折に履くもので、普段は下駄か草履が私たちの履物だった。私も学校から帰ると、すぐ靴を脱ぎ高下駄に履き替えて外出していた。一般的に内地人の間では、下駄と草履が履物の主流をなしていたから、履物屋は決して今のようにマイナーな店ではなかった。正直屋には私がまだ小学校低学年の頃、中学生の兄さんがいて、近所の子供たちと一緒に何回か遊んでもらったことがある。

正直屋の隣の小出商店は五階建で、間口の広さは優に二軒分以上はあったと思う。銀座通りは鉄筋三階建の集合ビルだから、棒羊羹を横にして向かい合わせたような格好になっていた。しかし向のビルは東の端に七階建の林百貨店が四階分突出しており、中程で小出商店が瘤のように二階分突き出ていた。上の突き出た部分は鈍角二等辺三角形で、あまり機能性があるふうでなく、多分に装飾的意味合の建造物だったと思われる。小出商店は私の家のすぐ向に位置していたにもかかわらず、私は店の中がどうなっていたのか全く知らない。運動用品や書籍を販売していたことは知っていたが、店の中に入ったことがないからその程度のことしか知らないのである。考えてみると、銀座にいて銀座の他の店のことをほとんど知らないということは実に奇妙なことだ。

小出商店と隣の田中写真館との間には路地がある。路地を抜けると台南神社の脇の道に出ることが出来る。戦前、小型カメラが趣味として一般の市民の間に浸透し出したのは、昭和も十年代に入った頃ではなかっただろうか。私は中学生になっていた。もともと私は日光写真の頃から写真には少なからず興味を持っていた。母からセミ・ファーストというブローニー半裁版に写る初心者用の小型カメラを買ってもらったのは、その頃だったと思う。

私たちがまだ清水町にいた頃は、児玉公園の近くの中央写真館や台南神社の横にあったアサヒ写真館に出かけて写真を撮ってもらっていた。そんな写真が我が家には数多く残っている。当時は写真屋さんの出張撮影も盛んだったようで、家の中や戸外での写真もかなりの数残っている。しかし私たちが銀座通りに越してからは、家族の写真は自然にお向いの田中写真館を利用するようになっていた。御主人は映画俳優の斎藤達雄にどことなく感じが似ていて、流行りのちょび髭を生していた。男の子二人は南門小学校に通っていたが、弟の方は中学校で源治と同窓になった。

隣の森永キャンデーストアーは間口が広くて、明るくモダンな店だった。一階は洋菓子やパン、ケーキなどを売っていて、銀座通りの中で私たちが最も親しみを感じていた店である。遠足に持っていくお菓子類はたいていそこで買い揃えることが出来る。二階は当時としては珍しい、洒落た洋風のレストランになっていた。私の家の西の端の三階からは、ちょうど真向いに当たるから、レストランの窓際の様子がよく見下ろせた。レストランに来ているお客もどちらかというとモダンな感じの人が多く、私が松竹映画の現代劇映画からイメージする内地の中流階級がそこにあった。その隣の今中歯医者は二階にあって、一階がどんなふうになっていたか思い出せない。私の印象では、歯医者に限らず当時の医者はかなり権威的で、したがって怖い存在であった。歯医者は特に恐ろしい存在であった。

私たちがまだ小学校の低学年だった頃、すぐ下の弟の弘治と今中歯科医院に虫歯の治療に行ったことがある。たまたま、二人揃って我慢が出来ないくらい歯が痛くなったのだろう。私たちは恐る恐る二階に上がったが、私は兄だから、弟より先にその恐怖の治療を受けないわけにはいかない立場にあった。それでも何とか治療がすんで控室に戻ってみると、そこで待っているはずの弘治の姿が見当らない。私はすぐさま家にとって帰って、家中を、まるでかくれんぼの鬼になったみたいに捜し廻った。そしてようやく、カーテンの蔭に隠れているところを見付け出した時、弘治は体全体で恐怖の情を表白しながら、不意に泣き出したのである。人事ではなかった。もしも治療の順番が逆になっていたら、私が弟と同じことをしなかったという自信はとてもない。弟は多分、私が治療している間、私がその乱暴な治療に泣き叫びながら、精一杯大きな声を張り上げて無駄な抵抗をしていたのを、控室でじっと聞いていたに違いないのである。

今中歯科医院の隣は商事会社の事務所のようなところで、まるで私の記憶に残っていない。弟たちに聞いても全く印象にないと言う。そして、その隣が向い側のビルの西側の端になる。間口は狭く小ぢんまりとしていたが、その店の事は、店の構えから奥の陳列の様子までよく覚えている。

私が最初に手にしたカメラ、セミファーストは、その店で母から買ってもらったものである。陳列棚には、その頃人気のあったパールカメラやパーレットなどの小型カメラが飾ってあったが、外国製のライカやローライコードや国産の高級カメラ、キャノンなどは見ることが出来なかった。私のそんなカメラの知識は、専ら兄たちが購読していたカメラ雑誌によるものである。私の記憶では国産初の高級小型カメラ、キャノン一号は全体のイメージがドイツのライカに似たように出来ていて、確か四五〇円位したと思う。月給が百円を越えるサラリーマンなど滅多にお目にかかれない時代だったから、かなり高額なものだった。国産で次ぎに高価だったのはミノルタが出していたカメラで、兄の正広がしばらく愛用していたが、やや大型な造りになっていた。私はその店によくブローニーのフィルムを買いに行ったり、現像や焼き付けを頼みに行ったりした。当時の小型カメラは、仕上がりが大体ブローニー半裁版になっていたから、ブローニーのローフィルムを買うと、二倍の写真が撮れた。

私がその店の屋号が竹中半兵衛商店という、戦国時代の有名な軍師と同名なのを知ったのは、つい最近のことである。弟の源治とたまたま銀座通りの話をしていて、その店に弟と同級の友達がいたということから分かった。竹中半兵衛商店にはレコードも置いていたらしいが、そちらの方の記憶はあまりない。

銀座通りは末広町二丁目の一区画である。ビル自体は白金町との交差点の、林百貨店から竹中半兵衛商店までで、そこから大宮町の交差点までのおよそ三〇メートル位は空き地になっていた。全体の印象としては、何だか尻切れトンボのようになっていた。私の推測だが、銀座通りの企画は、もともとは白金町の交差点から大宮町の交差点までの間を全体像として立てられたものではなかったのだろうか。それが何らかの事情で未完のまま見切り発車をしたのではないだろうか。こちら側のビルも、両端が欠けたみたいにビルと二つの交差点までの間は、それぞれ空き地になっていた。将来その余地に同じようなビルが建ち並んで、名実共に銀座通りが完成するはずだったが、戦争によって未完のまま終戦を迎えたというのが、私の勝手な考えである。

こちら側のビルも順序よく説明すると、白金町との交差点からビルまでの間、つまり林百貨店と愛国堂の前辺りになるが、そこは空き地になっている。舗装もされていない裸地で、人力車の溜まり場になっていた。そしてレコード店の前ぐらいに、細谷理髪店が一軒だけぽつんとビルの並びから離れて建っていた。市役所の裏門へ通じる道が他のビルと隔てたのである。細谷理髪店と道路を隔てた隣、つまりビルの北端は店の構えがなかった。印刷屋だった。後に新杵《しんきね》という洒落た洋菓子屋になる。隣が五端《ごたん》で、家具や荒物が何でも揃う大きな店だった。前にも書いたが、御主人の山本さんは私たち兄弟の名付け親である。

博多の商家では奥さんのことを今でもごりょんさんと言っている。台南で育った私には馴染みの薄い言葉だったが、戦後引き揚げてきて、博多でその言葉を聞いた時、私はなぜか、突然閃いたように五端の若奥さんを思い出していた。山本さんは子供に恵まれなかったから、養子をとっていて、若奥さんはその養子の妻である。私は花柳章太郎や水谷八重子などの演ずる映画や舞台をテレビではよく見ていて、水谷八重子の舞台での艶やかな立居振る舞いは、かなり象徴的にデフォルメされた演技だと思っていた。しかし今思い返してみると、五端のごりょんさんのちょっとした所作と、水谷八重子の舞台の上での振る舞いが、ごく自然に重なってくるのである。そしてあれは、あの時代のリアリズムではなかったのだろうかと思えてくるのである。あのまるで踊りの中の流れのようなしなやかな所作は、着物という、動きの制約されたコスチュームで、日がな一日中、掃除、洗濯、炊事に追われ、舅に使えるという生活の繰り返しによって、自然に身に付いた所作ではなかったのだろうか。当時、三十代だったと思われる若奥さんのぽってりとした艶やかな体つきは、日頃のそうした動きの積み重ねによつて造形された、日本の伝統的な女性美そのものだったように思える。

五端の隣も西村商店、味の素の広告のある店だった。隣は中村家具店という大きな店で、店内には所狭しと箪笥や家具類が置いてあったが、通りから見ただけだから、その程度のことしか知らない。その隣の福井自転車屋にはよく出入りした。しばしばパンクの修理やタイヤの空気入れを借りに店の中へ入った。福井自転車屋の隣が今林商行、我が家である。北側のビルの中程に位置していて、三軒分を占めていたから、かなりのスペースを領していたことになる。我が家の隣は柚の木印章店で、表側が印章の店で裏方に印刷機が据えてあって広告などの印刷をしていた。食堂で食事をしていると、時折パタンパタンという物憂いような印刷機の音が聞こえて来ることがあった。男二人と間に女一人の三人兄弟がいた。この地域はほとんどの子が南門小学校に通っていたから、一般にあまり子供同士の交流はなかったが、一番下の男の子は中学で源治と一緒になる。真ん中の女の子はたしか私と同年だった。しかし年に一度か二度程ちらっと後ろ姿を見るぐらいで、そのたびにその存在に気付くという程度の印象しかない。その頃の私の異性への関心は、概ね無視か拒否という無理な虚勢を張ることによって、その実、ひどくゆがめられていたのだと思う。家庭のなかった我が家では、日頃から家族単位のつき合いがなかったから、幼い子供の立場でそれぞれ個々に近所と付き合わなければならなかったのである。だから銀座通りに十数年いて、私たちが気さくに出入り出来た店は、自転車屋と床屋ぐらいなもので、後は全て、どの街にもある他所の店と同じようなものだった。

柚の木印章店の隣はこの辺では珍しくモダンな洋品店で、婦人向けの肌着やセーターや化粧品などを売っていた。ショーウインドウに飾ってあった洒落たセーターを、さりげなく流し目でうかがいながら、私は密かに胸をときめかしたりしていた。話によると、その洒落た店のオーナーは、次から次によく代わっていたらしのだが、私は少しも気づかなかった。店の奥にいるだろうオーナーの容姿をみるだけの勇気がなかったのだろう。

洋品店の隣の成瀬理髪店は、いかにも銀座の店に相応しい豪奢な理髪店で、清潔で広くて、そのままの規模で、いま都会に出店しても遜色がないぐらい堂々としいた。銀座に引っ越してから、私たちはずっと成瀬理髪店を利用した。その頃の子供の散髪は丸刈りに決まっていて、散髪屋に行くとたいていはつるつるの坊主頭にされた。しかし成瀬理髪店では、五分刈りにしてくれる。丸坊主から一週間ぐらいして、少しばかり髪の生えた頭髪の状態にしてくれたのである。

成瀬理髪店には私と同じ年の男の子がいた。私たちはすぐ仲良しになった。なおちゃんといって南門小学校に通っていた彼は肥満児で、背丈も私より一〇センチぐらい高い体格の持ち主だった。しかし性格はいたって優しくて、いつも笑顔を絶やしたことがない愛嬌のいい子で、どちらかというと気が弱いと思われ兼ねないほど、優しさを過剰に持ち合わせているような子だった。なおちゃんとは小学校六年頃まで一緒に遊んだが、中学校が別々になってからは、全く疎遠になってしまった。

成瀬理髪店の隣は、銀座のビルの西端になる。私たちが銀座に移った当初は、林百貨店の家族が住んでいた。私より年上の兄弟が三人いて、何度か遊んでもらつたことがあったが、いつの間にか転居して姿を消してしまった。その後、大きな郵船会社の出張所になっていた。二階以上が社宅で、女の子ばかり七人か八人の家族が引っ越して来ていたらしい。後から聞いた話だが、奥さんがしきりにわが家を羨んでいたそうだ。既に日中戦争に突入していて、男ばかり八人もいるわが家は、確かに国策に添った家族だったのである。しかし私はその女ばかりの家族の誰一人とも会った記憶がない。学校が違うせいもあるが、母のいないわが家では、家族ぐるみの付き合いがなかったからだろう。

銀座のビルは、そこで一応途切れて、間口二軒分ぐらいで、奥行きはビルと同じぐらいの空き地を隔て、一軒だけ外観は寸分と違はないビルがぽっんと建つていた。カピタンというカフェーである。銀座で唯一、水商売を生業としていた。

わが家のある蒲鉾型のビルとカピタンとの狭間にある、ビル二軒半分ぐらいの空き地が、実はわが家の所有する土地であったことを知ったのは、かなり後のことになる。

その空き地には様々な思い出がある。銀座に引っ越した頃、私がまだ小学校の三年生だった頃、子供たちの間でラムネの玉が大いに流行ったことがある。ビー玉のことを私たちはラムネの玉と言った。ラムネの玉にはいろんな遊び方があって、その全てが玉の取り合っこである。空き地はさながら、その遊びの溜まり場になったみたいに子供たちで賑わっていた。私もすぐ上の兄や弟たちとその中に入って、日がな一日、ラムネの玉に熱中していた。

その頃の記憶は多分に曖昧で、特に時間的な前後のずれには著しいものがあるようだが、ほとんど同時代のことである。

空き地の表側の中央に、四本柱のある本格的な相撲の土俵が作られていた。「四海波」という年齢はもう五十に手が届きそうな元力士が作ったものである。四海波と空き地の所有者である父との間で、どんな契約が取り交わされていたのか知るよしもないが、土俵はその後約十年間、同じ場所に作られたり取り壊されたりしながら存続した。四海波は台湾中を巡回していたから、台南の滞在期間も限られていたのである。

まだ小学校に入るか入らないかぐらいの弟の弘治や昭が、その土俵で三人抜きなどをしてもらった賞品を、ふんどし姿のまま持ち帰つて来たことがある。賞品はかなり豪華なもので、三輪車をもらったこともあった。

四海波という元力士は小柄で、背丈は一七〇センチ位しかなかったし、結っている髷もかなり薄くなっていたが、耳たぶはかつての猛稽古で瘤のように盛り上がっており、精悍な野武士のような風貌をしていた。土俵を開いた初めの頃は、アトラクションでその瘤のようになった耳たぶに、水の入った一升瓶や子供を、紐で吊るして見せたりした。それから相撲を始める前にデモンストレーションで、自作の相撲の歌を豆力士たちに唄わせた。歌詞は「ああ相撲かな相撲かな……」という分かりやすいもので、戦前の子供なら誰でも知っている「煙りも見えず雲もなく……」という唄いだしの水兵の歌のメロディで唄う。ちなみに、漫画のらくろの「猛犬連隊の歌」も同じメロディだった。

四海波という四股名は由緒あるもので、かっての名力士の四股名である。その名を踏襲しているくらいだから、両国で十両までつとめたというのは本当なのだろう。

私は中学四年生の時に、学校に創設された相撲部に入部した。その年の十月の台南神社のお祭りの時に催された、台南州の中学校相撲選手権大会に出場した。五人一組のトーナメント戦で優勝したが、その時の行司も四海波だった。部員の中に佐藤勉三という私より一級下の三年生の子がいて、その生徒の活躍で優勝したようなものだった。彼は一六〇センチ位しか上背はないが、胸、腰、太ももにかけての筋力は大人を優に凌駕していた。四海波は台南の中学生の中で彼が一番強いだろうと評価していた。

南京陥落を祝い銀座通りをを行軍する学生たち。今林商行の看板が見える

昭和十六年の夏頃のことである。私たちの学校に、大隊規模の軍隊が駐留したことがある。講堂が接収され、運動場やプールの周辺は、兵隊の天幕で埋まった。約一カ月ぐらいの期間だったと思う。状況や目的などは一切知らされなかったし、なにしろ、突然の事だったから、校内には何となく重苦しい空気が漂っていた。そんな時、兵隊さんたちを慰労する為の相撲大会が催された。兵隊さんの中から選抜された五人の力士と私たち相撲部との親善試合だった。こちらは優勝した時のメンバーだったが、一勝四敗で完敗した。しかしそのうちの一勝は大将同士の闘いで、佐藤勉三が上げた白星である。私は副将で出場したが、勝負は土俵際で二人はもつれて、そのまま土俵下に転落して勝負がついた。土俵下に転落した相手の兵隊さんは、その拍子に片足を捻挫してしまった。跛を引きながら退場して行く兵隊さんの足の状態はかなり悪そうであった。

ある日登校してみると、あれだけの規模の軍隊が一夜にして、跡形なく消えてしまっていた。何か予感めいたものがあったのだろう、箝口令が引かれた訳でもないのに、誰一人その事を話題にするものはなかった。そして十二月八日、ラジオから流れてくる開戦のニュースを聞きながら、私たちはあの兵隊さんたちが、マレー半島を銀輪を駆使してシンガポールへ進撃して行く様に思いを馳せたのだった。私は私と相撲を取って負傷した兵隊さんに思いを馳せた。兵隊さんたちは自転車部隊だった。その時も、私たちは親友との間でさえ、その事を話題にするのをためらった。その頃の私たちは皆な軍国少年だった。

銀座の空き地がわが家に帰属するということが分かった時、同時に自分たちが今寝起きしている三軒分のビルが、実は借家だったことも知った。かなりのショックを受けたが、私は近い将来、父によって空き地に建てられるに違いない華麗なビルに思いを寄せることで、気をまぎらわせるしかなかった。

しかし、終に空き地にビルは建たなかった。私はもしも、父に、現地でさらにもう十年間の猶予が与えられていたら、父は恐らく、事業の拠点を高雄に移していたに違いないと思っている。都市計画で高雄の駅が移転した折、父はその新駅前にかなりの土地を取得していたのである。将来は台南より港のある高雄が発展すると、父は先を見通したに違いなかった。そうだとすると、もはや、あの空き地に今さらビルを建てる理由はない。これは私の仮想である。平成二年、私たち兄弟四人で訪台した折、源治の友人の自家用車で塀東まで送ってもらったことがある。途中、高雄の市街地に入って、駅前の繁華街を通過した時、高雄の事情に詳しいその友人が、この辺りに土地を所有している人たちは、その借地権だけで悠々自適の生活を謳歌していますよ、と言った。

こんな話もある。日米戦争に突入した頃、父は台湾総督府の参事を務めていた。シンガポールが陥落して昭南市と改められた時、台南州知事から昭南市に進出しないかという要請があったそうだ。しかし父は丁重にお断りした。父は将来、台湾こそ大東亜共栄圏の中心になると、後で漏らしていたそうである。そうだとすると、港のある高雄こそ拠点とするに相応しいのではないか。これもまた私の仮想である。

空き地の敷地のうち、裏通りに面した半分は、わが家の倉庫になっていた。木造トタン屋根葺きの平屋で、ビルとビルの間一杯一杯に建つていた。ビルとの隙間は人一人がやっと通れる位しかない。

銀座通り商店街は、毎年、年の暮れになると福引券付きの大売り出しをするが、倉庫はその時、その抽選会場になる。やがて大晦日も押し詰まって、景品の抽選券が余ってくると、私たちはその余った抽選券を持つて倉庫に走らされた。多い時は、一人で三十枚位持たされたことがある。いつだったかはよく覚えていないが、私はいきなり一等を引き当てた。牛革のトランクと高級毛布のセットで、時価五十円相当の賞品だった。当時の大学出の初任給より多い額だから、その賞品が届いた時は大変な騒ぎになった。私はその時、一等を引き当てた御褒美に五十銭もらった。考えてみると妙な話だが、私にとって、その五十銭は何よりも有難かった。

倉庫にはこんな話もある。

銀座のビルの二階三階の裏側はベランダになっている。ベランダは互いにかなり高いコンクリートの塀で仕切られている。家の中の階段を利用しなくても、二階から三階へはコンクリートの壁を伝わって簡単に行けた。三階からベランダへも簡単に行ける。私たちは、よくそうして遊んだものだ。

ある夜更けのことだった。倉庫の辺りで爆発音のような大きな音がした。近所の人が気味悪がって、警察に知らせた事から、その事件は発覚したのである。犯人はわが家の新入の小僧だった。彼は、夜になると店の品物を一抱えずつに梱包して屋上に上がり、西側の端から地上に投げ落としたのだった。下にはあらかじめ示し合わせていた彼の家族が待機していた。土俵のある表側は人目につきやすいので、彼らはビルと倉庫のわずかな隙間に盗品を投げ落とすことにしたらしい。そこだと、どこからも死角になる。こうして一味は数個の盗品を手にいれることが出来たが、一つの梱包が誤ってトタン屋根を直撃したのである。警察の調べで犯人は直ぐ割り出された。新入りのその小僧は、その年、市内の公学校を優秀な成績で卒業したばかりの子だった。いかにも賢こそうな顔立ちの子だった。

事件そのものにも驚いたが、この子が、という驚きの方が大きかった。その事件で、人はみかけによらないものだという教訓を得たような記憶がある。

銀座通りで唯一、いわゆる水商売を生業としていたカフェ・カピタンは、子供の目からだが、なんとなく商店街から孤立しているように見えた。戦時中ということもあったのだろう、カピタン側も自粛していたのかもしれない。私が二十歳になったばかりの頃、私は初めて兄辰夫に誘はれてカピタンに行ったことがある。既に戦争も旗色が悪くなりだして、なんとなく明日に危機感を抱くようになっていた頃である。

我が家では、既に長男の虎男と四男の秀友が軍隊に取られていたし、私自身も年を越すと入営することになっていた。巷はかなり深刻味を帯びた戦時色に、すっぽりと包まれたような世相であった。その頃、恐らく軍からの要請があったのだろう。過剰に南下して来る兵士の一部を、民宿させる処置がとられていた。私の家にも航空隊所属の若い下士官が三、四人寝泊まりしていた。我が家では彼らを、魚源に連れて行って御馳走したりして、出来るだけのもてなしをしていたようだ。私が兄からカピタンに誘われたのは、そんなある日の夜たった。兄は寄宿している兵隊さんを慰労するためにカピタンに行こうとしていたのだが、たまたまそこに居合わせた私に声をかけたようであった。その年になってカフェなるところに初めて足を踏み入れた私の印象は、映画のそんな場面と少しも変わらないなあというものだった。

台湾沖で日米の制空権をかけた一大空中戦が決行されたのは、それから間もなくのことである。我が家に宿泊していた若い下士官は、零戦の搭乗員で、その空中戦で戦死したという話だ。その後、制空権を失った日本は、雪崩をうつように敗戦への道を転げ落ちていく。彼らはその大きな節目で散っていった。我が家には、ありし日の屈託のない若い彼らの写真が、数枚残されている。魚源に彼らを招待した折、裏の運河で楽しそうに船遊びをしているスナップである。

カフェ・カピタンから西に下って大宮町二丁目の交差点までは、そんなに長い距離ではないが、なぜか、その辺りの情景がうまく思い出せない。特に店のような構えはなかったと思う。交差点から大宮町二丁目を右に折れて二軒目に、私たちがよく通った釣り具屋があった。十銭もあれば、釣竿にテグスと重りと釣り針を何本か揃えることが出来る。私たちはその釣竿一式を持って運河を目指した。釣り場はたいてい魚源のすぐ裏手の岸に決まっていた。

釣り具屋の隣が饅頭屋で、よく、やぶれ饅頭を買いに行かされた。饅頭屋の横には、カピタンの裏の真横から大宮町の通りまで、細長い敷地に色々な植木の苗が植えられていた。その植木屋の敷地の有刺鉄線の囲いは、路地に面していて、その路地を隔てたところに台南市役所があった。銀座の我が家のある、北側の集合ビルの裏側の路地は、その路地の延長線上になる。だから我が家の裏側も、路地を隔てて市役所の敷地と接していた。

市役所の広大な敷地は、大人の背丈程もある立派なブロック塀で囲われていた。側面に模様を施した幅のあるブロック塀である。その塀は、ビルの端から大宮町二丁目の道路まで一直線に伸びていた。ブロック塀の内側には、塀に沿ってタイワンマツ（ガジュマル）の木が目隠しとして植えられていた。まだ若い木で、ブロック塀から三〇センチばかり顔を覗かせていた。

私たちは学校から帰ると、たいていは裏の路地をテリトリーとして遊んだ。お祭りの時だとか、何かの行列が通る時とか、よほど賑やかな時は別として、私たちが日ごろ表通りで遊ぶことはほとんどない。裏の路地はいつも静かで、人通りも滅多になかった。しかし私たちの本当の遊び場は、さらに塀の向こうの市役所の敷地の内にあった。そこは適当に広いし、人目に付きにくいし、第一に誰からも干渉される恐れがない。

市役所の正門は大宮町二丁目の通りに面しているが、裏門はビルの路地の五端の裏辺りにあった。集合ビルと細谷理髪店は路地を挟んでいて、その路地を通ってすぐ左手に裏門があった。だから市役所のブロック塀の長さは、銀座通りより優に長いのである。

その裏門は四六時中開きっ放しになっていた。誰でも自由に出入り出来る。裏門を入ると三角ベースが出来る程のちょっとした広場があった。東と北側には、その広場を取り囲むように倉庫のような小屋が三軒程建っていた。窓ガラスが割れたままになっていて、あまり使われている様子はなかった。隅の方には砂や砂利の置き場があったから、恐らく、辺りは建築資材置き場だったのだろう。私たちにとっては申し分のない条件の遊び場である。かくれんぼ、鬼ごっこ、ラムネの玉、メンコ、三角ベース何でも出来て、しかも大人の目の届かない場所なんて、探したってそうあるものではない。

銀座通りは緩やかな坂道である。銀座の長い集合ビルは何カ所かで段差によって調整されている。我が家でも一番西側の建物は、三〇センチばかり低く修正されていた。ところが市役所の敷地は、それを一カ所で修正しているらしくて、その段差は一メートルぐらいもあっただろう。段差のあるところは、ちょうど我が家の裏辺りに当たる。そしてその上と下の段の境際辺りに、巨大なタイワンマツが、まるで盛り上がるように茂っていた。幹は子供の腕で三抱え以上はあったはずだ。

台南の市内には、そうした巨木となったタイワンマツの木が、あちこちに点々と散在している。大方は廟の前の広場の片隅に大きな影を落としていた。またタイワンマツの巨木はなぜかたいていの木がゴイサギの塒《ねぐら》になっている。これにも、何かの縁起が絡んでいたに違いなかった。ゴイサギたちは、やたらに真っ白いペンキのようなどろっとした糞を辺りに撒き散らす。それは日本の団地におけるハトの糞の公害の比ではない。ところが、辺りに住んでいる人たちや、熱帯の陽光の直射を避けて、木陰で小さな屋台の店を出している人たちでさえ、ゴイサギを追い払おうとはしない。夕暮れ時になると、あちこちからゴイサギたちが、賑やかに鳴きながら塒へ帰って来る。夕方、私たちが風呂に入っていると、決まって裏のタイワンマツに帰って来るゴイサギたちの賑やかな鳴き声を聞いた。

裏の路地は私たちの生活路だったと言っていいだろう。私たちが外に遊びに出る時は、たいてい、路地を利用した。朝、学校に行く時は表から出たが、帰りは路地を通って裏口から入ることが多かった。私たちはそれとなく、表通りと裏通りを使い分けていたのかもしれない。表通りは他所行きで、裏通りには日常の生活があったのである。

表の銀座通りはアスファルトできれいに舗装されていたが、裏の路地はずっと裸地のままだった。台湾の家屋の屋根は赤くて薄い瓦で葺かれている。路地はそんな瓦の細かい破片の混じった、水捌けがよくてやや堅い感じの地面だった。スコールに叩かれてもぬかったりしないのは、もともと辺り一帯が沖積層の砂地だったからだろう。少し掘ると下は全て砂地である。

戦争末期にわが家でも防空壕を掘ることになって、とりあえず事務所の空いている場所を選んで、畳一枚分程のスペースで試掘をしたことがある。私は傍らでその一部始終を見ていた。表面の薄いコンクリートの下の、小石や煉瓦の破片などの混ざった層の下は、掘っても掘ってもきれいな砂地だった。大人の肩ぐらいまで掘り下げられた時、スコップの先で何か物を壊したような音がした。そして欠けた陶器の壺が掘り出されると、私はすかさず仕事をしている人に、次に用心して壊さないように掘り出してほしいと頼んだ。そして三個の完全な壺を手にいれることが出来た。安平壺といって、かつて支那大陸との交易で塩などの入れ物として使われた小型の壺だそうた。辺りを掘れば幾らでも出てきそうな気配であった。骨董価値はないが、民族学的な資料としては貴重な物だろう。

裏の路地にはどうした訳かあまり雑草が生えていなかった。地面が堅かったからだろうか、雑草がまだらにしか生えていない。私の記憶だけに頼るのだが、オヒシバかスベリヒユがぱらぱらと生えている程度だった。

スベリヒユはメスアカムラサキというタテハ蝶の食草である。私は小学校四年生の頃から昆虫採集に熱を上げていたから、特に蝶にまつわる記憶の鮮明度はかなり高い。メスアカムラサキの雌はカバマダラに擬態していることで知られている蝶である。カバマダラは毒蝶で、そのカバマダラに似せることで外敵から身を護っているらしいのである。福岡市の近郊でよく見かけるツマグロヒョウモンの雌にもよく似ていて、こちらの方はカバマダラとの関係がもう少しはっきりしない。メスアカムラサキの雄は、リュウキュウムラサキに似ているから、メスアカムラサキという蝶は雌雄揃って奇妙な蝶なのである。路地ではタテハモドキやリュウキュウムラサキもよく見かけた。

かつての台南市の裏通りの裸地には、こうした熱帯の人里の蝶がよく飛び廻っていたものだ。しかし私たちが平成二年に訪台した折、かなり気を懸けたにもかかわらず、全くといっていい程、そんな蝶の姿を見かけることが出来なかった。人口が三倍も四倍も膨れ上がると、生態系もゆがめられるのだろうか。季節は初夏だったにもかかわらずタイワンクマゼミのあの賑やかな鳴き声も聞けなかったし、先に書いたシオカラトンボに似た小トンボの姿も終に探すことが出来なかった。人間の膨張は、必然的に同じ位の量の自然を、どこかに押しやってしまうのだろうか。

話を表通りに戻そう。銀座通りは当時、常識を越えていると思われた位、広い道幅の往還であった。私の家の前にはバスの停留所があったが、市内を走っているバスなど滅多にお目にかかったことがないそんな時代だったから、幅のいやに広い道路は当時の生活感覚にうまく合わなかったのだろう。私も清水町から移った当初は、そのだだっ広い道路によく馴染めなかった。その道路はアスファルトで舗装されていて、中央の部分が高く、脇に行くにしたがって低くなっていく、穏やかな蒲鉾型をしていた。家の前からラムネの玉を道路の中央に向かって投げると、ころころと手元に転がって来た。

銀座通りのなだらかな傾斜は、西門町から運河へ向かって一直線に下っているから、もしも大雨が降ったら、大量の雨水は道路に集められて、あたかも乾季で川底の見えていた川が蘇るように、一気に濁流と化して下の街並を襲うだろう。だから雨水はその場その場で、傾斜を利用して道路脇に散らし、側溝に集めて緩やかに下方に流す。そんな構造になっていたのだと思う。

ともあれ、銀座通りは道幅のいやに広い道路だった。人通りが少々あっても、日中はなんとなく閑散として見える。それに歩道がビルの下に食い込んでいて、アーケイドになっている。つまり二階の座敷の表側の真下が歩道になっていた。日中の暑い盛りは誰でもその歩道を利用する。人影が道路上にないのはそんなせいでもあった。そんな人気のない幅の広い道路を、時たま荷馬車や牛車が通った。彼らが大きな糞を道のど真ん中に落して行くこともあった。私たちが銀座に移り住んだ当初の話である。

台南銀座の歴史はおおよそ十二、三年間ぐらいしかない。その間、そこで幼児期を過ごした私たちにとってはずいぶんと長い年月ではあったが、改めて思い返してみると、わずか一昔程度の期間なのである。しかしその期間は、ちょうど日本が支那大陸と国家間の軋轢によって部分的な戦闘状態に突入してから、日米戦争が終息するまでの戦時中と重なる。

私が今記録しようとしていることは、私の幼児期から成人になるまでの成長過程で、子供の目から見た、当時の言葉で言うと、銃後の植民地の一地方の生活史と言っていいのかもしれない。

私たちが清水町から引っ越して来て間もない頃の銀座通りの印象は、年を越すごとに新しい繁華街として名実共に充実しているように見えた。一日一日、日が替わるごとに何か次に新しいものが訪れて来そうな予感がする、そんな毎日だった。私たちはいつもお祭りの前夜のような胸の昂ぶりを感じながら、その日その日を過ごしていたような気がする。同時に支那大陸の戦線は日を追うごとに拡大していて、戦時色は次第に濃くなってきていた。二つの異なった流れが私たちの生活の底を脈々と流れていたことなど、私たちに分かるはずはなかった。

銀座通りの並木は椰子の木で種類は分からないが、小型の可愛い椰子だった。引っ越した頃は、その梢が二階のベランダに届くか届かない位の高さだったのが、十年後、三階のベランダ辺りまでにしか延びていない。そんな木だった。その椰子の木と椰子の木の間に洒落た街灯が立っていた。頑丈な鉄柱は銀色に塗装されていて、逆鉾になった頂上には街灯が三つ付いていていた。

銀座通りの街灯に灯りが灯る頃になると、どこからともなく人々が集まって来て、やがて私たちのいる場が、そのまま夜の銀座に変貌していった。私たちが風呂に入り、夕食をすまし、二階の居間に上がって他愛なく兄弟でじゃれ合っていて、ふと外の通りを見下ろすと、そこにはいつものように夜の銀座通りがあるというふうであった。

台南神社のお祭り

私が書き、書こうとしている銀座通りの変遷は、多分、大ざっぱで起伏が激しく、そして子供っぽい飛躍や誇張によって、かなりデフォルメされると思う。資料が乏しいことは大きな理由に違いないが、それでも私は私自身の思い出を、その頃受けた感動や印象と重ね合わせて、私が今までにずっと温めてきたものを、ありのままに語って置きたいと思っている。遠い故郷の思い出というものは、常に甘美なものだが、私はそれをあえて資料や論理を駆使してリアリズムに引き戻そうとは思わない。なぜならこの記録はあくまでも、私の思い出に過ぎないのだから。

銀座通りが特に賑合うのは、時たま行われる大売り出しや、すぐ近くの台南神社のお祭りの日や、恒例の年末大売り出しの時だった。そのときの人出ときたら、市内にはこんなにも人がいたのかと思わせる程で、二階の窓から見下ろすと、ちょうど、テレビで見る東京の歩行者天国のようなありさまだった。私は時々、その時同時にあの場を共有した数えきれない人たちのことに思いを馳せることがある。学校の校舎や並木道や町並みや運動会などに思い出を馳せたときのように、なにかしら懐かしさが込み上げてくるのである。

台南神社に外苑が整備されたのは、私が小学校の低学年の頃である。孔子廟のすぐ脇から幸町、南門町、白金町のそれぞれの通りに囲まれた広大な一画は、全体に日本庭園風で、中心には児玉公園の近くにあった武徳殿が移されて、まるで御殿のような威容を誇っていた。台南神社の祭礼が、市民のお祭りとして賑合うようになったのも、その頃からだったのではないだろうか。お祭りの日が来ると、いつもは閑静な境内や外苑に人が溢れ、肩が触れ合いそうになる程の人波が、さらに溢れて白金町、銀座通りまで続いた。恐らく、人波は錦町や大宮町まで及んでいたに違いない。

子供の私たちにとって台南神社のお祭りは、正月の次ぎぐらいに待ち遠しい行事だった。その日、いつもより余計に小遣いがもらえる。たしか、三十銭から五十銭ぐらいはもらったような気がする。外苑の中や本殿前の白金町の通りには、屋台や地面に直に敷物を敷いたような小さな物売りなどが、数え切れない程店を張っていた。そこには食べ物や玩具は言うに及ばず、日頃、盛り場などで見かけないような、私たちが目を見張るような随分と珍しい物まで並べられていた。

台南神社のお祭り日　太鼓はドンドン鳴っている
今年も豊年万作だ　お神輿担いで　祝いましょう
太鼓をたたいて　エッサッサ　お神輿担いで　エッサッサ

お祭りの日には、歌詞に少しばかり思い違いがあるかも知れないが、こんなふうな祭りの歌が唄われていた。やがて、この歌詞もメロディーも、台南神社のお祭り共々風化されてしまうのだろう。

お祭りの日、子供たちは学校に集合して、隊列を整えてから学校単位で神社に参拝をする。そうした行事が市を掲げて行われるようになったのも、外苑が整った頃からだったのではないだろうか。市内の小学校、公学校、中学校、女学校、高等学校の全てが次から次ぎに境内に入って、横並になって礼拝した。参拝がすむと、後ろから押し出されるようにして、裏門から大宮町通りに出て、それぞれの学校まで行進して帰るのが決まりになっていた。

中学校は四年生と五年生が武装をして、ラッパの吹奏による捧げ銃の形式で礼拝を行った。武装といっても、週二時間ある教練の時の服装で、ゲートルを巻き帯剣をして、軍から払い下げられた銃を担うだけのものである。五年生の銃は三八式歩兵銃で四年生のは村田銃だった。ちなみに、村田銃は西南戦争で官軍が使用した旧式な銃である。私は四年生になってから、ラッパ手をつとめるようになっていたから、境内では陳列の右前方に位置して、ラッパを吹奏した。

祭礼には様々な催しが行われていたが、戦時下だったせいで男性の格闘技が主になっていた。武徳殿では柔道と剣道の台南州の中学校選手権大会が恒例となっていた。本殿脇の空き地には土俵が築かれて、子供から大人までの個人戦の相撲大会があった。後に土壌は近くの南門小学校に移されて、私が中学四年になった年、第一回台南州中等学校相撲選手権大会が催される。そして我が校が第一回の優勝旗を獲得したのだが、その時、私も副将として出場していた。

私が小学五年生の頃の話である。祭礼の日、台南神社へ隊伍を整えて行進していた時だった。名前を忘れたので仮にA君とする。そのA君が「僕んちに一匹五円もする食用カタツムリがいるよ」と自慢したのである。話を聞いていた周りの者に与えた衝撃は、私の受けた衝撃から推し量って、かなり大きなものだったはずだ。五円は大金である。お正月のお年玉五回分に相当する金額である。私は無性にその一匹が五円もする、恐らく光り輝いているだろう食用カタツムリというものを、自分の目で確かめたいと思つた。そこで、日頃さほど親しくしていないA君に、ぜひ拝見させてほしいと懇願したが、A君は終に首を縦に振ってはくれなかった。

その日の学校が引けて、友達と祭りの賑わいの中に酔いしれたように、あちこちの屋台や出店を渡り歩いて帰りかけた時だった。白金町の通りで、地べたに直に品物を並べている本島人のお爺さんが、上蓋に網の張った四角い木の箱に何かを入れて売っているのを見つけた。私たちが箱の中を覗こうとすると、爺さんが「食用カタツムリ買わないか」と言ったのである。私の驚きは、つい数時間前、友達に食用カタツムリの話を聞いた時と同じ位に衝撃的なものだった。爺さんは網の張った蓋を開けて、何の変哲もないビー玉位の大きさのカタツムリを取り出して、五銭と言った。別の箱から少し小さいのを取り出して三銭と言った。

「食用カタツムリの赤ちゃん、親になったら高いよ」

私は躊躇なく、一匹三銭の奴を二匹買った。

私はカタツムリの飼い方を知らなかった。迂闊《うかつ》なことに爺さんからその方法を習うのを忘れていた。それで、私は私の小さな宝箱の中で、大切に飼っていたカタツムリの子を、二、三日もたたないうちに、呆気なく死なしてしまったのである。

数カ月後、私は弟たちと久しぶりに魚源に遊びに行った。その頃はもう、私たちは以前のように、魚源に繁々と通うようなことをしなくなっていた。学校の友達と遊ぶことが多くなったし、家の中でも兄弟で楽しめる遊び道具が増えて、結構、私たちだけの時間をうまく充実させていたのである。

久しぶりに訪ねて来た子供たちに逢って、母はいかにも嬉しさを隠しきれないようであった。そしていきなり「今日は珍しいものを御馳走してあげるからね」と言った。私たちが魚源に遊びに行く度に、母は私たちを御馳走責めにする。そうせずにはいられないというふうで、うなぎのかば焼きや、かにや車エビや、カジキマグロの照り焼きや、すき焼きなどで私たちをもてなすのである。魚源に行く途中には、西市場があるから、私たちは決まって好きな物を買い食いして来る。そんな私たちにとって母の御馳走責めは、有り難た迷惑で閉口したものだが、その時は違っていた。

板場さんが、何か意味ありげな笑顔で出してくれた料理は、ササエのような貝を串にさして照り焼きにしたものだった。恰幅のいい本島人の板場さんがちょっと癖のある言葉で「これ高いよ。一匹、三円」と言った。

母の話によると、ついこの間までは五円もしていたが、急に仕入れ値が下がって三円になったのだそうだ。そして原因は明らかに供給過剰によるものだと、母ははっきり断言したのである。

「最初の頃、お客さんに頼まれて出した時は十円もしたのよ」

それから五円になり三円になるまでは、それこそ、あっと言う間のことだったそうだ。母は一匹三円もする高級料理を、私たちがいかにも不味そうに食べ終わるのを待って、やおら私たちを外に誘った。そして母の居間の軒先に案内した。そこには子供の腰の高さ位の台の上に、杉板で出来た木箱が二つ置かれていた。縦横二〇センチから三〇センチ、高さも三〇センチ位の頑丈な箱である。上蓋が網になっていた。私はすぐに、祭りの日の爺さんを思い出していた。

母が網の蓋を取ると、箱の中には七分程に籾殻《もみがら》が詰められていて、籾殻はじっとりと水分を含んでいた。母は、まるで少女がこれから手品の種明かしでもするみたいに、ちょっとばかり悪戯っぽい仕草で、籾殻の中をかき回した。すると、うじやうじやという表現があるが、まさに、籾殻の中からうじやうじやと、今までに見たこともないような大きな巻き貝が出て来たのである。カタツムリのように丸くはなく、細長くて茶色の地に黒っぽい縞模様のある、全長五センチ程もある見事な貝だった。

食用カタツムリのことが噂になって、お客から予約があると、母はその度にわずかずつ仕入れていたが、そのうちに、、余った貝を飼育してみたのだそうだ。それが、野菜の切れ端などを与えるだけで、いつの間にか卵を生み、いつの間にか子貝になった。しかもその数が、まさにうじゃうじゃで、その成長の早さが、また驚異的だったのである。「そのうち一円もしなくなるわ」と母は投げるように言った。

食用カタツムリの和名は、アフリカマイマイである。やがて数年後に、そのアフリカマイマイが害虫となって、台湾全土に蔓延することになるということを、誰が予想出来ただろう。小学生たちが害虫駆除の勤労奉仕で、集団になって草原や茂みの中に入り、それぞれ持参のバケツに、駆除したアフリカマイマイを一杯にしている姿を、誰が想像出来ただろう。

アフリカマイマイが一匹十円もする高級料理から、害虫に成り下がるまで、わずか数年の出来事だった。理屈は極めて単純で、需要と供給の原理に外ならない。物が余れば安くなり、極端に余れば、誰も顧みなくなる。物が生き物だと自然増殖するから、これは厄介なことになるのである。あれから半世紀を経たが、その間、同じような理屈でバブルが弾けた経験を、私たちは何度味合ったことだろう。

台南神社の祭礼の日に合わせて、大売り出しをするのが、いつ頃からそうなったのかよく分からないが、わが家の恒例になっていた。

大陸の紛争が、戦争にまで拡大していない頃で、昭和初期の不況が届かない植民地だったから、市民の旺盛な活力と自由な風潮は、まだまだ抑圧されるところまでは来ていなかったのではないだろうか。祭りの日の夜ともなると、銀座通りは人々の熱気と喧噪で、盛り場のような賑いを呈していた。

昭和十年頃のことだったと思う。私がまだ小学生だった頃の事だ。その時の祭礼の日の大売り出しの様子が、業界新聞に写真入りで、大きく取り上げられたことがあった。私はその切り抜きのコピーを、偶然に知人から戴いて所持しているが、お向かいの田中写真館の二階から写したものらしく、店の前の黒山のような人だかりが、きめの粗い新聞写真だが、よく写し出されている。わが家の二階の窓は開け放たれていて、五、六人の人が立っているのがはっきり見える。そしてその中に二人の子供の姿もはっきりと見える。私はその日のことを、なぜか近い過去のようによく覚えている。

わが家では創業何年かを記念して、昼間、大々的な餅撒きをしたのだった。餅の中に直接、一銭、五銭、十銭の硬貨を埋め込んで撒くと宣伝していたので、わが家の前の通りが、人で埋まったのである。餅撒きをしている二人の子供が、果たして兄弟のうちの誰なのか、わが家では、今もって意見の齟齬《そご》が持ち越されている。

それから数年後の、昭和十四年の祭礼の日の記憶は、私にとって、特に忘れ難いものになった。大陸では既に戦火は拡大し、五月にはノモンハン事件が起こっており、九月にはドイツがポーランドに進行して、第二次世界大戦が勃発していた。しかし、その年の十月の台南神社のお祭りは、なぜか例年にない程の派手な盛り上がりがあった。各地域や企業ごとに独自のお神輿を担いで、市内を練り歩くということになったのである。これは今までになかった趣向で、その日、市内は上げて、お祭り一色になった。

こうしたお祭りの趣向は、何カ月も前から企画されていたから、父はその為に内地から本格的な神輿を取り寄せて、企業に売り込もうとしたらしい。本物の神輿が一台位、街を練り歩いてもいいだろう。というのが父の考えだったようだ。ところが、樽神輿を予定していたそれぞれの団体にとって、本物の神輿はあまりにも高価にすぎたきらいがあったようだ。

それではと、父は今林商行の名前の入った揃いのハッピを作らせて、店員と下請けの人たちも動員し、総勢三十九人で市内を派手に練り歩いたのである。樽神輿の中で、朱塗りに金箔を施した本格的な神輿は、一際目立った。その時、外苑の武徳殿を背景にして写した記念写真が、わが家には残っている。日の丸の

武徳殿の前に勢ぞろいした今林商行の神輿とかき手たち

扇子を片手に、鉢巻きをして写っている父はまだ若く、還暦を迎えたばかりだった。

時代の流れを、地域社会全体でなんとなく予感する、ということはあるのかも知れない。昭和十四年を境に、街の様相が少しずつ変化してきたのを、私はずっと後になって、ああ、あの時はそういうことだったのかと、思い返した事があった。

わが家では、恒例ではないが、店員たちを慰労するのに、店を早目に閉めて、観劇や映画観賞に招待することがしばしばあった。ところが、昭和十四年の夏は、安平の海水浴場で慰労会をしたのである。こういう事はかつて一度もなかったし、想像も出来なかったことだった。

海水浴行きは、店員の家族や下請けの人たちの家族も加わって大いに賑合った。安平の海水浴場は、東シナ海に面した海岸線に横たわっている大きな洲にある。モクマオウの巨木が茂っている、玄武岩性の黒い砂地で出来た大きな洲の、少し開けた場所に海の家があって、その時はわが家の団体で砂浜を占有したみたいになっていた。途中、運河の河口で、地引き網をしたり、相撲大会や西瓜割りなどがあって、一日、私たちは、大いに楽しんだのである。

翌年の昭和十五年は紀元二千六百年の記念式典があり、学生や市民は旗行列や提灯行列にしばしば駆り出された。その頃から、あたりは一段と戦時色を濃くしていったようだった。そして海水浴を最後に、わが家の慰安会はぷっつりと途絶えてしまったのである。父は多分、予感していたのだろう。そうでなければ、今までしたこともないような海水浴行きという形で、家族や店員一族を慰労するはずはない。

その頃の大人の世界にどんな規制や圧力があったのか、私たちは知る由もなかったが、世相は、銀座通りにも、いつの間にか軍靴の音が響くような様相になっていた。中学校でも教練の時間にしばしば模擬戦などを行ったりして、私はそんな戦時色を肌で感じるようになっていた。

中学五年生の時、私たちは銀座通りの坂道を上と下に別れて、空砲を撃ちながら、市街戦まがいの演習をしたことがある。最後は着剣して突撃を敢行するのだが、その位置がちょうどわが家の前あたりになった。通行人や店の者たちが、ショーを見るように大勢見つめている中で、私は家の者たちの視線から逃れようと、必死になって友達の陰に隠れたのである。こうして、戦時色は否応なく地域社会の全てを覆って、じわりじわりと私たちを規制していった。そんな風潮を、既に父は敏感に予感していたに違いなかった。

銀座通りのもう一つの賑わいは、年末の大売り出しだった。福引券付の売り出しで、一等には五十円相当の桐の箪笥などが当たる豪華な商品があった。その時期、いつ頃からそうなったのか知らないが、ビルの停止脚と道路の境の辺りで、近郊の本島人の農夫たちが、菊の生花を売りに来るようになった。小菊から見事な厚物咲まで、大小様々の株が路地に直に並べられていた。初めのうちはビルの端の印刷屋の前で、ひっそりと売っていたのが、いつの間にか、うちの店の前までずらりと花市が、並ぶようになった。夜、着物を着流した中年の夫婦が、花屋をひやかしながら散策している姿は、年の暮れの銀座の風物詩のようになっていた。

銀座のわが家の家族の記録を書く前に、多少の重複はあると思うけれど、一応は家の中の構造や様子に触れておきたい。

銀座の北側の棟の中程の三軒分がわが家だったことは前に述べた。そのビルの二階が私たち家族の生活の場だった。東から二軒は同じ間取りで、床の間を背中合わせにしたようになっている。それぞれ八畳と六畳の二間は、八畳には床の間と違い棚があり、六畳の同じ位置は押し入れになっていた。両脇の廊下は二軒に跨がるように通しになっていたから、見ようによっては二軒が一つの生活圏のように見えないことはない。どちらも床の間の反対側の壁際には箪笥が置かれ、真ん中の部屋の六畳の部屋の箪笥の上部には仏壇がまつられていた。仏壇には、母方の父の位牌がまつられていたそうだが、祖父の写真がわが家には一枚も残っていない。だから私には祖父の面影を偲ぶ手かかりが全くなかった。なんでも祖父は清水町の家で、私が生まれる前に亡くなったのだそうだ。

これは母から聞いた話である。祖父がまだ青年だった頃、西南の役が起って、熊本市内にいた若者たちは、若者狩で政府軍に強制的に熊本城に連れて行かれ、軍夫として働かされたのだそうだ。やがて薩摩軍に熊本城が包囲された時の話である。長期戦で兵糧を断つ作戦に出た薩軍に対して、城内には米は十分にあったが、水不足で困っていた状態だった。しかし何よりも恐れたことはその事が敵に察知されることだったのだそうだ。いつの時代にも知恵者はいるもので、薩軍が望見できる所まで軍馬を数頭引き出してきて、その背中に桶にいれた白米を、ちょうど水をかけるように浴びせかけたのである。望見すると、城内はあり余った水で馬を洗っているように見える。

こんな話をする時、熊本県人の母は、決まって難攻不落の熊本城を築いた加藤清正が、いかに偉かったかを話した。「畳はズイキで出来ていたから、戦争になったら、それを食べて戦うことが出来たのよ」。ズイキは里芋の茎を乾燥させたもので、平時でもそれを水で戻して食料にする。

銀座通りは緩やかな傾斜になっていたから、建物を水平に保つには、どこかに段差を設けて修正しなければならない。わが家の真ん中と三軒目の境にその段差があった。三十センチ位はあったはずだ。その部屋に行くには、ドアの大きさ程の壁を刳り貫いた入り口から、その段差を降りて行かなければならない。部屋の作りは同じだが、京間だから、全体にかなり狭い。

二階には、それぞれ部屋の裏側にベランダがはみ出していた。対になっている二軒分のベランダは、境がないからその広さは優に二十余坪はあったと思う。そこは私たちだけの、誰にも邪魔されることのない遊び場となっていた。その裏は本来庭園のはずだが、わが家では屋根を葺いて、ベランダの下の敷地と合わせて、そこに清水町の仕事場をそっくり移していた。私たちはよくベランダから傾斜のある屋根に移って遊んだ。しかしその内、ベランダにも屋根が葺かれて倉庫として使われるようになった。倉庫には木の枠が組まれ、洋服の反物がぎっしりと収められていた。

建物には、一軒一軒に二階三階へと通じている階段が備わっている。したがってわが家には三軒分の三つの階段があった。しかし両脇の階段はすっかり閉ざされていて、真ん中の階段を利用するしか、どの階に上がることも出来なかった。

三階は二軒分が通しになった板の間で、住み込みの店員たちが寝泊まりしていた。多い時には十人あまりが寝泊まりしていたのではないだろうか。京間の三階だけは二階から三階へ行く階段が残されていて、段差を降りてすぐの廊下を通って行けた。三階の京間の六畳の部屋は、後に、子供たちの勉強部屋になる。そしてその部屋のベランダだけが、唯一わが家で空を仰ぐことの出来る空間だった。ベランダには物干し竿が置かれていて、洗濯物の干場になっていた。

　私はそのベランダから市街地を、なんとなくぼんやりと眺めるのが好きだった。真下の市役所の敷地や屋根の向こう側に広がっている大宮町、錦町、本町などの家並みを眺めていると、なぜか気が休まってくるのである。また地形が西側に緩やかに傾斜しているから、左手の方角には西門町の家並みを見渡せた。反対の右手の方は競り上がっている上に、すぐ手前に立ちはだかるように、タイワンマツの巨木があって、視界が遮られていた。そのタイワンマツの巨木は、ゴイサギの塒になっていて、夕暮れ時になると、どこからともなく三三五五ギャギャと、叫ぶように鳴き合いながら帰って来た。そして梢の辺りに体当たりするかのように留まる時の、バサッという音まではっきりと聞こえた。

　二階の一番東側の部屋は父の寝室である。日中はほとんどいることがないから、居間とはいえないだろう。ただ夜、寝にくるだけの部屋である。しかし父が、時たま二階の部屋に上がって来ることがあった。そんな時父は決まって、箪笥の中に大切に保管している日本刀の手入れをしているのだった。

　父は十振りほどの日本刀を所有していた。中に国宝級の「行光」「貞宗」が含まれている。正宗の父が行光で子が貞宗だということを、私は父から直接聞いたことがある。その時幼かった私は父に、なぜ「正光」がないのかと率直に聞いたのだった。父は「正宗」は短刀だったからねえと、さりげなく言った。そしてこう付け加えた。「村正」はあったけど、あれは妖刀だから買わなかった。外に名の通ったものでは「忠吉」もあったがその謂れは聞きそびれてしまった。

　私は中学校で剣道を習っていたから、上級生になった頃、時たまこっそりと、鍵のかかっていない箪笥の中から錦織りの刀袋に入った「行光」を取り出して、見よう見まねで覚えた父の手入れの真似をした。刀は全て白鞘に納められている。刀を抜いて父がするように、自分の息がかからないように手を延して、出来るだけ刀との距離をとる。じっと見詰めていると、正に氷の刃であった。その形容は決して大袈裟なものではない。てんぽを取るように打粉で刃の上をトントンと軽く叩いて、懐紙でそっと拭き取って元の鞘に納めるまで、わたしはもしかして、ほとんど息をしていなかったのではないだろうか。

父の部屋の床の間には、鹿の角で作られた刀架に、常時、大刀と小刀が飾られていた。漆塗りの立派な鞘に納められた、侍が腰に差しているような、ちゃんとした刀である。その中に、刀の鞘を払うと、刀身に見事な昇り竜が彫り刻まれている大刀があった。しかし父に言わせると、私にとっては溜め息が出る程美しいその刀は、さほどいい物ではないのだそうだ。日本刀は見かけではなさそうであった。

父の「行光」と「貞宗」は刀剣愛好家にはかなり知られていて、よく台南第二連隊の佐官級の将校が訪ねて来た。その人たちは、今度転属することになったので、一目お宅の名刀を拝見させてほしい、と言って突然訪れて来るらしかった。そのうちの何人かは、その足で戦場に赴いた人ではなかっただろうか。

これらの名刀は、終戦後、台湾に進駐して来た国府軍に接収され、今は所在が分からない。ちなみに、「行光」はやや細身で軽く、すこし反りがあった。「貞宗」は太身であまり反りがなく、重量感のある刀であった。

日本刀の飾られている床の間の上に、立派な額縁に納められている肖像画が二つ並べて架けてあった。一つは、大正十五年、台南運河を開通させた当時の市長、荒巻さんの肖像画で、もうひとつは五端の主人の山本さんの肖像画である。度々述べているが、山本さんは私たち兄弟の名付け親である。

二人は父の恩人で、共に福岡県人である。父の部屋に入ると、私たちは否応なくその肖像画と対面させられることになるのだが、私はその度に、豪華な額縁に入った、上半身実物大の大きくて立派なその肖像画が、なんとなく父の二人の人物に対する敬愛の情を、そのまま表白しているように見えたのである。

私は父と肖像画の中の二人との関わりの、詳しい経緯を知らない。父は事業の事や自分自身の事などについて、一切語らない人だった。そういう話を一々子供たちに漏らすのことは男らしくないと思っていたのではないだろうか。終戦で、全ての資産を没収された後も、私は父から愚痴らしい言葉を一言も聞いたことがない。

福岡県人会のことについて、少し触れておきたい。

県人会というのは、同じ県の出身者が出身地を遠く離れた土地で、互いに助け合ったり、親睦をはかったりする団体である。父が渡台した明治末期から大正にかけての時代は、まだ封建的な風潮が色濃く残っていて、その人たちにとっては郷土意識が、そのまま強い絆になっていたようであった。父も渡台した折、右も左も分からない土地で、最初に頼ったのは、福岡市周辺を郷土とした人たちだったそうである。

私が小学生だった頃、昭和の初期、私たちはたびたび家族ぐるみで、福岡県人会の催しに招かれることがあった。その中ではっきりと覚えているのは、宮古座を借り切って催されたある会である。舞台の中央に福岡県人会の会長である山本さんと、副会長だった父が立って挨拶したのをはっきり覚えている。それは広い宮古座の桝席を埋め尽くす程の盛大な会で、博多にわかや新派劇まがいの素人芝居や女の子たちの日本舞踊などがあって、まるで何かのお祭りのような賑合いだった。まだ小学校入学前だった、末の妹の千代子が「船頭可愛や」を四、五人の同じ年頃の女の子たちと踊ったのは、確かその時だったと思う。

福岡県人会の集いには、決まったように博多にわかが披露され、最後は祝い唄で締められる。魚源の開店披露宴もそうだったから、多分、その時の招待客の大半は、福岡県人会の人たちだったのだろう。その頃の県人会の人たちの絆は、今からはとても推測出来ないほど堅いものだったと思われる。そんな時代、父が事業を起した初期に、父は肖像画の二人から、物心両面に渡って暖かい支援を受けたのだそうだ。

私が小学生だった頃は、しばしば催されていた福岡県人の集いも、日中戦争が勃発した頃から、次第に影を潜めるようになっていった。戦争を遂行する為に、国全体が一体化しようとする風潮の中で、県単位の集いは、あまりにもセクト主義と映ったのだろう。戦争はそれが泥沼化すればする程、長い間受け継がれてきた伝統や風俗を、一つのイデオロギーの中に吸収し、埋没させていく働きがあるようである。

二階の真ん中の部屋は、名実共に子供たちの部屋である。そこはつまり、私たちが台南市に実存していた期間の、ほぼ大半を過ごした空間ということになる。そこには私たちの思い出の大部分が凝縮されているはずだが、年々歳々、同じような事の繰り返しだったから、その思い出は、脈絡が混乱したり、前後したりして、たいていは断片的な、取り留めのないショットの羅列になってってしまうのである。

ふと突然、こんな情景が思い浮かぶ。表側の廊下の三階に上がる階段の真下の柱に、私たちは五月五日の節句の日に、子供たちだけで背くらべをして、小刀でそれぞれの背丈の印しと名前を彫り込んだことがある。そんな事を三年間ぐらい続けただろうか。柱の傷は、そんな事をすっかり忘れてしまった後も、部屋の片隅にひっそりと残っていたはずだ。銀座のビルは今も解体を免れているらしいから、もしかしたらその傷は誰にも気付かれずに、今もひっそりと残っているかもしれない。

二軒分通しになっている表側の廊下には、表に向って私たちの勉強机が並べられていた。椅子に座って首をもたげ、ちょっと腰を浮かせると、向かいのビルのアーケードの様子が見える、そんな場所だった。通りに何か賑やかな気配がすると、立ち上がればすっかり見渡すことが出来た。こうした環境で、机に向かって勉強することがいかに困難なことか、私の経験で証明出来る。私は小学校、中学校を通してわが家で学習したという記憶が、全くと言っていい程ないのである。

私たちを取り巻いている、なんとも落付きようのないそんな環境でも、子供たちは馴れて、自分たちだけの世界を作っていった。幸いにも、わが家には子供たちのストレスを癒してくれる小道具類がたくさんあった。それは八畳の間に置かれているタンスの、下から二つ目ぐらいの段に、ぎっしりと詰め込まれていた。その頃流行ったゲーム類で、二つ折りになっている厚手のボール紙の台紙を広げて、いろんな形の駒を動かして遊ぶものである。代表的なのがダイヤモンドゲームだった。似たようなゲームが五六種類あったと思う。その他にも、フエルトの細長いベルトを一方に付いた手回しの簡単な機械で、前後に振動させると、その上に置いた五センチぐらいの鉛の競馬馬が前に進むという玩具があった。一列に五頭ほど並べて、競争させるのである。この遊びはよく正月にした。

わが家ではいつの頃からか、正月の三日間だけは賭け事をしてもいいという不文律があったから、競馬には一銭、二銭と賭けて遊んだ。正月の間は、覚え立てのマージャンでも賭けた。玩具のルーレットもあって、これが私たちには一番人気があった。

これらの玩具は、兄たちが内地に行った帰りのお土産が、いつの間にか溜まったもので、私たちが自分で選んだものは何一つない。部屋には二つ違いの兄弟が五人もいるので、取っ組み合いをしたり、かくれんぼをしたりして飽きると、そんなゲームをして、一人一人がそれぞれの寂寥《せきりよう》を、ひそかに癒していたのだと思う。

今思うと、子供部屋には何かよく分からないけれど、何をしても、なんとなく満ち足りないような寂しさが、どことなく漂っていたような気がする。それが母を恋うるフラストレーションであることは、分かり切っているのに、誰もそれを口にすることはなかった。私たちはひたすら、何かをすることによって、何かを耐えていたのかも知れない。

漫画の本も、しばしば私たちを癒してくれた。昭和初期は、円本の時代である。改造社が売り出した円本、現代日本文学全集を始め、大衆文学全集や個人の全集がラッシュした時代だ。箱入りの豪華な本は、ほとんどが一円前後の金額で買えたのである。そんな頃、わが家に一冊一円二十銭もする漫画の単行本が十冊程あった。表紙が布張りで、カラー印刷の立派な本である。

当時、田河水泡の『漫画の缶詰』『のらくろ上等兵』『凸凹黒兵衛』島田啓三の『冒険だん吉』などを手元に置いていた子は、かなりいただろうが、次の漫画家を知っている人は、どれほどいただろうか。大城のぼる、謝花凡太郎、新開青果、馬場のぼる。わが家には、これらの作家の書いた単行本が、六畳の間の仏壇のある箪笥の横の、ガラスの扉の付いた小さな本箱の中に収められていた。ほとんどが犬、熊、猿などの動物を擬人化した話で、時代を反映したのだろう戦争ものが多かった。特に印象に残っているのは、謝花凡太郎の『まんが忠臣蔵』と馬場のぼるの『大かば凸凹連隊』で、何度も読み返した。忠臣蔵の登場人物は全て犬だった。大石内蔵助も吉良上野介も堀部安兵衛も清水一角も犬である。凸凹連隊の方はカバとキリンの戦争ごっこの話である。こうした漫画の本も全て兄が集めもので、私たちが関与したものは一冊もなかった。

本といえば、次男の辰夫は本の熱狂的な収集家だった。それはもう病的といっていい程である。私はその、ほんの一部しか知らないが、二階の京間の表側の廊下に、象徴的にそれは在った。廊下を囲むように本棚が設えられていて、そこだけでも、私にとっては、目を見張るような豪華な本が、所狭しと並べられてあったのである。世界美術全集、チエホフ全集、トルストイ全集、漱石全集、改造社の日本文学全集、吉川英治の『宮本武蔵』や『三国志』は勿論、話題になった単行本はたいてい揃えてあった。それでも本棚にあったのは、兄の蔵書のごく一部に過ぎなく、そのほとんどは、箱詰めにして倉庫に保管されていた。

私が文学に染まるようになったのは、私が中学生になってからだが、それは日頃、そんな兄の蔵書との接触があったからに違いない。私はその書棚で初めて、芥川龍之介の短編小説を知った。話題になっていた、林芙美子の『放浪記』を拾い読みした。中村地平の『熱帯柳の種子』の文体に目を見張ったのである。

私は決して読書家ではない。少年倶楽部が届いてきても、先ず漫画に目を通して、野生動物が出てくる冒険物語りを読むと、後はどうでもよかった。だから、佐藤紅緑も南洋一郎も江戸川乱歩も読んだ記憶が全くない。そんな私をいきなり、純文学へ誘ったのは何なのか、今もってよく分からないが、確かに言えることは、書棚を華麗に飾っていた、兄の蔵書の影響である。あの時期、あの蔵書との接触がなかったら、私は生涯、漱石や鴎外や直哉や、その他多くの文学者たちと出会うことがなかったかも知れない。

父の部屋から子供部屋へ通じる表側の廊下の、窓と窓の間の壁に、箪笥が一振置かれていた。スペースがなかったからだろう。箪笥には、子供たちの下着類が収納されていた。その箪笥の向かって左のスペースに、母が時たま魚源から帰ってきた時に使う、大きな鏡台が置かれていた。そして右側の場所には、SPレコードを収納する、小さなボックスがあった。

子供部屋の違い棚に、小型のラジオが置いてあったが、私たちはラジオ放送を聞いた試しがない。当時の放送内容がどんなものかも、全く分からない位だから、当時の私たちは、ラジオとはほとんど無縁だったのである。その代わり耳から伝わる娯楽は、全てと言っていい程、レコードによって得ていた。私が小学生の頃は、手回しのポータブル蓄音機だった。しかし中学校に行くようになった頃には、もう大型の電蓄になっていた。藤原義江、藤山一郎、東海林太郎、上原敏などの歌のレコードもたくさんあったが、私たちがよくかけたのは、当時流行った演芸物だった。

柳家金語楼の兵隊落語やエンタツ、アチャコや初代ミスワカナの漫才、呆れたボーイズという新しいコミックバンド（コミックバンド隊）などが揃えてあった。気が向くと子供たちだけでよく聞いた。関西落語の春団治も、私たちをよく笑わせてくれた。中野忠晴の張りのある歌も好きで、繰り返しよく聞いたものだ。児童もののレコードで、よく覚えているのは、一郎と花子の兄弟が、明日の遠足が待ち遠しくて、夢を見るというミュージカル風な音楽劇である。「あしたは遠足うれしいな……」という出だしで始まる。

やがて、うちの店にレコード部が設置されて、いろんなジャンルのレコードを聞くことが出来るようになった、ちょうど、同じくらいの頃だったと思うが、巷では、軽音楽という新しいハイカラな音楽が流行しだしていた。「碧空」「バラのタンゴ「奥様お手をどうぞ「リンゴの木の下で」「小さな喫茶店」など、コンチネンタルタンゴが主流で、そのリズムのある軽快なハーモニーは、たちまち私たちを魅了してしまった。そんな経緯があったからだろう、わが家のレコードにまつわる思い出は、それから先ぷつんと切れたフィルムのように途絶えてしまうのである。

私が小学六年生の頃、昭和十年頃ということになるが、既に録音機が存在していたという事は、あまり知られていないと思う。それは特殊な金属で出来たレコード盤に、直接溝を彫り込んで録音するという仕かけのものだった。大かかりな機械で、二階の部屋にその機械を運ばせたのは長男の虎男だった。それが一体どういう仕かけの機械だったたか、マイクはどんな形のものだつたか、一向に思い出せないが、とにかく、いきなりその前で、私たちは歌わされたのである。あまりにも突然のことだったので、私は習いたての「日本海海戦」を歌った。弘治は「広瀬中佐」、昭は「動物園」、源治は「案山子」を、それぞれソロで吹き込んだのである。勿論伴奏はない。そのまま蓄音機にかけて再生してみると、音質はやや金属性の堅い感じがしたが、雑音のないすっきりしたものに仕上がっていた。私たちはその時初めて、自分の声を客観的に聞いて驚いたのだった。

三男・正広

これも、私が小学校に通っていた頃の話だ。学校から帰ると、子供部屋の違い棚の下に、時々、ブリキ製の一斗缶が、無造作に置いてあることがあった。私たちはすぐに、母が来ていたのだな、ということを知ることが出来た。今、母の姿はないが、家を出る時までなかったはずの一斗缶がそこにあるのは、間違いなく今日、母がこの部屋を訪れた証拠である。

一斗缶の中身は、その時によってまちまちだが、それは煎餅のような干菓子に決まっていた。亀の子煎餅や、南京豆の入ったかき餅などで、駄菓子屋でよく売られている干菓子類である。母はそれを、恐らく問屋から、小売店に卸す単位の一斗缶で買って来るのだろう。食べ盛りの子供が五人もいるからといって、一斗缶は少しばかり大袈裟すぎると思われるが、その時の母の気持ちを汲むと、そうでもしないとどうにも治まらない、母の心情が理解出来ないことはない。母は子供部屋に土産を置くと、魚源にとって帰らねばならなかったはずだ。料亭は午後からが忙しくなるのである。

私たちは缶の蓋を開けると、煎餅を一摑み取り出して、思い思いに漫画の本を読んだり、レコードを聞いたりしながら、互いに、母のことには触れないように装った。特に意識したわけではないが、このどうにもならない状況に、私たちは何とか馴れようとしていたような気がする。

三男の正広は、私より五つ年上の兄である。私の家には兄弟それぞれの小学校の入学式の記念写真が、大切に残されていた。全て、花園小学校の正面の校舎を背景に、校長先生と担任の先生を中心に撮られた写真である。正広より二つ年上の辰夫の入学式の写真に写っている、新入生の服装は、たいてい着物姿という古風なものであった。だから当時ハイカラだったと思われる学生服を着ていた生徒は、兄を含めてほんの数人しかいなかった。それが、二年後の正広の入学写真の生徒たちの服装になると、ほとんど全員が学生服になっていた。

今思い返すと、そんな些細なことで、私は時代の変遷を垣間見ていたような気がする。三つ年下の弟昭が、新しい国語読本で「サイタ　サイタ　サクラガサイタ」と大きな声を出して読んでいた時も、そうだったし、昭和十二年の日中戦争勃発を新聞で読んだ時も、ゆっくりと変っていく世の中が、これからは一段と大きく変化していくのではないかという、何か危惧のようなものを感じていたのだろう。

そして兄の正広が、夏休みで東京の中学校から帰って来た時、私は兄が時代の大きな変化がもたらしたハイカラな文化を、大都会東京から直に持ち帰って来たような気がしたのは、そんな変化への私なりのこだわりだったのだろう。はっきりした考えは勿論ない。ただ自分に都合のいいこだわりがあっただけだ。兄がその頃私にもたらしたものを、具体的に示すことはとても出来ないが、東京から帰省した兄には、確かに、今までわが家には存在していなかった、科学的な雰囲気のようなものを感じていた。それはかなり漠としていてとらえようがないものだが、ちょっとした兄の仕草や考え方に、東京風のハイカラなものを私は感じたのだった。

「子供の科学」が兄の唯一の愛読書で、特に航空機への関心は並外れていた。どんな些細な記事や写真や絵でも、航空機に関するものは全て切り抜いて整理する。そんな対象への取り組み方も、私にはモダンで新鮮なものに映ったのである。

そんな兄が私たちに、簡単に出来る紙飛行機の作り方を教えてくれたのも、夏休みの時だった。まず、葉書を長い辺の方で二つ折りにする。そして折り目を対象の線にした相似形、つまり平面図で飛行機の中心を縦割りにした図形を描く。胴体と主翼と尾翼は、思いつくまま、どんな突飛なデザインでも構わない。航空力学など分かるはずもないから、形態は、実にユニークなものが出来上がることになった。しかしそれがはっきりするのは、主翼と尾翼を水平に折り返して、なんとか飛行機らしい形態が整った時である。その時、出来上りがどんなに突飛な格好をしていても、「面白いねえ」と、兄は褒めてくれた。最後に垂直尾翼と胴体を糊付けして、指先に乗せて前後のバランスを計る。頭部が軽いのは当然なので、そこにタバコの銀紙を巻いて重しにし、何とか自分なりにバランスを取れば完成するのである。それは紛れもなく、私の飛行機だった。

銀座通りの店の閉店時間は、それぞれまちまちだったが、九時過ぎになると、ほとんどの店が表戸を下ろした。人通りの途絶えたそれからの銀座通りの様相は、シーンと深く静まり返って、まるでゴーストタウンのようになってしまうのである。たまに通る人もビルの停止脚を通るから、二階から見下ろした通りに、人影を見ることはなかった。

出来上がった紙飛行機を、兄の指導で少しずつ調整しながら、座敷で試験飛行を繰り返していた私たちが、本番に臨むのは、そんな時間になってからである。銀座のビルの二階までの高度は、普通の家に比べると、かなりの高さがあって、表通りに少し突き出たベランダに立つて真下を覗くと、足がすくむ程だった。

私たちは一人ずつそのベランダに立つて、静まり返って人影が全くない、ゴーストタウンのような広い通りに向かうと、思い切り自分の紙飛行機を飛ばした。街灯の明かりに照らされて、私たちの小さな白い

兄・正広。ハイカラな文化をもたらしてくれた

飛行機は、星の瞬く天空へ大きく羽ばたくはずであった。しかし実際は、直角三角形の斜面を滑り落ちるように、失速したり直接突っ込んだりして、アスファルトの路面に落下していったのである。しかし兄の飛行機は流石に違っていた。まるで、何か小型の推進機を付けているかと思わせるような、華麗な飛翔を私たちに見せてくれた。その時一番飛んだ兄の飛行機は、微かな風に乗って、カフエカピタンの辺りまで、人気の全くない銀座通りの上を、悠々と飛んだのである。

正広は花園小学校を卒業して、台南第一中学校に入学してから間もなく、一年の担任の教師から、幼年学校への進学を勧められたという。成績が良くて、剣道が得意な兄を軍人に推挙したいと思うのは、当時の常識からすれば、取り立てて特異な発想とはいえない。しかし兄には、軍人になる意志が全くなかったようだった。そんな兄が突然東京に遊学した経緯を、私はよく知らない。

今思い返してみると、わが家には、男の子は内地へ遊学するという、慣習みたいなものがあった。長男の虎男は、既に福岡市の筑紫中学校で学んでいたし、四男の秀友も、正広の後を追うようにして、東京の中野中学に入学した。私自身も、中学を卒業するとすぐに内地へ渡っている。その後は、戦争も末期に近かったこともあって、弟たちは遊学を断念せざるを得なかったのである。次男の辰夫は生まれつき病弱で、もともと進学を諦念していたから、それを例外とすると、可能な者は皆、その慣習に従ったことになる。

その後、夏休みごとに帰省していた兄が、不意に帰省しなくなったことに、当時、迂闊な話だが、私は全く気付いていない。その頃、兄が瀬戸内海に面したサナトリュウムで、結核の療養をしていたということを知ったのは、かなり後になってからである。

兄が発病してからの母の行動を、一々取り上げることはとても難しいが、今思い返してみると、母は当時不治の病と言われていた結核に、無謀にも真っ向から挑んでいたような気がする。その頃、結核の権威だといわれていた、九州帝国大学や台北帝国大学の教授を直接訪ねては、兄の治療を依頼していたのである。地元の台南病院でも、病院長に頻繁に会って、何とかして欲しいと懇願した。しかし、結核は不治の病であった。栄養をつけて静養するしか、この呪わしい病に対応する術はなかった。

やがて兄の病状が少し安定すると、母はサナトリユウムから兄を引き取って、魚源の三つある離れの内の一つに住まわせた。幸いなことに、魚源は市の郊外の運河の辺に位置している。そして離れの部屋は、なによりも空気が清浄で騒音や人の気配もほとんどない、まるでサナトリユウムのような環境だった。

それからというものは一転して、母は自らの手で兄を守ろうと決意したのだと思う。どこかで、それが効くと聞いて来ると、早速、生け贄に常時生かしている鯉やスッポンの生き血を毎日飲ませる。三度の食事も、宴席に出すような豪華な献立だった。そこでも母は栄養を付けることで、わが子を守ろうと、果敢に結核に挑もうとしていたのだろう。そんな状況の中でも、兄の航空機への情熱は一向に衰えることはなかったようだ。

その後、正広の病状が次第に安定しだしたのは、そんな母の献身的な看護があったからだと言っても過言ではないだろう。

魚源の敷地のすぐ前を通っている道は、運河沿いに安平へ繋がっていて、その道の南側に大きな養魚地がいくつもあった。たいていの養魚地は、冬季、水を干して底を天日にさらしている。そんなところを私たちは格好の遊び場にしていた。兄は日曜日に弟たちが遊びに来ると、自ら設計して組み立てた、箱形の複翼機のような凧を作って、その広い遊び場で、凧揚げをして遊べるようになっていた。また銀座の近くの南門小学校で、弟たちとテニスをして汗を流せるようにもなっていた。そんな時のスナップ写真が、わが家にはいくつか残っている。兄は一見、完全に健康を取り戻しているかに見えた。しかしその頃既に、結核菌に声帯を侵されていて、声を失っていたのである。

これは兄正広の直接の遺志ではないが、結果として遺書になると思われる書類の一部を、私は今、手元に二通保管している。それは小康を得た兄が、精根を注いだ航空機への情熱の結晶と言えるものである。兄は「子供の科学」からの知識だけではなく、かなり早くから、当時、航空機の権威であった名古屋帝国大学の教授と、個人的に文通をしていて、専門的な知識や指導を受けていたようだった。そして戦争も末期に近い昭和十七年、航空機に関する特許を二つ取得したのである。その時、正広は二十四歳だった。

特許第一五二九二七号

特許証

台南市田町五二番地

今林正広

発明者　同右
発明ノ名称　飛行機ノ「フラップ」
出願公告　昭和十七年　六月　五日

前記発明ハ特許スヘキモノト確定シタリ依テ特許原簿ニ登録シ本証ヲ下付ス
昭和十七年十月六日　特許局長官　中村　幸八

特許証のもう一通は重複するので、発明の名称だけにする。

発明ノ名称　飛行機ノ舵機　特許第一五二二二八号

特許証には、それぞれ発明の性質及目的の要領、図面の略解、発明の詳細なる説明などの明細が添付されている。ちなみに、田町五二番地は魚源の住所である。

やがて戦争も、次第に末期的様相を帯びてくると、兄の研究にも何かと支障が生じたのか、出願するばかりになっている原稿を一つ残して、兄はその後の研究の資料を一切残していない。しかし米機の連日にわたる本土への無差別空爆や、泥沼と化した戦争の情報などが、兄の航空機に対する意欲を益々高めていったようだった。取り敢えず、今は正広が残したもう一つの発明の名称だけでも、記載して置こうと思う。

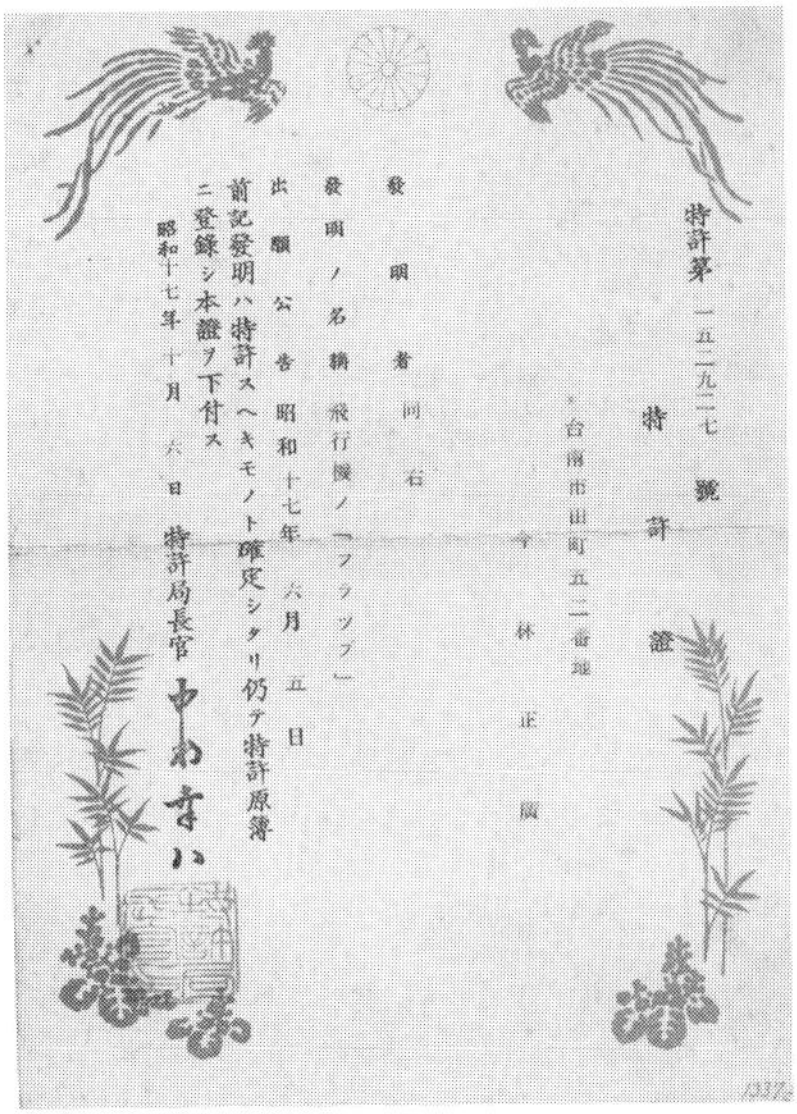

特許第一五二九二七號

特許證

台南市田町五二番地

今林正廣

發明者　同右

發明ノ名稱　飛行機ノ「フラップ」

出願公告　昭和十七年六月五日

前記發明ハ特許スヘキモノト確定シタリ仍テ特許原簿ニ登錄シ本證ヲ下付ス

昭和十七年十月六日　特許局長官

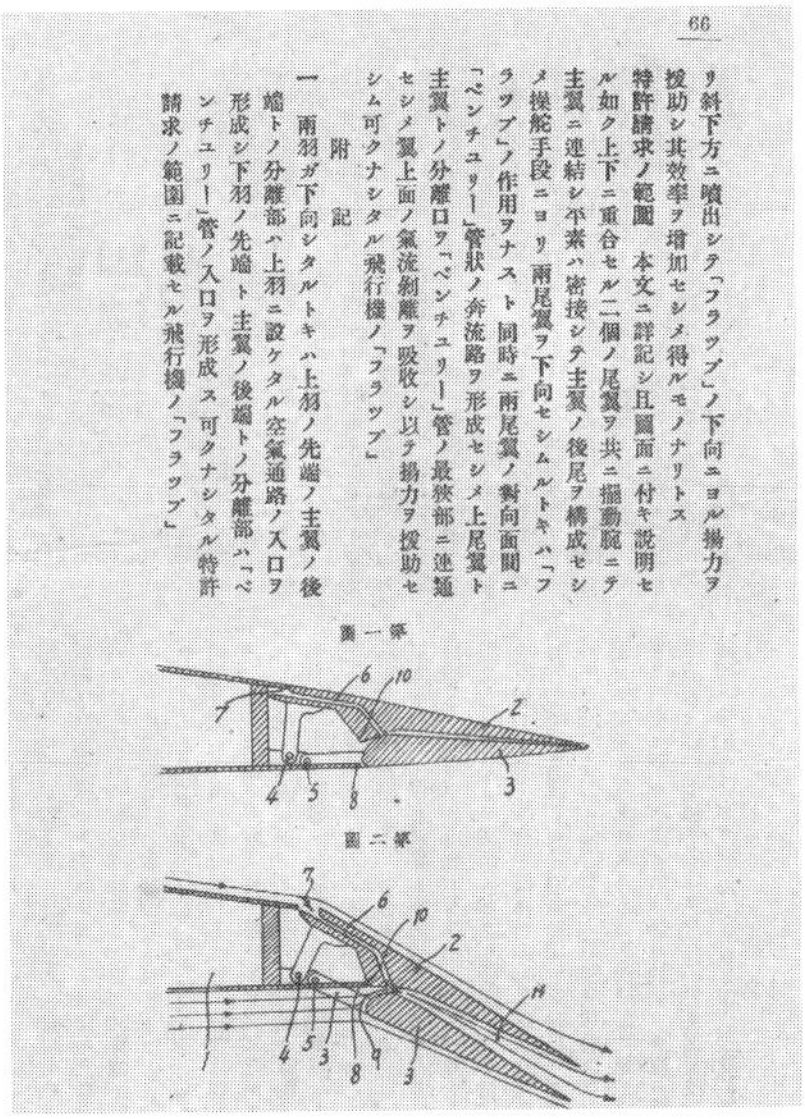

66

リ斜下方ニ噴出シテ「フラップ」ノ下向ニヨル揚力ヲ援助シ其效率ヲ增加セシメ得ルモノナリトス

特許請求ノ範圍　本文ニ詳記シ且圖面ニ付キ說明セル如ク上下ニ重合セル二個ノ尾翼ヲ共ニ搖動腕ニテ主翼ニ連結シ平素ハ密接シテ主翼ノ後尾ヲ構成セシメ操舵手段ニヨリ兩尾翼ヲ下向セシムルトキハ「フラップ」ノ作用ヲナスト同時ニ兩尾翼ノ對向面間ニ「ベンチユリー」管狀ノ奔流路ヲ形成セシメ上尾翼ト主翼トノ分離口ヲ「ベンチユリー」管ノ最狹部ニ連通セシメ翼上面ノ氣流剝離ヲ吸收シ以テ揚力ヲ援助セシム可クナシタル飛行機ノ「フラップ」

附　記

一　兩羽ガ下向シタルトキハ上羽ノ先端ノ主翼ノ後端トノ分離部ハ上羽ニ設ケタル空氣通路ノ入口ヲ形成シ下羽ノ先端ト主翼ノ後端トノ分離部ハ「ベンチユリー」管ノ入口ヲ形成ス可クナシタル特許請求ノ範圍ニ記載セル飛行機ノ「フラップ」

第一圖

第二圖

兄・正広が得た特許証

発明ノ名称　　串型飛行機

発明ノ性質及目的ノ要領　木発明ハ前翼ヲ高翼、後翼ヲ低翼トスルカ、又ハ反対ニ前翼ヲ低翼、後翼ヲ高翼トシ、此ニ後退角又ハ前進角ヲ与ヘ、両翼端ヲ支柱又ハ翼端板ニテ連結シタルコトヲ特徴トシタ串型飛行機ニ依リ、其ノ目的トスル所ハ性能良好ナル飛行機ヲ提供セントスルニアリ。

そして、「図面ノ略解」が二百字詰原稿用紙八枚に、ぎっしりと書き込まれている。残念なことに、添付されていたと思われる図面は残っていない。

日付が昭和二十年四月十日出願となっているから、恐らくその時期に特許局への出願は物理的に不可能で、原稿だけが兄の手元に残った。そんな経緯だったのだと思う。航空機を通して意気盛んだった兄も、一年後、内地に引き揚げてから間もなく病没した。

銀座での生活

話をまた銀座に戻す。わが家では、父が子供の教育にかかわることは一切なかった。私の知っている限りでは、それは、当時の一般的な父親像であった。上の兄二人も、自分の事に精一杯だったようで、年の開いた弟たちに、ほとんど関心を寄せることはなかった。魚源に寝起きしている母との接触がなかったのは仕方がないとして、私たち幼い男の子五人は、実に不安定で奇妙な状況の中で生活していたことになる。

朝、ぎりぎりの時間に当番の小僧が起こしに来る。ぎりぎりの時間でないと子供たちが起きないことは、経験で分かっているからだ。子供たちはそれから大慌てで、洋服を着、カバンに学用品をつめ、階下に降りて食堂で朝食をかき込んでから、家を飛び出していく。その間、五人の小学生に関与する大人は皆無に近かった。私たちが遅刻や忘れ物を度々繰り返したのは、こうした背景によるといえる。

学校から帰って来ても、その状況は変わらなかった。あたかも動物の子たちが、子供だけのコロニーをつくって生きて行くように、私たちは私たちだけで、寄り添うようにして暮らしていた。一見、華やかで喧噪な銀座という環境と、常に内に潜んでいるとらえようのない寂寥感の狭間が、私たちの生活空間だったのではないだろうか。

遊び疲れて、寝る時間が来ると、一階に降りる階段の踊り場から、まだ煌々《こうこう》とした明かりの下で営業中の店に向かって、大きな声で「布団敷いて」と叫んだ。すると手の空いた女店員が上がって来て、床をとってくれる。この習慣は私が中学校に入ってからもずっと続いた。このプチブル的行為は、思い出す度に、私を陰鬱にさせる。

言葉は活字で固定してしまうと、時に全体を見失うことがある。私はこれまで銀座での私たちの日常生活の負の部分を、少し書き過ぎたきらいがあるような気がするので、念のために断っておくのだが、私たちは日頃決して、暗いじめじめした暮らしをしていた訳ではない。大人の締め付けがなかった分だけ、むしろ、自分たちの意志で、より自由気ままな生活を送っていたような気がする。

外で何か煩わしい事があっても、嬉しいことを体験しても、家に帰ってそのことを、共に分かち合う人がいなかった。学校の成績が急に落ち込んでも、遅刻や物忘れで先生からひどく叱られても、そのことで家の者から説諭された覚えがない。反面、家に帰れば、全くの自由の身で、清水町の時は東市場に、銀座に移ってからは西市場に、自由に出入りすることが出来た。事前に自分の意志を拘束されたという記憶が、全くといっていい程ないのである。

そんな環境で、私たちは個々の体験から一つ一つ試行錯誤をしながら、社会という環境との調和を、自然に学習していたのだと思う。誰に相談することもなく、自分で考え、自分で判断するという私の性格は、その頃から少しずつ身に付けてきたような気がする。総体的に見ると、幼かった私たちの日常は、見ようによっては、自由を精一杯謳歌していたのではないだろうか。放任されたわりに、非行に走ったりぐれたりしなかったのは、年の近い兄弟がお互いに、何かと牽制し合っていたからだったと思う。

私たちが寝起きしていた部屋の西側の京間の部屋は、次から次に居住者が代わった。初めの頃は、小僧の上の中番頭が、四人程寝泊りしていたが、次男の辰男が所帯を持つと、新婚夫婦の新居になった。それまで、私たちは食事を一階の食堂で、三食店員たちと同じものを食べていた。主人から小僧まで同じ食事をするというのは、清水町以来の父の方針である。ところが、兄夫婦が二階に住むようになると、ベランダに屋根が葺かれ、隣との壁際に新たな厨房が設備されて、わが家としては画期的なことだが、二階で家族だけの食事をすることになったのである。義姉登美子の手料理でちゃぶ台を囲ってする食事は、久しぶりに味あう新鮮な家庭の雰囲気だった。料理も自然、食堂の店員たちのものとは違ったものになる。しかしよくそんな事を、父が簡単に許したものだ。

かつて私が小学生だった頃、母に、この銀座を離れてどこか郊外で水入らずの生活をしたいと、無理な願いをしたことがある。すると母はぼんやりと遠くを見るような眼差しで、だって、お父さんが寂しがるからと言った。私は何となく、それで納得したのだが、父は案外兄夫婦によってもたらされた、淡いけれどもともかく一応家庭的なそんな生活を、密かに望んでいたのではなかったのだろうか。

わが家にはなぜか、二階の京間の写真が一枚しか残っていない。長男の虎男が出征する時の、ささやかな家族の晩餐会の写真である。私は大阪におり、秀友は軍隊に行っていたので、その写真には収まっていない。残った家族が出征する虎男を中心にして乾杯のポーズをしている、6×6版の写真である。恐らく厨房の辺りから、正広が愛用していたローライコードのセルフタイマーで撮ったものだろう。

私たちが平成二年、兄弟四人で台南を訪れた折、源治の中学校の同窓生たちが、歓迎会をしてくれた時の話である。かつて台湾が軍政下にあった時代、都市計画が強権によって断行されたことがあった。次に到来する車社会に対応するための、思い切った道路拡張計画だった。

私たちが生活していた昭和初期の台南の市街地は、自動車とは無縁の都市だった。バスもタクシーもあるにはあったが、日常その姿を見かけることは、ほとんどなかった。ちなみにわが家の前にバス停留所があって、今林商行前という丸い立て看板が置かれていたが、私は一度もバスに乗った記憶がない。

しかし、当時から広過ぎると言われていた銀座のある末広町通りと、宮古座の前の西門町通りだけは、その企画から外されて、辛うじて以前の面影が残ったのだそうだ。銀座通りの外観は、何とか私たちにかつての面影を忍ばせてくれた。そして私たちが暮らしていた三軒分のビルは、一軒ずつに分割されていて、狭い西側のビルは中華料理店になっていた。彼らがその場所を歓迎会の場に選んでくれたのは、勿論、偶然ではない。しかし店に入って階段を上り、二階の一室に案内された時、私は異様なものを感じたのである。紛れもなく、そこはかつて厨房のあった所に違いなかった。その時ふいに、私はあの6×6版の晩餐会の写真を思い出したのである。そして、写真に写っていた一人一人に思いを馳せたのである。

銀座通りの店の、一階の売り場の天井までの高さは、他所とは比較にならない程高かった。内部の壁は白一色に統一されており、照明もずいぶんと明るくしていたから、店の空間が際だって広く感じられた。それに、店は三軒が通しになっているので、売り場面積は一層広く見えた。入り口にはショーウインドウが二つあり、時によって、色々と商品が飾られていた。

小学生の頃、銀座通りの全商店が、大々的に大売り出しをしたことがある。各商店が店のショーウインドウに飾り付けをして、その飾りの中にクイズが組み込まれ、いくつかの回答を正解すれば、賞品がもらえるという趣向の催しに人気が集まった。そんな時の夜は、まるでお祭りのような賑いで、通りに人が溢れた。誰だったか思い出せないが、同級生の一人が親と連れ立って、わが家のショーウインドウのクイズに挑戦しているのを見て、こっそり正解を教えたことがある。そんなことが妙に忘れ難いのは、その頃が銀座通りの最も華やかな時期だったからではないだろうか。「東京音頭」や「桜音頭」で銀座通りが、人々で弾けんばかりに溢れ、何か知らないが、沸き上がってくる歓喜を、互いに分かち合っていたのも、この頃だったと思う。大陸で戦火が拡大する、少し前のことである。

私は今でも売り場の様子を、はっきりとイメージすることが出来るが、それを誰かに伝える段になると、具体的には何一つ説明出来ない自分に、何とも言えない苛立ちを感じる。それは半世紀前の私についても、同じ事が言えた。つまりその頃の私は、店のことに全くといっていい程、関心がなかったのである。

スケッチ風の印象だけで言うと、東側二軒の売り場は、通しで一つの売り場になっていて、迷路のように並べられた多くの陳列ケースの中に、様々な商品が飾られていた。壁際は天井まで透き間なく棚で埋まっている。そしてその棚にも色々な商品がぎっしりと収められていた。店全体が真昼の様に明るく、陳列ケースの間を若い女店員たちが、甲斐甲斐しく働いていた。Yシャツ、ネクタイ、毛布、蚊帳、下着類、トランクなど、脈絡のない商品が思い浮かぶが、その他にどんな品物が、どのように売られていたのか、ほとんど分からない。

しかし私は今手元に、当時の今林商行の経営に関する、新聞紙一ページ分の興味ある記事を所持している。末弟の源治が知人からコピーして戴いた、昭和初期のPR新聞の切り抜きである。内容は大まかではあるが、大まかであるが故にかえって、全体像を俯瞰的にとらえるにはつごうがいいかもしれない。これはあくまでも、当時のPR新聞記事である。しかし第三者にはとても分かりそうもない部分が、かなり詳細に挿入されているところを見ると、その基本となる資料の大部分は、わが家から提供されたものだと思われる。そのPR誌はいきなり、「何んでも揃へる　今林商行の緒用達」という見出しで始まる。

台南銀座の今林と云えば、何んでも揃う店として有名なものであるが、同店は大正三年三月の創業で、昭和八年一月台南銀座の建築が成るや、清水町から銀座へと進出したのである。主人は今林源之助氏で福岡県の産、当年五十七歳であるが、氏は立志伝中の人物で、明治四十三年二月渡台し、今日の資産二十万円を築き上げ、年売上総額三十数万円に達する銀座屈指の大店である。（ちなみに銀座の三階建のビル一軒分の価格は三万円だったと云う）同店の営業品目は洋雑貨、運動具、武術道具、青年団、消防制服類、馬具一式、門札金看板、消防に関する一切の機具、ポンプ、警鐘台等をも取扱い、台南、高雄両州下の諸官庁、保甲、壮丁団等には殆ど漏れなく、用達として重宝がられており、銀座本店の間口九間、奥行十一間三階建の店舗にはぎっしりと品物を収め、何時でも何でもあるという充実した商売振りを示して居るが、同店は台中にも支店を持ち、一流の大店として知られている。

殊に同店の持つ大きな特長は同店の専用の自動車で、高雄、台南州下一円を終始隈なく出張販売を続けている事で、出張販売用に特設した此の自動車に数万円の商品を山の様に積んでどんな田舎の不

何でも揃へる

今林商行の諸用達

數奇好みの主人が料亭魚源への力瘤

臺南銀座の今林と云へば何でも揃ふ店として有名なものであるが、同店は大正三年三月の創業で、昭和八年一月臺南銀座の建築が成るや消水町から銀座へと進出したのである。主人は今林源之助氏で福岡縣の產當年五十七歲であるが、氏は立志傳中の人物で、明治四十三年二月渡臺し、今日の資產數二十萬圓を築き上げ年賣上總額三十數萬圓に達する銀座屈指の大店である同店の營業品目は洋雜貨、運動具、武術道具、靑年團、消防制服類、馬具一式、門札金看板、消防に關する一切の機具、ポンプ、警鐘臺等をも取扱ひ、臺南、高雄兩州下の諸官廳、保甲、壯丁團等には殆んど洩れなく、用達として重寶がられて居り、銀座本店の間口九間、奥行十一間三階建の店舖にはぎつしりと品物を收め、いつでも何でもあると云ふ充實した商賣振りを示して居るが、同店は臺中にも支店をもち、一流の大店として知られてゐる。殊に同店の持つ大きな特長は同店專用の自動車で高雄、臺南州下一圓を始終隅なく出張販賣を續けてゐる事で、出張販賣用に特設した此の自動車に數萬圓の商品を山の様に積んでどんな田舍の不便なところへでも出掛け、注文を取つてゐるが他に眞似手がない熱心且つ親切なる商內振りである。而して數十人の使用人を數班に分ち、市內の學校、官廳、軍隊等を櫻田二三氏が、臺南州下北港、虎尾、斗六、東石、嘉義の五郡を池田一郎氏が、新營、北門、曾文の三郡は山田勇三氏、新豐、新化、高雄、岡山を井上修三氏が、又鳳山、旗山、潮州、恒春、屏東市郡を原田市太郎氏が夫々分擔して種々の奉仕を行ひ、御用を承つてゐる。面白い事には、同店では、店員の奬勵規定を設けて店員を勵ましてゐるが、よく努力を續け日に月に店運隆昌に赴きつゝある事である。又主人源之助氏は男八人女二人の子福者で、今では店を殆んど委し、有名な臺南運河の魚源の經營に心を碎いて居り、主人の數奇好から庭石のみでも數千圓の金を投じ遠く關子嶺附近から貨物自動車で樹木や土砂を運ぶなど贅を盡した料亭をつくつてゐるが、魚源の市民に親しみを持たれてゐる所以でもあらう。事實女房や小供を連れて遊びに行くところが無いと云ふ臺南人士の憩痴は、臺南公園、安平、灣裡の海水浴場、山上の水源地、烏山頭の珊瑚潭、岡山の大崗山、關子嶺の溫泉を知らぬものばかりの悲鳴ではない。全く臺南は物見遊山に惠まれない土地柄で、見倦いた殺風景な臺南郊外も今更珍らしくもなし、それかと云つて芋を洗ふ様な海水浴場に子供を伴れて往つて[illegible]にもなれず、關子嶺溫泉も結構だが、家族同伴では年に一度も六ケ敷い咄だ。大崗山や水源地行はほこり塗れの草臥まうけ、半日位手輕に遊べて一風呂浴びたら晝食なり夕飯なり食べて歸ると云ふ様なところが欲しいと云ふこの大衆の要求を狙つたのが、今林商行主人の今林源之助氏で、それが今評判の魚源となつて生れたものである。中庭には長さ十間、幅一間半の生簀を造つて、イナ、ボラ、コチ、コノシロ、チヌ、アラ、クロダイ、エビ、カニ、アヂ等二十餘種類の魚類を放ち、緣側から糸を垂れて釣上げるお客の食膳に即席料理をすると云ふ凝つた趣向も設けてある。何ウナギ、スッポン等の川魚の生簀も設けてあり、川魚料理の即席も出來る。何しろ場所は俗塵を避けた臺南船溜の對岸突角眞直ぐに伸びた木麻黃の風致林に取圍まれた別天地で庭先にはホタルが飛ぶと云ふ風雅さ、凉味萬斛の座敷から西は遠く安平、鯤鯓の海を、東北方は木麻黃の樹間を透して街の灯を眺める時、全く晝間の苦熱が一掃される。午後からでも良い、家族を伴れて生簀の釣を試み、あきたらすぐ前の屋形船で凉んで名物の潮湯にさつと一風呂、先刻釣つた潑剌たる銀鱗がすぐに食膳に運ばれると、他人入らずの食事も出來、簡易に面白く遊べる家である。宴會向としては西南隅の十疊、八疊、六疊の外に北側の三間を打通じて六十疊にし、百人位のお客も出來る。月見の頃もこの魚源は實に良い月見場所となつて臺南人士を喜ばせる。

今林商行賣出全景

魚源の庭園

今林商行のＰＲ新聞記事

便なところでも出掛け、注文を取っているが他に真似手がない熱心且つ親切なる商売振りである。

而して数十人の使用人を数班に分ち、市内の学校、官庁、軍隊等を桜田二三氏が、台南州下北港、虎尾、斗六、東石、嘉義の五郡を池田一郎氏が、新営、北門、曾文の三郡は山田勇三氏、新豊、新化、高雄、岡山を井上修三氏が、又鳳山、旗山、潮州、恒春、堀東市郡を原田市太郎氏が夫れ夫れ分担して種々の奉仕を行い、御用を承っている。面白い事には同店では、店員の奨励規定を設けて店員を励ましているが、よく努力を続け日に月に店運隆昌に赴きつつある事である。（旧字は新字に訂正）

以下、記事は魚源に及んでいく。このPR新聞記事は、わが家が清水町から銀座通りへ移転してから間もなく発行されたもので、内容も当時のものである。だからその後のほぼ十余年間の、次第に拡張されていった業績の部分が欠落されている。私が記憶している店舗内の様子でも、そのことははっきり言える。西側の店内は東側の二軒分とは、かなり趣が異なっていて、入り口には色々な楽器が展示されていた。ギター、バイオリン、アコーディオン、ハーモニカやトロンボーン、クラリネット、サックス、太鼓に至るまで、ピアノを除いたたいていの楽器が揃えてあった。後にはレコード部も出来て、私の記憶が、かなり具体的に残っている売り場である。棚には軍靴や種々の靴類も飾ってあり、変わった物では軍隊の階級章や、巡査の使用する本物の手錠や十手まで置いてあった。

改めて気付くのは、今林商行の営業の実態が、華麗な銀座の店舗にあったのではなく、大方の部分が外販に依存していたということである。私たちは唯々、表向き華やかだった銀座通りの変遷を体験しただけで、最後まで父の業績の全てを見極めることなく、引き揚げて来たことになる。

父の事業

ここで銀座通り以外に、父のかかわった事業に少し触れてみたい。大陸の戦線が泥沼化の様相を呈しだすと、不足しがちな資源を補う為に、国策という名目で、行政が民間の企業に事業を依頼することがあったようである。父が場違いの林業を手掛けたのも、そんな依頼によったものだったようだ。インドから輸入されていたチークを台湾の山で植林するという事業である。花園小学校の講堂の裏の裸地に、そのチークの木が二本あった。大人の腕で一抱もある見上げるような巨木で、幹はまるで電信柱のように垂直に高々と聳えていて、ほとんど下枝がなく、樹冠には団扇のような大きな葉を茂らせている、そんな木である。子供でもチークが優れた木材であることは理解出来た。またポンカンの栽培も手がけたそうだ。牧場で肉牛も飼ってみたらしい。もともと場違いなこれらの事業が、成功するはずはなかった。

そんな父が最後に引き受けた事業は、養魚場（魚温《ギョオン》）の経営だった。父の唯一の趣味は漁である。隠居したら父は、福岡市近郊の志賀島で釣り三昧の余生を送るつもりだったそうだ。戦後、母から聞いた話である。大きな経費と困難を要するこの事業を、恐らく父は、喜んで引き受けたに違いないと思う。

その魚温は、汽車で台南から北上して五つ目の駅、当時、製糖会社で有名だった新営という町から、さらに海岸線の方に数キロ行った、布袋という集落の近くにあった。わが家からだと、真に不便な場所だといえる。

東シナ海に面したその一帯は、広大な砂浜である。台湾西部の海岸線にもよく見られる地形で、安平の海岸線にもよく似た形があった。そんな砂地に大々的な養魚池を造成するには、常識的に考えると、とてつもないコストと、それなりの難工事を克服しなければならないはずである。ところが、その砂浜の二メートル程の地下には、分厚い粘土層が拡がっていたのである。そのことで私には、一つ思い当たることがある。台南運河は魚源の辺りまでは、しっかりした護岸工事がなされているが、それから安平までの水路は、唯、地面を掘削しただけの粗削りなものだった。剝き出しの岸には、所々にマングローブの灌木が生えていて、ごく自然な、堀割りの趣があった。そのマングローブの茂っている岸の辺りをよく見ると、どこまで行っても青い粘土が露出しているのが分かる。極めて勝手な私見だが、西部一帯の海岸線に沿った砂地は、粘土層の上に砂が薄く体積した地形だったのではないだろうか。海岸線に沿って無数に点在する魚温は、そんな好条件に恵まれた結果、増えていったものではないだろうか。

布袋の魚温も、池の面積の部分を二メートル程掘削して、露出した粘土層を底にし、周囲の土手を補強して完成させたものらしい。係の者から直接聞いた話である。そうであれば、かなりコストが低減される。そんな低コストのせいもあるのか、全体の規模は、驚く程広大なものになっていた。

魚温の規模を一言で言うと、一帯の地形がフラットなせいもあって、一方の端から、向こう側の境界線を見極めるのが困難なくらいの広がりがあった。一周するとおよそ一里（四キロ）はあると言われた。

何しろ不便な所だから、魚温のある布袋へ行くのに、私たちはゆうに一日かかかりを覚悟せねばならなかった。それに完成が終戦間際の、昭和十七年ということもあって、私は一度しか、そこを訪れることが出来なかった。身内の中には一度も、その壮大な全容に接する機会に恵まれなかった者もいる。たった一度の体験で、魚温の規模を説明することに、いささかの躊躇を感じないわけではないが、私はその時、幸いにもカメラを持参していた。広大な規模に感動しながら、私はその全容をとらえようと、夢中になってシャッターを切ったことを、今でも鮮明に覚えている。どんなカメラだったかは覚えていないが、6×6版の写真で、その内の数枚が、辛うじて私の手元に残っている。そのスナップ写真の情景を参考にしながら、その時の感動で、多少はデフォルメされていると思われる記憶を、これから何とか辿ってみたい。

魚温は主になる大型の池が三つと、少し小形の池が一つで構成されていた。そして、その四つの池全体の半周分を、幅三メートル程の水路が取り巻くように囲っていた。大型の池は、とにかく角大きいのである。例えると、標準的な小学校の敷地全体ぐらいはある、と言っていいかと思う。

池の深さは、底から周囲の土手まで、せいぜい二メートルぐらいなものである。正確なことは分からないが、水位は常におよそ五、六十センチ位の浅さに保たれている。池を満たしている生温い海水は透明で、浅いせいもあるのだろう、底の隅々まであますところなく見通すことが出来た。

魚温は温かい半年間稼働し、低温期の半年間は休むということだった。確か、魚源の近くの魚温もそのようであった。その間、底を天日にさらして消毒すると、近くの農村から仕入れた藁を、底一面に敷いて、その上をきれいな砂で覆う。やがて池の海水が注がれると、敷き藁に小さな虫が湧いてきて、それが魚の餌になるのだそうだ。海水は水路を通って直接東シナ海から入って来る。魚温全体の半分を囲っている水路は、水門によって、東シナ海に直に接しているから、気温が上昇して時期が来ると、さらに一つ一つ魚温の水門を開いて、海水を注入するのである。

養殖したのは一種類の魚と、車えびの二種類だけである。魚は虱目魚《サッバッヒイ》という南方形の回遊魚で、成長すると二メートル程にもなる大型の魚だが、魚温では半年間で三〇センチ位に生育させてから出荷する。その頃が、その魚の最も美味しい時期なのだそうだ。私たちは台湾語のその発音から、サバヒイとかアンピンヒイとか言っていた。ヒイは魚のことだから鯖魚、安平魚という意味に理解していたのである。しかし虱目魚は鯖とは全く種類を異にする魚である。大きな鰭《えら》を取り除いたトビウオに似ていないこともない。

虱目魚の稚魚は、台湾近海では産卵しないそうで、対岸の広東省や福建省の海岸地方から輸入していたという。それに輸送の途中、人が傍らにいて絶えず桶の中を掻き回し、水面にさざ波をたてていないと、死んでしまうようなひ弱い稚魚だという。

子供の頃私たちは、天秤棒で両脇に防水した丸い大きな竹籠を担ぎ、小走りで急いでいる人たちをよく見かけた。口の小さな竹籠には、溢れんばかりに海水が入っている。彼らはわざとのように腰を使って、天秤棒を上下に揺らし、籠から溢れた海水を辺りに撒き散らしながら、まるで競走でもしているように急いでいた。稚魚を運んでいたのである。稚魚は見付けにくい程小さなもので、透き通った体に目だけが黒々としていて、わずか一センチほどしかない。魚温では、そんな稚魚を一匹幾らで購入し、半年間養殖して出荷したのである。わが家では、半年で六万尾を養殖したそうだ。

私がたまたま魚温を訪れた日は、運よく収穫の真っ最中だった。日雇いの屈強な男たちが十数人池に入って、ちょうど網で魚を追っているところだった。池の中の水位は半分程抜かれて、大人の膝頭ぐらいの深さになっている。見ていると、池の中の男たちは長い建網を持って一列に等間隔に並び、少しずつ前進しながら網を狭めていく。そうして、魚を狭められた網の中に追い込んでいった。建網の高さは、底から男たちの背丈まである。しかしなぜか、男たちはその網で顔を隠すように持ち上げながら少しずつ前進して行った。理由はすぐに分かった。物凄い勢いで逃げ惑う魚たちが、追い込まれて逃げ場を失うと、必死になって大ジャンプするから、顔面にでも当たると、たちまち大怪我をすることになる。

収穫した魚は、大きな竹籠に入れられ、竹筏《テッパイ》を満載にして、水路を通り事務所のある小屋まで速やかに運ばれて来る。そこには既に、多くの仲買人たちが待機していた。季節は真夏である。何よりも鮮度を大切にする高級魚だが、冷凍設備も氷さえない所だから、その場で一刻も早く処分しなければならない。虱目魚は瞬く間に、ことごとく捌かれていった。もともと虱目魚という魚は、現地の人たちにとって、日常生活に欠かすことが出来ない大衆魚である。矛盾するようだが、一方で、日本の鯛に匹敵するぐらいの高級魚でもある。それで余程の事がない限り、需要が滞ることはないのだそうだ。

虱目魚はしばしばわが家の食卓にも上った。わが家に持ち込まれる虱目魚は、全て開きにして塩漬けにしてあった。虱目魚の開きの塩漬けを、炭火で焼いたものが食卓に上った。一般に虱目魚は新鮮な生の魚を調理する。ぶつ切りにして生姜を刻んで蒸したり、砂糖醤油で甘辛く炊いたり、うす塩をしてフライパンでこんがり焼いたりする。しかしその時食べた開きの塩漬けは、外のどんな調理法によったものより美味で、正に一級品の味がした。父はその塩漬けを、当時お世話になった多くの人たちに御裾分けしていた。恐らく州知事や市長も賞味しているはずである。難を言えば、虱目魚の身には小骨がたくさんある。しかしもともと食卓に上がるのは幼魚だから、その柔らかい小骨が喉に刺さる心配は全くない。

魚温では虱目魚と車エビを、同時に同じ池で養殖していた。残念ながら車エビに付いては、ほとんどその詳細を聞きそびれてしまった。

その日私たちは昼食で、早速車エビとカニを御馳走になったのである。今捕ってきたばかりのものを湯がいただけの、ごく簡単な料理だったのに、その味は絶品と言ってよかった。そして私は車エビ二匹と、カニ一匹だけで、すっかり満腹になってしまった。車エビといい、カニといい、その大きさは普通のものの優に二倍はあっただろう。頭も入れると二十センチ程もあって、しかも丸々と肥えていた。その車エビは虱目魚と同じように、稚魚を買って養殖する。しかし、カニは東シナ海の稚魚が、海水を池に入れる時、水門を通って自然に入って来たものだという。つまり仕入れのコストはゼロということになる。マングローブガニといって、台南運河にも生息している、南方系の大型のカニである。

戦前はよく見かけたものだが、荷車の車輪のような大きくて堅い固形の大豆糟があった。池では、それをハンマーで細かく砕いて、週に数回、飼料として撒いていた。敷藁に湧いた微生物も豊富にある。天敵もなく、穏やかで澄み切った海水は、ほどよい温度に保たれていて、底はきれいな砂地になっている。そうした環境で、車エビもカニも、温室の中の植物のように伸び伸びと育ったに違いない。競りで余った車エビは、湯がいて天日に干したものが、ブリキの缶に入れられて、わが家に何缶も持ち込まれていた。その大きな干しエビを、私はお八つ代わりによく摘まんだ。今思うと、真に贅沢な話である。

御馳走になった車エビとカニは、私が直に捕ってきたものである。その時、事務所のある小屋のすぐ近くの池は、既に虱目魚の収穫をあらかた終えていて、水嵩も膝頭位までになっていた。その池の前で、私はいきなり係の者から手網を渡されたのだ。そして、「この池にはエビやカニがまだたくさん残っているから、これで掬って来るように」と言われたのである。しかし私は、目の前に茫洋と広がっている池と、手渡された小さな手網との取り合わせが、いかにもちぐはぐで、まるで雲を摑むようなものではないかと危惧した。現に土手から見下ろした限りでは、その澄み切った池の中にうごめくものは、何一つ見当らない。

それでも池の中に足を入れると、思った以上に海水は生暖かで、底のさらさらした砂地が、なんとも足の裏に心地よかった。そして二、三歩進んだ時だった、足元からいきなり何か弾けるように飛び出すものがあった。そしてその物体が、二メートル程先の砂地に急いで潜り込もうとしていたのである。大きな車エビだった。そうして私は車エビを、難なく手網で掬うことが出来た。マングローブガニはもっと簡単に捕れた。黒っぽい大きな甲羅は、澄み切ってすっかり見通せる底の砂地で、あまりにも目立っていたのである。その黒い塊は、辺りをじゃぶじゃぶさせながら歩き回っていると、すぐ見つけることが出来た。そんな具合で、その気になりさえすれば、その小さな手網で、車エビでもマングローブガニでも、数え切れない程捕れそうな気がした。魚温には私の気を引く場所が、まだいくつかあった。

外海に直接繋がっている水路の端は、事務所のすぐ近くまで来ている。そこには大きな水門があって、底が見えないくらいの水深があった。そしてそこが、ちょっとした淀みのようになっていた。その淀みで、チヌやスズキがよく釣れるという。チヌやスズキの稚魚は、水路を通って勝手に入って来たものが、そこで勝手に大きくなったものらしい。もしかしたら、係の者たちが、こっそり大豆糟などで餌付けして、侵入して来た魚たちを太らせていたのかもしれない。すぐ目の前の淀みで、釣りを楽しむことが出来るという環境を、私は何という贅沢な境遇だろうと思った。そしてわが家の店員たちは、この魚温に派遣されることを、多分、切に望んだに違いないと思った。

魚温では自然の恵みと言うべきか、事務所と池との間の砂地から、三〇センチ位の竹筒が突き出ていて、その直径五センチ位の切り口から、こんこんと真水が溢れているのである。自噴井《じふんせい》深井戸と言った。丈夫な竹筒を数十メートルほど地下に打ち込んで、それが地下水脈に突き当たると、圧力で噴水のように地下水が吹き出すらしい。清冽な真水が、こんこんと湧き出ていた。塩気は全くない自然水である。

自噴井の近くに、物見櫓風の小屋がぽつんと建っていた。あたりの風景全体から見ると、何だか変に孤立している感じの建物だった。太い粗削りの丸太を組み合わせただけの土台は、高さが二メートル程しかなく、その上に四畳半位の畳敷きの部屋と、その部屋の四方を取り巻く狭い縁台があるだけの、極めてシンプルな建物である。普段は盗漁を防ぐ為の見張り小屋として使われているが、父が訪れた時は、父の宿泊所になるのだそうだ。外観はいかにも粗末で頼りなげな小屋だが、小屋に一歩上がって辺りを見回しているうちに、私の感覚はふいに一変したのだった。四方、明けっ広げになっている座敷からは、魚温全体をすっかり見渡すことが出来る。遮るもののないフラットな地形が、小屋を中心にどこまでも眼下に広がっていた。その時、私は突然目の前にある広大な魚温を、今まさに、自分が掌握しているような、何とも異様な感覚に囚われたのである。

今思うと、その感覚は、僭越な話だが、かつて父が同じ櫓に立って、四方を見渡した時の気持ちと、何だが妙に重なっているような気がして仕方がない。父の唯一の趣味が漁であったことは、前にも記した。隠居してからは、福岡市郊外の志賀島辺りに居を構えて、釣三昧の余生を送りたいという願望があったことも、前に書いた。しかしこの環境は、父の願望を満たすに、あまりにも充分な条件が整っている。暇つぶしのちょっとした釣りも出来るし、少し無理をすれば、外海に乗り出して、本格的な漁だって出来ないことはない。そして何よりも、日頃の煩わしい世事から、のんびりと逃避出来そうである。

再び話を銀座通りに戻す。私は清水町のわが家の回顧で、事務所を含めた仕事場の様子を書いた。また、銀座のビルの庭にあたる敷地に、瓦葺きの屋根を葺いて、その清水町の事務所と仕事場を、そっくりそのまま移して来たことも書いた。その頃の私の記憶には、妙に偏向のようなものがあって、わが家が清水町から銀座通りに移転した直後から、まるで時代がすっかり変ってしまったみたいに、清水町と銀座通りを、はっきりと色分けしてしまったような節がある。なぜか、ことさら無関心を装って、清水町の記憶を排除しようとするようなところがあった。理由は今もって分からない。しかし裏の事務所と仕事場だけは、そのままを延長したように、素直に繋がっている。恐らくその背景が、ほとんど変わっていないからだろう。

外交員の人たちも、仕事場でミシンを踏んでいる女工さんたちも、何事かせっせと動き廻っている小僧たちも、全て清水町の時と同じで、ただ場所を少し移動しただけに過ぎない。しかし記憶を丹念に辿ってみると、働いている人たちは、随分と入れ替わっていた。外交員の原田さんと井上さんは早くに病没している。替わりに日焼けして色が黒いので、ガンジーという愛称で呼ばれていた王さん（改姓名は木下）や丘さん（改姓名は西川）など、山田さんを入れると、本島人の外交員が、店の中核となって働いていた。そして武藤さんという、痩せぎすで古武士のような風格のある老人が、経理を担当するようになっていた。武藤さんは、いつも背筋をしゃんと延ばした姿勢で、日がな机の書類に向かって仕事をしていた。私は一度も武藤さんの笑顔を見たことがない。

わが家の従業員は、内地人よりも本島人のほうが圧倒的に多かった。父の方針で、清水町にいた頃からずっと、家族と従業員、内地人と本島人というような区別を、ことさら、意識的にするようなことがなかったから、そんな環境で生まれ育った私たちに、そうした区別の意識が希薄だったのは、生活の中でごく当たり前のことだった。しかし本来人間は、中々、深く相手の身になって考えることが出来ない生き物のようである。よくよく考えてみると、私も意識のどこかに、なんともしれない差別のような意識が澱んでいたことを、胸を張って否定することが出来ない。

わが家を一歩外に出れば、至る所に、本島人のどことなく赤っぽい煉瓦造りの家屋が密集していて、私にはそれがなんとなく、異質な文化の象徴のように見えた。それでも、まだ大陸との諍いが本格化していなかった頃は、わずかな地域の内地人居住区と広域な本島人居住区が混在して、互いに違和感などはなかったと思う。むしろ二つの文化は、全体として調和しているようにさえ見えた。祭りや葬式の行列などには、異質なものを感じはしたが、それは単に形式的なもので、伝統文化の違いとして、互いに許容し合っていたような気がする。

しかし、大陸の事変が戦争に拡大する昭和二桁時代になると、大きな亀裂が出来たように、急激な変化が起こった。戦争が聖戦というイデオロギーと化して、伝統や習慣や風俗や自由など、全ての既得権を巻き込みながら流れだしたのである。その奔流は、日本の文化こそ世界に冠たる物であると、居丈高に辺りを睥睨《へいげい》しながら流れていた。そしていつの間にか、私もその流れの中にいた。

私たちが、かつての台湾に思いを馳せる時、どうしても避け得ないのは、当時台湾が植民地で、私たちがその支配階級の側にいたという歴史的背景である。しかし、そのことにあまりこだわり過ぎると、私たちが密かに温めてきた望郷の心情や、共に生活してきた人たちへの思い入れや、机を並べていた友への友情などが、ただそのことだけで真っ向から相殺されてしまうような気がする。あの頃を振り返ってみると、言葉で意義付ける程に実生活での心情は、そんなにぎすぎすしたものではなかった。それにしてもその頃、特に表立った軋轢が生じなかったのは、多分微妙なところでお互いを許容し合っていたからではないだろうか。それは幸いなことに私たちが、お互い農耕民族として共有している。「曖昧さ」という処世上の方便によったものではないだろうか。様々な軋轢の中で生を維持しながら、生活基盤である土地を守る手段として、「曖昧さ」、農耕民族が獲得した素晴らしい知恵であると私は思っている。

単一民族であるといわれていた日本人も、数千年前に遡ると、種々雑多の多民族が同化し統合された複合民族の末裔であることが、DNAによる調査で判明している。もし歴史の歯車が少しばかりずれて、半世紀前まで確かに同胞で、生活を共にしてきた身近な人たちに、数百年の時間の経緯が与えられたとしたら、私たちは美徳である「曖昧さ」よって同化され、さらに複合民族国家としての幅を広げることが出来たかもしれない。

私は台湾に思いを馳せる時、特に身近な人や、机を並べていた人たちに思いを馳せる時、そんな独りよがりの空想をすることがある。愛惜を込めて思いを馳せることがある。

これは私が小学五、六年生の頃の話である。銀座通りは夜九時を過ぎて、全ての店が閉店すると、街灯に照らされた広い通りは、火の消えたように静まり返ってしまう。その日は確か夏の暑い日だった。私たち兄弟はいつものように、蚊帳の中で寄り添うように寝ていた。そして深夜、突然けたたましい叫び声で、叩き起されたのである。一緒に寝ていた弟たちも起き上がって、不安そうに辺りを見回していた。どうやらその悲鳴に似た男の叫び声は、私たちが寝ている部屋のすぐ前の通りから聞こえてくるらしかった。そうしているうちにも、なにやらしきりに、男同士の争うような怒鳴り声がしてきた。そこで私たちは恐る恐る蚊帳を出て、表側の分厚いカーテンを少しだけ開けて、外の様子を伺うことにした。

二階から見下ろした場面を劇画風に描写すると、すぐ真下に一台の人力車が梶を下ろして止めてあった。そして下ろされた梶のすぐ前に荘士風の大きな男が、仁王立ちに立ちはだかっていた。男の出立ちは羽織り袴に山高帽で、朴歯《ほおば》の下駄にこん棒のようなステッキを手にしている。まるでポンチ絵の大陸浪人そのままの格好で、何やら吠えるように相手を威嚇しているところだった。一方相手は、人力車から五メートル程離れて、しきりにぺこぺこと頭を下げながら謝っている車夫だった。私たちを叩き起こしたけたたましい叫び声は、大陸浪人の一方的な威嚇の怒号だったことはすぐ分かった。

状況から推測すると、人力車は大男の大陸浪人を乗せて、西市場の方から児玉公園に向かって走って来たものと思われた。そこは急な坂道で、多分、車夫の足取りは次第に喘いできて、下の方からの距離を考慮すると、わが家の前辺りで息が切れることになる。

男は何らかの理由で急いでいたのだろう。男は酔っていて、もっと急げと、車夫を責めているのだろう。

こん棒のようなステッキで、坂道で喘いでいる車夫の背中や頭を、乱暴に小突いたりしたに違いない。そのうちステッキで馬に鞭打つみたいに人力車の梶棒を叩いて、もっと急げと車夫を責めたに違いない。

男が早く車を引けと、どなりながら二、三歩車夫に詰め寄ると、車夫はステッキの届かないところまで退く、すると男は人力車の所に戻って、いまいましそうに何か怒鳴りながら、車の梶棒をステッキで叩いた。梶棒を叩かれた車夫は、悲痛な声を張り上げて、「止めてください、止めてください」という哀願の身振りで、大切な商売道具が傷付けられるのを阻止しようと、必死になって近づくが、あいにくステッキが怖くて近寄れない。

そんなことが何度か繰り返された時だ。それは男がちょっとした隙を見せた瞬間だった。車夫が脱兎のごとく男に向かって突進したのである。隙を見せていた男は車夫の一押で、あえなく、もんどり打って人力車の前に尻餅をついてしまった。車夫は脱兎の勢いそのまま、梶棒の中に飛び込むと、脱兎の勢いをさらに加速させて、後ろ向きのまま突っ走った。方向は幸い下り坂である。

残された男は呆然と、小さくなって行く車を見送っていたが、我に返ると、ステッキを地面に叩きつけて、煮えくり返ているに違いない心情を表白した。全身を震わせるような仕草をしたが、声はなかった。

やがて男は、ゆっくりと辺りを見回し始めた。自分の惨めな敗北の一部始終を誰かに見られていなかったかと、そのことを恐れたのだろう。こんな時、運悪く視線を合わすような羽目になった人は、災難である。何かと因縁を付けられて、その上ひどい目に合わされるのが落だろうから。二階から密かに覗いている私たちも、男が気まぐれに、こちらを見上げて、私たちに気付いたらという恐怖感に襲われていた。

私たちはそれぞれ細目に開けていたカーテンをそっと閉じて、首をすくめながら、さらに音を立てないように、ゆっくりと蚊帳の中に戻った。お互いにその顔は、笑いを一所懸命こらえている。そして弟たちが、よかったねえと、そのどんでん返しの結末に、嬉しさを隠しきれないでいるのが、その表情から分かった。本当は手を叩いてはしゃぎたかったのだが、子供でも場合によっては、場所を弁《わきま》えることはある。

あの時代、こうしたトラブルは至る所で起こっていた。しかしそのほとんどはその土地で生活していた者同士とは無関係だったと思う。いきなり内地からやって来た風来坊や、何の目的もなく一獲千金を夢見て渡って来た流れ者や、本来、何の根拠もない地位や立場や戸籍などの傘を広げて、それを権威や権力と錯覚している、無知な外来者によって引き起こされていたような気がする。土地の者にとっては迷惑この上ないのである。例えば全く関係や地縁のない同姓の犯罪者が、大々的にニュースで報道されたような、なんとも複雑な立場のようなものだ。一方的に道義的責任を追求されているような脅迫感を、容疑者は私とは全く関係ありませんと、大声を張り上げて、霧散したいような衝動にかられている。

先に照会した今林商行のＰＲ記事には、写真が二枚掲載されている。一枚は銀座通りの店の大売り出しの様子で、もう一枚は魚源の庭園の風景である。原文に近い状態のまま記載する。

又主人源之助氏は男八人女二人の子福者で、今では店を殆ど委し、有名な台南運河の魚源の経営に心を砕いて居り、主人の数奇好みから庭石のみでも数千円の金を投じ遠く関子嶺付近から貨物自動車で、樹木や土砂を運ぶなど贅を尽くした料亭を作っているが、魚源の市民に親しみを持たれる所以でもあろうか。

事実女房や子供を連れて遊びに行く処がないという台南人士の愚痴は、台南公園、安平、湾里の海水浴場、山上の水源地、鳥山頭の珊瑚潭、岡山の大崗山、関子嶺の温泉を知らぬ者ばかりの悲鳴ではない。全く台南は物見遊山に恵まれない土地柄で、見倦いた殺風景な台南市郊外も今さら珍しくもなし、それかといって、芋を洗う様な海水浴場に子供を伴れて往って、見張りを承る気にもなれず、関子嶺温泉も結構だが、家族同伴では年に一度もむずかしい咄だ。大崗山や水源地行はほこり塗れの草疲れもうけ、半日位手軽に遊べて一風呂浴びたら、昼食なり夕食なり食べて帰るという様なところが欲しいという、この大衆の要求を狙ったのが、今林商行主人の今林源之助氏で、それが今評判の魚源となって生まれたものである。

魚源の中庭には長さ十間、幅一間半の生簀を造って、イナ、ボラ、コチ、コンシロ、チヌ、アラ、クロダイ、アジ、エビ、カニなど二十余種類の魚類を放ち、縁側から糸を垂れて釣り上げるお客の食膳に即席料理を供すると云う、凝った趣向も設けてある。尚、ウナギ、スッポンなどの川魚の生簀も設けてあり、川魚料理の即席も出来る。

何しろ場所は俗塵を避けた台南運河船溜の対岸突角、真っすぐに伸びた木麻黄の風致林に取り囲まれた別天地で庭先にはホタルが飛ぶと云う風雅さ、涼味万斛の座敷から西は遠く安平、鯤しんの海を、東北方は木麻黄の樹間を透して街の灯を眺める時、全く昼間の苦熱が一掃される。

午後からでも良い、家族を伴れて生簀の釣りを試み、飽きたらすぐ前の屋形船で涼んで名物の潮湯にさっと一風呂、先刻釣った溌剌たる銀鱗がすぐに食膳に運ばれると、他人入らずの食事も出来、簡単に面白く遊べる家である。宴会向きとしては西南隅の十畳、八畳、六畳の外に、北側の三間を打通じて六十畳にし、百人位のお客も出来る。月見の頃もこの魚源は実に良い月見場所となって、台南人士を喜ばせる。

この記事は、多分、料亭魚源が開店した直後のものと思われる。後に魚源の経営を軌道に乗せて、大いに発展させることになる母のことに、少しも触れていないのは、そこに時間的ずれがあるからだろう。父の考えでは当初、玄人の女将を雇って経営することにしていた。母にしても、乳飲み子を含めて、六人の幼子のいる家庭から離れる気は、毛頭なかったそうだ。ところが、魚源の経営は開店早々はおろか、その後もずっと赤字が続くのである。

不審に思った父が帳簿を調べると、赤字の原因が、実は女将の横領にあったことがすぐに暴かれた。即座に女将は解雇したが、その後釜を埋めるにあたって、母の存在が浮き彫りにされてきたのは、成り行きとしては当然であった。しかし当の母は、いやでいやで仕方がなかったのよ。と戦後その話が出た時、その時の戸惑いと苦渋を私に吐露した。しかし赤字が嵩む魚源の経営に、今必要なのは、いかにその慢性化した不正を排除するかで、適任者は母以外にないという説得に、母は抗うことが出来なかった。そう言われると仕方がないでしょう。と母は言った。

ところが、料亭の経営などには全くずぶの素人の母が、女将の座に座った月から、経営は一転して黒字に転じたのだという。お母さんでも役に立つのかと思うと嬉しくて、それからは、いろんな人から色々と教わって、一所懸命魚源の為に働くようにしたの。その時の母は、大袈裟に言うと、母の人生の一大転機に、家業の為とはいえ、そう選択をせざるを得なかったのだと思う。

母がまだ乳飲み子だった、末っ子の千代子と、未就学の源治を連れて、魚源で寝泊りするようになったのは、昭がようやく、幼稚園に通い出したばかりの頃である。それからというものは、兄弟四人の魚源詣でが、日曜日ごとの私たちの日課になった。私の魚源に対する思いは、このように、どうしてもわが家の家庭の事情を抜きにして、語ることが出来ない。

母・マツ

私たちが小学校を卒業した青春前期から二十歳頃までの、私の青春時代を区切りとすると、その部分は戦時色一色の灰色がかった単調な色に覆われていたような気がする。つまり、国を挙げて戦争をしていた時代の銃後が、私たちの生活の場であった。その頃の大人たちの生活が、どのようなものだったかは、知るよしもなかったが、その間、学校に通っていた私たちに、学校からの規制は年を追うごとに厳しくなっていた。だから私的で自由な行動などは、ずいぶんと細部にわたって厳しく制約されてしまっていた。

しかしその頃、私たちには、その時代が特殊な時代だったという認識は全くない。若者は大人たちの作り上げた社会の中で、それぞれその青春を、それが、与えられた範囲だという意識もなく、のんきに甘受していたのだと思う。銀座通りの世相も、そうした時代の流れに沿って想い返して見ると、アスファルトの広い通りを、時代を追うごとに、いつの間にか軍靴の響きが頻繁に行き交うようになっていた。

魚源の運河の岸沿いの東側に、台湾歩兵第二連隊の上陸用舟艇の演習場があって、そこに通う分隊規模の訓練兵が、連隊と演習場の間を行き来していた。日が暮れかかる頃になると、下士官に引率された初年兵らしい十五、六名程の集団が、毎日のように運河の方から隊列を整えてわが家の前を通っていった。翌年の四月に入営することになっていた私には、その光景は人事ではなかった。明日は我が身である。

分隊規模の隊列は、銀座通りの私の店の前を通る時、軍隊式に歩調を取って行進しながら、軍歌の「戦友」を歌った。軍歌は決まったように「戦友」だった。わが家から三軒程手前の成瀬理髪店の辺りから歌い始めて、三軒程行き過ぎた西村商店の前辺りで終わるようであった。分隊を指揮している小柄な下士官が「ここは御国を何百里」と歌うと、すかさず新兵たちが「ここは御国を何百里」と唱和した。下士官は、民謡でも習っていたのか、頭から抜けてくるような甲高い通る声で、「離れて遠く満州の　赤い夕日に照らされて」と歌った。折りから、演習場のある運河の辺りは、すっかり茜色に染まっていて、まるで、映画の一場面を見ているような情景であった。

それにしても、兵隊さんたちがなぜ、いつも判で押したように銀座通りの一定の区間だけで、わざわざ歩調を整えてまで軍歌を歌うのか。しかしその事よりも、一見してそれと分かる初年兵たちは、既に運河の上陸用舟艇の訓練で、へとへとになるまで鍛えられているはずである。兵役の義務を来年に控えている私には、そのほうがもっと気になっていた。明日は我が身である。

父・源之助と母・マツ

そんなたわいのないわだかまりが解けたのは、戦後、台南から引き揚げてきて、私たちにもようやく家族が一つ屋根の下で生活出来るようになっていた頃である。生活は貧しかったが、一方で、家庭という温もりを得た生き甲斐も確かにあった。そんなある日、その頃たいていの復員兵がそうしたように、私は軍隊時代の話を母に聞いてもらった。苦しかった初年兵時代の、毎日が地獄の責め苦だった様相を、一種の甘えからなのだろう、ことさらに面白くおかしく話した。

これはその時、母が思い出したように語ってくれた、その頃の話である。

魚源の船の間は、もともと運河に浮かべていた屋形船を、大広間の向い側に引き揚げて、煉瓦の土台で固定したものである。ほぼ中二階位の高さになっていた。船の間の座敷からは、魚源と軍の上陸用舟艇の演習場との境界になっている、モクマオウの生け垣越しに、演習場の様子をすっかり見渡すことが出来た。

私が面白おかしく話した、苛酷な新兵教育の体験談を、母はかつてその船の間から、ありのままの実態を見ていたのである。その頃既に、長男の虎男と四男の秀友が兵役についていた。母は、目を覆いたくなるような過酷な訓練の様子を見て、鍛えられている初年兵と、わが子の姿を重ね合わせないではいられなかったのだった。「居ても立ってもいられなくなったのよ」と母は話した。

そこで、初年兵の午前中の訓練がようやく終わって、初年兵たちが食事の準備に取りかかった頃を見計らって、母は、訓練を指揮している分隊長と古参兵数人を呼びにやらせた。何事かといぶかりながらやって来た彼らを、母は玄関から大広間に案内させた。恐らく初めて見る料亭の内部に目を見張りながら、恐る恐る大広間に通された分隊長たちは、そこで広間の中程に端座している母と対面したのである。

母はおもむろに分隊長たちを、床の間に背にして座らせると、その席は以前、小松の宮様のおつきになられた席ですのよ、と説明した。すると分隊長たちは弾けるように、敷いていた座布団を脇にはずし、さらに体を縮めるようにして畏《かしこ》まった。

「いいんですのよ。あなたたちも同じように命をお国に捧げて働いていらっしゃるんでしょ。さあどうぞ、遠慮しないで、こちらにお座りなさい」

分隊長たちの前には、宮様をおもてなしした時と同じくらいの豪華な料理が用意されていた。

「これはねえ、お国の為に命を捧げて、一所懸命働いていらっしゃる兵隊さんたちへの、私のほんのささやかな感謝の気持ちなの。受けてちょうだい。本当は皆さんに来てもらいたいと思ったのですけどねえ。色々とあって、代表で貴方たちに来てもらったの。貴方たちは若いんだから、しっかり食べてちょうだいね。残したりしたら駄目よ」

そう言われても、兵隊たちにとって、この突然降って湧いたような事態を、この場合どう理解したらいいのか、戸惑うのは当然というべきだろう。ますます堅く殻を閉じようとする分隊長たちの気持ちを解きほぐすのに、本当に困ったのよと母は言った。

母が分隊長たちを残して、一旦帳場に引き下がり、三十分程して座敷に戻ってみると、出されていた料理はことごとく、見事に平らげられていた。もともとある魂胆を胸に秘めていた母の気持ちには、初めから少しばかりの後ろめたさがないではなかったが、料理が気に入ってくれたことで、幾分気が楽になっていた。やがて、分隊長たちがようやく心を開いてくれた頃を見計らって、母はこんなふうに切り出した。それぞれの出身地や家族の話、軍隊内での苦労話などを聞いてから、「私の子供も二人御奉公しているのよと言うと、分隊長たちの気持ちはさらに打ち解けてくるようだった。一人は今年入営したばかりで、貴方たちが、いま訓練している新兵さんと同期ということになるでしょう。それで私ねえ、なぜか、あの新兵さんたちの中にわが子がいるような気がしてしようがないの。内地であんなふうに鍛えられているかと思うと、心配で心配で夜も眠れないの。理屈じゃないのよ。ただ母親の正直な気持ちなの。あの新兵さんたちの親御さんたちの思いだって、きっと同じだと思うわ」。

料亭を背にして帰って行く分隊長たちの印象は寂寥《せきりょう》そのものだったそうだ。なんだか、すまないような気がしたけど、私もその時は必死だったのよ、と母は言った。

分隊規模の隊列が、銀座通りの私の家の前を、歩調をとって、軍歌の「戦友」を歌いながら通ったのは、分隊長が魚源と今林商行との繋がりを知っていたからに違いない。分隊長が母へ、それとなく合図を送っていたのではないかという解釈も出来る。

話は別になるが、内地で兵役についていた四男の秀友が、南方に輸送されるという情報が、母の元にもたらされたのも、その頃のことである。秀友の乗った輸送船が、高雄港に着くという知らせを受けると、母は取るものも取り敢えず、車夫のホガを連れて、汽車で高雄へ飛んだ。埠頭に着くと、確かに巨大な輸送船が横着けになっていて、二階ぐらいの高さもある甲板の上で、たくさんの兵隊たちがのんびりとくつろいでいた。岸壁には本島人の物売りが寄って来て、甲板から覗き込んでいる兵隊たちを相手に、いろんなものを売っていた。ほとんどが食べ物である。なかでも最も賑わっていたのはバナナ売りのところだった。兵隊が甲板から笊に長い紐を結わえて降ろすと、バナナ屋は素早く、笊の中に入っているお金の分だけのバナナを笊に入れる。甲板の上では、我も我もとバナナを求めて、兵隊たちがひしめき合っていた。

母が奇妙な行動をとったのはその時だった。母はホガを伴って岸壁に近寄ると、バナナ屋の群れが抱えている、全てのバナナを買い占めたのである。そして甲板の上から一部始終を呆気に取られながら見守っていた兵隊たちに、どうか皆さんで召し上がってくださいと言うと、後も振り返らずに駅に向かった。あそこでは、とても秀友には逢えそうにないと思ったからなの、と母は言った。未練を残したくなかったのだと思う。後で分かったことだが、その輸送船には、もともと秀友は乗船していなかったのだそうだ。

私たちがまだ、台南に居住していた頃、母のそんな行為に気付いていた者は、家族の者でさえ、一人もいなかったと思う。本人にしてみれば、ことさらに話すことでもないと、ほんの軽い気持ちだったのだろう。これらの二つの話も、戦後になって何かの話の折、偶然、私が聞き出さなかったら、私たちはそんな母の一面を知ることはなかったかもしれない。それにしても、本人が軽い気持ちで行ったに違いないこの種の行為は、まだ他にもたくさんあったと思われるのだが、うかつにも、私はそんな機会を全て見過ごしてしまったような気がする。しかし、たまたまそんな機会をとらえ得たとしても、いちいちそんなこと覚えていませんよと、軽くあしらわれたに違いない。

次の話は、別に母から直接聞いた話ではない。私が中学五年生だった夏のことだ。戦局は一段と厳しくなってきていて、私たちは夏休みの大半を、勤労奉仕に駆り出されていた。その頃の学校の朝礼は、校長の厳粛な訓話から始まる。たいていは時局や銃後の心構えや学生の矜持などについての堅い話だった。だから私はほとんど聞き流すことにしていた。しかしその朝の校長の話には、いきなり妙に打ち解けたトーンがあった。校長は話しながら、私たちが普段、滅多にお目にかかることの出来ない笑顔さえ見せていた。

「昨日、君たちが炎天下の勤労奉仕で、一所懸命汗を流している姿に、たまたま通りかかったある奇特な御婦人が、いたく感動されて、冷たい飲み物を差し入れてくださった。これは君たちの真摯な奉仕にたいする姿勢が、偏《ひとえ》に天に通じたものだと、私は堅く信じている」

私たち全校生徒は二列縦列に整列して、神妙に校長の訓話を聞いていた。いつものように、私も表向き神妙に、話を聞いている振りをしていた。すると私の真横に並んでいた友人が、いきなり私の脇腹のあたりを軽く突いて、お前のお母さんのことだぞと言った。

その日、母はホガの引く人力車で、開山神社の前辺りを通っていて、偶然、汗水たらして、勤労奉仕に精を出している生徒たちの集団を認めたのだった。母はすかさず、俥を近くの酒屋の前に止めさせて、店にあるだけのサイダーを買い占めると、それを冷やして生徒たちに飲ますように、店の主人に頼んだ。そして一言、監督の先生に挨拶してから、何事もなかったように、その場を立ち去ったのだそうだ。

あいにく私は、その地区の班に属していなかった。作業は何班にも別れていて、いろんな場所で行われていた。私はその日、別な所で汗を流していたのである。だから、そんな経緯があった事は知る由もなかった。友人は私の母を知っていて、一部始終を見ていたのである。しかしその時、校長が奇特な御婦人と言った人が、母だと分かっても、なぜか私は少しも驚かなかった。なんとなく、母ならやりかねないと思っていた。母は勤労奉仕で、一所懸命に汗を流している生徒たちが、私が通っている学校の生徒だということを全く知らない。ただ、わが子と同じ年頃の生徒が、炎天下で汗を流して働いている姿に、同情したにすぎないと思う。冷たいものでも飲んで、乾きを癒してほしいと、同情したに過ぎないと思う。

その後、私はこの話を、母と話題にしたことはない。兄弟にも話したことはない。別に隠し立てしたわけではなく、ことさらに話すほどの事でもない、と思っていたからだ。

考えてみると、その頃の私たちにとって、母のいない魚源などは、存在しないに等しいと言ってもいいものだった。私たちは、ただ、魚源という場所にいる母の元へ通ったに過ぎない。前にも書いたように、私たちは母のいる魚源に行っても、別に母の姿を求めるでもなく、甘えたり、何か物をねだったり、べたべたとまとわり着いたりしたことはなかった。ともかく、母のいる魚源に行くことによって、日頃のもやもやしたとらえようのない心の乾きを、なんとなく癒していたような気がするのである。

私にとって、魚源の華麗な佇まいや、広々とした敷地や、お客を誘致する為の、様々に凝った施設などは、思い出の映像の中の、端なる一つの背景に過ぎない。もしも、私たちの願いが届き、母と一つ屋根で暮らすことが適うならば、私はその背景が、古びた庭もないような小さな一軒家であっても、狭苦しいアパートの一室であったとしても、一向に、構わないと思っていた。

私たちは、母が魚源に別居するようになった時から、何かかけがえのないものを失いかけているらしいことを、薄々感じ取っていたのではないだろうか。それは愛情などという言葉で片付けられるようなものとは、かなり違っている。日頃の生活の中で、いつも母が醸し出していた、何かとらえようのない、温りみたいなもの。無理にこじつければ、母のいる環境とか、雰囲気と言えばいいかもしれない。母が身近にいた時に、確かにあった、ある甘い感じである。母がいなくなって、私たちは初めて、そのことを漠然と感じ出していたのだと思う。そこで私たちは、訳が分からないままに、失われたものを求めて、魚源へ通いだしたのではないだろうか、そんな気がする。

まだ小学校の低学年生だった私たちは、清水町のわが家から、ほぼ二キロ程もある魚源を目指して歩きながら、まるで遠足にでも行く時のような、漠然とした期待感に、うきうきと胸を膨らませていた。その時、魚源はあたかも、彼方に虹がかかっている桃源郷みたいに輝いていた。そこに行けば、私たちが日頃何となく耐えてきたものが、すっかり癒されるような気がしていた。

私たちの魚源詣では、学校があるので、日曜日に限られていた。昼時に行って、日が暮れないうちに帰るのが決まりだった。だから、魚源の夜の、料亭としての賑わいを全く知らない。昼間の魚源は閑散としていて、仲居さんや下働きの人たち以外の人を見かけることはなかった。特に、外回りの広い庭には全く人影がない。もともと清水町の家も、銀座のビルにも、庭らしい庭がなかったから、私たちは魚源に着くと、その広い敷地に入っただけで、いともあっさりと、屈託のない普通の子供に戻ってしまうのである。私たちは、来る時に感じていた漠とした喪失感などは、すっかり忘れてしまったかのように、精一杯はしゃぎながら、無人の広い敷地内を走り回った。魚源詣でのたびに、こんなことを繰り返していたである。

大広間と運河の間の敷地には、コンクリートで出来た、瓢箪形の水槽がある。瓢箪の膨らみが四つある細長い池で、幅は広い所で二メートル、長さは七、八メートル程あった。池は大広間の廊下に沿っていて、ちょうど廊下から、真下に見下ろされるように造られていた。池の深さは一メートル半位、常時、水深が一メートル弱に保たれている。運河に潮が満ちてくる時の、きれいに澄んだ海水を、毎日ポンプで汲み上げていた。

ＰＲ記事に、その生け簀に縁側から糸を垂れて、お客が釣りをすると書いてある。一般に旅行案内とか紹介記事などというものは、上っ面な印象記事が多い。少しでも内部に立ち入って筆を進めていれば、このような記事にはならないはずである。

どんなところでも、その場を特徴付ける自慢の場所があるもので、魚源にもいくつかあった。その一つは、母がなぜかひどくこだわった廊下である。瓢箪形の生け簀に面した、大広間の廊下は、特に母の自慢の場所で、立ったまま覗き込むと、まるで鏡を見るように人の姿を映すことが出来た。その広い廊下は、母が自ら仲居さんたちと一緒になって、磨きに磨き上げたものだった。豆腐のおからをガーゼで包んだもので、丹念にごしごしと揉むように磨いていくのである。私は、たすき掛で着物の裾を端折って、仲居さんたちと一緒に、懸命に廊下を磨いている母の姿を、何度も見ている。そんな、磨き上げられた大理石のように美しい廊下から、生け簀の魚を釣るという趣向を、だいいち、母が承知するはずがない。明らかに、釣りに伴う汚染のシチュエーションが、筆者のイメージに欠落している。

父・源之助

父は二艘の小型船を所有していた。一艘は焼き玉エンジンの付いたポンポン船で、直接日光や雨水を避ける為に、船の半分ぐらいを、厚いフェルトの布を張って覆っている、四、五トン位の木造船である。もう一つの方は少し小型の櫓を使う和船で、小回りが効くから延縄漁をする時などに使う。父と漁師の乗ったポンポン船は、小船を縄で曳航して、ポンポンポンポンポンと派手な音をたてながら、魚源の岸から、安平へ向かって漁に出て行った。

漁場は運河が外海に開いている、通称、灯台の辺りで、場合によっては、波の荒い外海の東シナ海に、直接出て行くこともあった。目的地に着くと、まず延縄を仕掛けて置いて、引き上げるまでの時間、一本釣りを楽しみながら待つ。そんな漁法である。

私も二度、父の漁に連れて行ってもらったことがある。一度は海水浴場のある東シナ海に面した、大きな砂州の手前の内海だった。そこで夕方に延縄を仕掛けた後、しばらくの間、夜釣りをした。その日は、あいにく、潮時が悪くてあまり釣れなかったから、朝方の延縄漁の成果を期待して、小さなポンポン船の上で、早めに寝ることにした。辺りは漆黒の闇で、船に吊るされた石油ランプの灯火だけが、ほんのりと船の周りを照らしているだけだった。仰向けに横になると、頭上にはびっくりする程、おびただしい星が瞬いていた。さざ波が船底を、ピチャピチャと優しく叩いている。耳を澄ますと、微かに海を渡る風の音が聞こえた。私たちはこうして、漆黒の海に浮かぶ小船の上で、一夜を明かしたのである。

外海の釣りにも行ったことがある。船が灯台を抜けて外海に出た時、いきなり高いうねりにあって、私はたちまち船酔いをしてしまった。私が船酔いをしたので、父は沖合に出るのを諦めて、岸の近くで一本釣りに変更してくれた。しかし砂浜からわずか五、六〇メートル程しか離れていないというのに、いざ錨を降ろすと、なかなか海底まで届かない。海水は見事に澄み切っていた。私はどこまでも深く沈んでいく錨綱を見ているうちに、なんだか、底なしの深い穴を覗き込んだ時みたいに、引きずり込まれそうな恐怖感に襲われた。そして、目の前に渺々《びょうびょう》と広がっている外海が、とてつもなく深く、底知れないものだということを、身をもって知ったのである。

その時は、父の作った手釣りの仕掛けで、面白いようにカナトウフグが釣れた。重りがまだ海底に届かないうちに当たりがあり、合わせるると、かならず獲物が引っ掛かってくるという塩梅である。ころが、一心に高いうねりの波間を睨みながら釣るものだから、私の船酔いは益々ひどくなって、体を起こしていられない程苦しくなっていた。そして終に私は横になり、喘ぎながら何度も吐いた。その日は、滅多にない好調な釣りだったのだそうだ。しかし父は、あっさりと漁を断念して、船を波の穏やかな内海に移動させてしまった。その日の成果は、ほんの二、三十分の漁だったのに、皆で合わせて三十尾以上は釣れたと思う。釣った魚は、船の中程にある生け簀で、生かしたまま持ち帰る。

魚源に帰って、私たちは獲物のカナトウフグを、早速フグちりにして賞味した。そして残った数匹は、大広間の横の生け簀に入れた。大広間の横の生け簀で泳いでいた魚は、こんな具合に放たれた魚である。

仕事に忙しい父は、そんなに繁々と漁に行くわけにはいかない。月に一度か二度行ければよいくらいだ。それで、雇っている漁師と二人きりで漁に出る時は、かなり危険な領域まで出かけたに違いなかった。それは捕ってくる獲物でよく分かる。大広間の横の生け簀には、大型のコチ、チヌ、スズキ、カワハギ、アカエイ、カマス、ワタリガニ、変わったものではカブトガニなどが泳いでいた。生け簀の魚は、もともと残りものだから、かなりの種類はあっても、数はそれ程ないのである。精々鑑賞の対象になり得たとしても、とても食料の対象にはなりそうになかった。

父は一代で財をなした人である。事業はワンマン経営で、その運営の全てを、一人で背負っていたような節がある。普段、個人的な余暇などは、ほとんど取れない立場にいたと思われる。加えて、趣味は、日本刀の手入れと漁ぐらいで、いわゆる、飲み打つ買うなどの道楽とは、全くといっていい程、縁のない人だった。そんな父を子供の私たちは、ある程度の距離を置いて、敬愛していた。そして同時に恐れてもいた。日頃の生活の中でも、父が私たちに声をかけてくるようなことは、滅多にない。私たちも、父とは出来るだけ接触を避けるようにしていた。私たちにとって、父は理屈抜きで、とにかく格別な存在であった。

そんな、日頃多忙なはずの父が、どんなやり繰りをして来るのか、私はしばしば、魚源で父の姿を見かけることがあった。私たちが魚源に行く日曜日は、店の休日ではない。当時、商店の休日は、第三日曜日と正月にお盆の休みしかない。銀座の店もそうだった。

魚源の玄関の少し右寄りの位置に、厨房の勝手口へ通じる裏口がある。その厨房の向かい側には倉庫があった。かなり広い倉庫で、父の釣り道具などが無造作に置かれていた。厨房と倉庫の間は、六、七メートルもあっただろうか、ちょっとした広場になっていて、厨房の軒下辺りに、いつも畳一畳程のバンコ(縁台)が置かれていた。私が魚源で、しばしば銀座にいる時とはまるで別人のような父の姿を見るのは、たいていそのバンコの上だった。父はステテコに薄い肌着だけのくつろいだ軽装で、延縄の仕掛けに精をだしていた。私たちが近くで奇声を発しながら走り回っても、一向に気にする様子はなく、黙々と延縄の仕掛けを作っていた。今思い返してみて、そこだけを切り抜いてみると、まるで絵に書いたような長閑《のどか》な父と子の情景である。父にこんな屈託のない時間があったことを、店の従業員は誰一人知らないだろう。

私たちは日曜日が来ると、相変わらず何かに憑かれたように、魚源を目指して歩いた。そんな時、私たちのはやる気持ちは、あたかも彼方の魚源が、桃源郷のように輝いて見えた。遠足の前夜のような、昂ぶった気持ちになっていた。しかし実際は、魚源に着いてみると、そこは単に、私たちが屈託なく遊べる広い場所に過ぎなかった。考えてみると、そんなことを、毎回飽きもせずに繰り返していたのである。だからといって、私たちの夢が、その時すっかり弾けてしまっていたわけではない。不思議なことに、そうすることによって、変にわだかまっていた憂さが、何とか癒されていたように思う。

翻って、バンコの上の父の姿に思いを馳せると、私は、父もまた日曜日の魚源に、日頃の憂さを癒しに来ていたのではないだろうか。私はかつて、父か帳簿や母の居間に上がって、母や仲居さんたちと会ったり、何か話をしたりするのを見たことがない。父の姿を見るのは、決まって、厨房と倉庫の間の空間だった。父は魚源のオーナーである。一般的にいえば、座敷に上がり、贅を尽くすことが出来るはずである。なのに、父は一切そういうことには無頓着で、相も変わらず飄々としてバンコの上で、次ぎの漁の仕掛けに余念がなかった。父にとって魚源は、単なる漁の基地だったような気がする。そしてそれは、父のごく自然な心情だったような気がした。バンコの上で、ステテコ姿の父が昼寝をしている写真が一枚残っている。正広が悪戯気をだしてこっそり撮ったスナップである。たまたま訪れた他人がそんな父の姿を見かけたら、恐らく、歳のいった使用人が疲れを癒していると見たかもしれない。

一方、父の晩年の事業は益々隆盛で、それに伴って、財力も加速するように増え続けていたようだった。父の生活信条は、相変わらず質素そのもので、むしろそんな実績には、意識的に背を向けているのではないかと思われるようなところがあった。父にはかなり早くから、出来るなら早々に隠居して、趣味としての漁三昧の生活をしたいという願望が、潜在していたのではなかったか。しかし、時局は、実績のある父を決して休ませてはくれないようであった。逼迫する食糧難に国を挙げて対処していた頃のことだ。林業、牧畜、果樹園の経営など、父がそんな不慣れな事業に手を出さざるを得なかったのは、国の要請に協力した結果のことらしい。そのうち、たまたま成功したのが、魚温の経営だったのだろう。父の晩年の生活設計は、悪化の一途を辿る戦局と共に、自然に消滅してしまったようだった。それは当時、国民全体が背負っていた、時代の流れに伴う運命というべきものなのだろう。

誰にも、あの頃が一番よかったと、思い返すことの出来る一時期があるものだ。魚源のあの時期の屈託のない父の姿に、わずかだが、父のささやかな願望の雛形が垣間見えるような気がする。いま、私の脳裏にたゆたっている情景に、ストップモーションをかけて見ると、小さな島影の鄙《ひな》びた漁村の風景が浮かんでくる。入江の奥の静かな砂浜に、小型の木造船が四、五艘、引き上げられているような長閑な風景だ。子供が三、四人はしゃぎ廻っている渚の船影で、壮年を少し過ぎたと思われる年頃の漁師が一人、黙々と網の繕いをしている。私はそんな風景に、魚源のバンコの上の、屈託のない父の姿を重ねてみる。

父の性格はどちらかというと、内向的だったといってもいいと思う。ほとんど悟り切ったような日頃の言動から、別に時勢に抵抗したり、虚勢を張ったりしているような気配はさらになく、唯々、ごく自然に、自我を押し通しているというふうなのだ。父と母との年齢差は十三歳ある。若い母は、何事にも行動的で、社交的で、私たちから見ると、何となく派手なきらいがないではなかった。しかしそれは、料亭の女将としての矜持《きょうじ》というべきものだったのだろう。魚源ではもっぱら恰幅のいい女将さんと言われていたようであった。思い切りがよく、何よりも人一倍思い遣りがあって、すぐに同情してしまう、お人好のところなどが、恰幅の中には、内包されていると思われる。

前にも書いたが、内地から帰る汽船の中で、沖縄の少女に同情して、その場で身請けして連れ帰ったことがあった。お玉さんというその下働きの少女は、後に魚源から嫁に行った。こんな話もある。お玉さんの後の下働きの女の子を、魚温のある小さな台湾人の部落、布袋から連れて来た時のことだ。部落では、はじめ少女がまるで人買いに連れ去られていったような噂が立って、一時パニックになったそうである。襤褸《ぼろ》を着て、垢で真っ黒い顔をした、裸足の十七歳の少女の髪の毛には、虱が湧いていた。その少女を仲居さんが風呂場で、石鹸まみれにして、すっかり垢を落としてから、母の前に連れてくると、まるで別の子ではないかと思った程、愛くるしい娘に変わっていた。それから半年程して、女の子は休暇を取って部落に帰省した。さっぱりしたワンピースに靴を履いて、日傘をさした少女を迎えた家族や部落では、今度もパニックが起こったという。その後、魚源には、ぜひ我が娘を使ってくれという要望が押し寄せて、母は断るのに苦労したそうである。

こうしてみると、母の並外れた一連の行為が、単なる思い付きやパフォーマンスなどとは全く無縁のものだったことが理解できる。それは、困っている人を見かけると、つい手を差し伸べないではいられない、母のごく自然な善意だったのだろう。清水町にいた頃の私たちは、母から醸し出されている、そんな温かいほのかなものに、普段何となく育まれていて、だから、母が何の前触れもなく、ふいに魚源へ居を移した時、いつの間にかぼんやりした喪失感を味あうことになっていたのだろう。

一方、魚源の経営は、母が引き継いでからは順調に発展していて、三、四年もすると、一人で四苦八苦してきた母にも、幾分ゆとりが出来ていた。ちょうどその頃、市内では比較的裕福な家庭の子女に、日本舞踊を習わせることが流行っていた。そして、魚源に移り住んだ時乳飲み子だった末っ子の千代子は、数え年四歳になっていた。千代子は、母が続けて九人の男の子を生んだ後、十人目にようやく、まるで娘と孫を一緒にしたようにして授かった子だったから、その可愛いがりようは、いつも手元に置いて、寸暇も目を離すことが出来ないという程であった。私に、妹が赤ん坊だった頃の印象がほとんどないのは、恐らく母が大事に大事を取って、まだ幼い兄たちに、子守を任せることを躊躇したからに違いないと思う。千代子が私の回想にようやく浮かんで来るのは、数え歳四歳になったばかりの、舞台で踊っている艶やかな姿である。福岡県人会の集いがあった時だと思う。場所は宮古座だった。宮古座は歌舞伎座を模した本格的な芝居小屋で、私たち家族は、前の方の枡席のいくつかに陣取って、その集いの賑わいの中にいた。

舞台では明るいライトを浴びて、四、五歳位の女の子が五、六人、艶やかに踊っていた。不釣り合いな程大きい鬘《かつら》に姉さん被りをして、やや地味な柄の漁村の仕事着に、赤い紐の襷掛けで、手には小さな手桶を持っている。そして、恐らく蓄音器をかけていたのだろう、その頃、巷で流行っていた、音丸の「船頭可愛や」を唄っていた。まるで人形が踊っているのかと見まごう程、あどけなく可憐な踊りだった。たちまち観客席は騒然となり、踊り終わるや、湧き上がるような拍手が、しばらく鳴り止まなかった。その踊りの中心になって踊っていたのが、確かに、この前までよちよち歩きをしていた妹の千代子だった。

母が数え年四歳になったばかりの千代子を、本町にあった大西舞踊団に入れていたことを、私たちは知らされていなかった。だから、いきなり舞台の上で艶やかに踊っている妹を見た時の驚きは、青天の霹靂と言ってもいい。次ぎに、可愛いいやくざの出で立ちで、霧島昇の「赤城しぐれ」を唄った時は、万雷の拍手と同時に、観客席から白いおひねりが、雨霰のように舞台へ投げ込まれていた。その場だけの雰囲気で言えば、妹はもはや私たちとは別世界にいる、紛れもない舞踊団のスターであった。

千代子の話によると、大西舞踊団にはその後も、足掛け十年程所属していて、最後に踊ったのが、長唄の「浦島」「松の緑」だったことはよく覚えているが、あとはあまりにも数が多く多様で、ほとんど覚えていないそうだ。その間、お師匠さんから、ぜひ跡取りにという要請があったのを、そのたびにかたくなに固辞したのは、本人が真から日本舞踊を好きになれなかったからだと言った。しかし実は、軍の指示で、慰問に駆り出されて、全くといっていい程自分の時間が持てなかったからのようだ。

魚源に、皇族の小松の宮様がお成りになったことは、前にも書いた。皇族が神格化されていた時代だったから、そのことは、滅多に自慢することのない母の唯一の誇りだった。そしてPR記事にも書いてあるように、比較的環境がよかったからなのか、県知事や市長や上級職の役人、軍人、経済人、ジャーナリスト、その他あらゆる階層の人たちも、常連客として迎えることが出来た。料亭の女将である母は、それで自然にそういう階層の方々と近付きになって、場合には、それが縁で、家族の人たちとの付き合いにまで発展することがあった。当時、台南市長だった古澤家との親交は、多分そうした経緯によったものだったと思う。母が別居して、家庭的には孤立したような状態にあった私たち兄弟には、家族ぐるみの付き合いの経験が全くなかった。気の合う友達をつくっては、それぞれが個別に、勝手な交友をしていた。

そんな私たちに、突然降って湧いたように、古澤家との家族ぐるみの付き合いが始まったのは、私が中学四年になったばかりの頃である。古澤家には弟の昭より一つ年下の正勝君と、千代子と同じ歳の道子ちゃんという兄妹がいた。育ちがよいのだろう、二人はほとんど無防備と思われる程人懐っこく、いきなり相手の懐の中に飛び込んで来るような率直さで、初対面の私に接して来た。それでいて、その嫌みのない大らかさの中に、巧まない親愛の情が籠もっている。私たちはそんな新鮮な兄妹を、いつの間にか新しくできた兄弟のように、ごく自然に受け入れていたようであった。

魚源が私たちの遊び場だった。既に、弘治は予科練に志願して入隊していたから、昭と源治と千代子に

魚源の内庭の池で水遊びをする次女・千代子たち

古澤兄妹の六人は日曜日がくるとたいてい魚源に集っていた。男たちは広場で三角ベースをしたり、父の釣り道具を拝借して、運河で釣りの真似事をしたり、空気銃で小鳥を追いかけたりして遊んでいた。女の子たちは家の中で遊んでいたが、時に、中庭の浅い池で大きな鯉と戯れながら泳いだりしていた。

その頃の世相は、紀元二千六百年の式典を迎えて、正に戦時色一色に統制されていて、いかにもぎすぎすと息苦しくなる程に硬直していた。そんな時期、私たちの魚源での一時は、まるで砂漠の中のオアシスの如くに潤っていたと言えるかもしれない。

しかしそうした時期は永くは続かなかった。古澤家が、既に公職を退いたご主人の仕事の都合で、台北に転居してからは、なぜか知らないうちに、私たちの魚源へ行く頻度も次第に萎んでいった。

日本軍が真珠湾を奇襲して太平洋戦争が勃発してから間もなく、私が中学四年を修業して春休みに入った時、久しぶりに、古澤のおばさんと兄妹が三人揃って、わが家を訪ねてくれた。そして再び台北に帰る段になって、私たち兄弟四人を台北の家に招待したいと誘ってくれた。私たちは、もうかれこれ十年近くにもなるが、かつて高雄の姉の家に宿泊して以来、わが家を外にしたことがなかった。

台北への汽車の旅は、当時かれこれ十二、三時間の長旅だった。しかし窓外を流れていく風景を眺めながら、私は少しも退屈もすることがなかった。古澤さんの計らいによる二等車での体験も、なんとも新鮮な感じで、それにその旅で、私は産まれて初めて食堂車で食事をしたのである。

古澤家は大正町にあった。大正町は台北の山の手という感じの、高級住宅の建ち並ぶ一角で、幅ひろい通りは敢えて舗装されていなくて、玉砂利がぎっしり敷き詰められていた。たしか両側に整然と植えられている並木はガジュマルの木だったと思うが、それ程大きな木ではなく、この地域一帯が開発されて、それ程年月をようしていないだろうということを物語っていた。

通りに面してレンガ造りを漆喰《しっくい》で固めた、白い高い塀に囲まれている家が、両側にすらりと並んでいるさまは、私たちに、ここが台湾だということをすっかり忘れさせて、内地の高級住宅地に迷い込んだような錯覚を覚えさせるような雰囲気が漂っていた。

敷地は八十坪程で、大まかな記憶をたどっているのだが、五部屋か六部屋あったと思う平屋建ての家には、洋風の応接間があり、そこにはピアノも置いてあった。応接間の庭に面した石畳のテラスの上は、ブーゲンビリアの広い棚になっていて、薄い赤紫の花が咲き乱れていた。

古澤家にはかなり前から、結核療養中の兄正広がお世話になっていた。本来は書生か女中の部屋として造られたと思われる、三畳の一部屋を与えられていて、生き甲斐の航空機の設計に情熱を傾けていた。

その日の夕食はおばさんの手料理でいただいた。多忙なご主人は姿を見せなかったので、何だか内輪の夕餉のような和やかな雰囲気になった。兄がそこの住人として居合わせたのも心強かった。料理は帰ってきたばかりだから、間に合わせの簡単なものだったが、出された漬物を目にした時、私はその時の驚きを今でもはっきり覚えているが、明らかにカルチャーショックを受けたのだった。それは二センチ四角に切ったキャベツの糠漬だった。浅漬なのだろう、色といい形といい実にしっかりしていた。キャベツは二枚重ねになっていて、その間に赤紫のシソが挟んである。それが漬物皿の上にていねいに積み重ねられていた。これこそ文化というに相応しい料理だと思った。手の込んだこんな美しい料理が、この家では日頃の食卓に無造作に出されている。それが私にはショックだった。上流家庭というところは、こういう細やかな気配りの行き届いた作法や躾が、ごく自然に、なにげない日頃の振る舞いになっているところなのだろうかと思ったりした。今思い返してみると、私の感情は、その時、かなりオーバーに昂ぶっていた。

翌日はご主人に、帝国ホテルへ招待された。ご主人はこの時も同席されなかった。真っ白なテーブルクロスのかけられた円形のテーブルの上には、ナイフやフォークが一列横隊に並べられていた。話には聞いていたが、初めての体験で作法に戸惑ったが、古澤家の人々はいかにも慣れた手つきで、次々と事を運んでいくのである。

二泊三日予定の私たちの旅行も、いよいよ最後の夜を迎えていた時、私たちはおばさんから思いがけないプレセントを戴いた。私たち子供だけで、夜の盛り場に出掛けて映画を見て来ていいと言うのだった。映画は評判の「ノートルダムのせむし男」である。

夕食をすませると、私たち六人は早々と家を出た。あいにく、外は小雨だったが、まるで霧のような小糠雨で、傘をささなくても濡れる感じがしない。有名なロンドンの霧雨というやつも、多分こんな具合なのだろうと思った。小雨に煙る街灯の明かりが、足元のしっとりと濡れた玉砂利を照らして、六人の靴がリズミカルに砂利の呟きを鳴らし続けていた。しばらく行くと、右手に尖った屋根に十字架を載せた教会が見えた。兄がつれづれにカメラで撮ったスナップに、よく出てくる被写体であることがすぐ分かった。

それから盛り場までの記憶がなぜか全く欠落している。それは、比べて、盛り場に着いてからの印象が、一際強烈だったからに違いない。

その広い盛り場は、裸電灯やアセチレンガス灯の明かりで、まるで昼間のように明るく、台南の西市場の盛り場と違うのは、食べ物屋だけでなく、いろんなゲームをする小屋が立ち並んでいて、お祭りでもあるのかと思う程の賑わいだったことだ。辺りを見渡すと、人々は全て本島人で、私たちを除いて内地人を見つけ出す事など、出来そうになかった。それに六人の内二人は、まだ小学校の女の子なのである。しかし私たちはその時、不安らしい不安を、全く感じていなかった。

当時の台湾の、こうした類をみないような治安の良さは、一体どこから来ていたのだろうか。不思議としか言いようがない。当時の歴史的背景や、行政のあり方や、庶民の置かれていた立場や、諸々の状況を含めて、大局からも、日常生活の細部からも、様々な角度から一考の余地があるのではないだろうか。

現代（平成十年代）の日本の乱れた世相と比較してみて、どこがどう相違しているのだろうか。戦後、唐突に庶民へ行き渡った平均的富や、取って付けたような欧米の思想や様式、戦争反対と唱えながら、極悪人の人権擁護に異常に固執する司法、歯止めの効かなくなっている過剰な情報など、考えれば考えるほど、それらが複雑に入れ込んでいて、収拾がつかなくなっているのが、今我々が直面している日本の現状のような気がして仕方がない。そしてそれが、今後どう推移していくのか。私は今、そんな見通しの効かない明日を、残念だが、投げやるような気持ちで、ただぼんやりと見つめているしかないのである。

映画が始まるでしばらく時間があったから、私たちはゲームをして遊んだ。素焼きの癇癪玉を鬼の像にぶつけたり、玩具のコルクの鉄砲で、賞品を撃ったり、本物の弓で的を射たり、野球のボールでピンを倒したり、いろんな遊戯を楽しんでから映画を観た。「ノートルダムのせむし男」は、せむし男役のチャールズロートンがすごく印象的で、家に帰ってからも「ウオーター　ウオーター」とせむし男の物まねをしながらふざけ合って、なかなか眠付けなかった。せむし男が街の広場でむち打たれて、水を求めた時、美女のモーリン・オハラが身の危険を顧みず、水を与えるというシーンである。

あとがき

私はかつて、鎖国時代以前に東南アジアの各地で、日本人がそれぞれ日本人町というコロニーをつくり、逞しく活躍していたという史実を知ったが、その人たちが、いったいどのような生活をし、どのように土地の人々とおりあっていたか、ほとんど伝わってこないのは、その頃の時代背景を考慮しても悔やまれてならない。ひるがえってみれば、ほぼ半世紀の間、日本の植民地であった台湾も、時代の流れのなかで、同じ伝を辿るかもしれないという、なにか満たされない気持ちが、長い間私の心の底にしこりのようになっていた。日本の歴史のなかで、二度と出現しないであろう植民地での暮らしや生活などは出来るだけ詳細に後世に伝えたいという願望が生まれたのは、私が還暦を迎え、加齢による記憶力の衰退に思いをいたしたことからである。

本書は、私の当初想定していた全体相の半分も満たしてはいない。しかし、持病の糖尿病の悪化で、少し眼が不自由になってきた。このためやむなく思いを中断せざるを得なくなってしまった。しかし、今のところでもかなりの分量になっていたので、このあたりで一つの区切りとし、残りは悲観的ではあるが、体調の恢復を待って補おうと思う。

二〇一一年一月十四日

今林敏治

今林作夫（いまばやし・さくお）　本名、今林敏治。1923（大正12）年10月、台南市に生まれる。1942（昭和19）年４月、召集を受け満州、朝鮮へ。1945（昭和20）年10月、復員。九州文学、午前の同人として活躍する。福岡市在住。

鳳凰木《ほうおうぼく》の花《はな》散《ち》りぬ
なつかしき故郷《ふるさと》、台湾《たいわん》・古都《こと》台南《たいなん》

■

2011年3月20日　第１刷発行

■

著者　今林作夫
発行者　西　俊明
発行所　有限会社海鳥社
〒810-0072 福岡市中央区長浜３丁目１番16号
電話092(771)0132　FAX092(771)2546
http://www.kaichosha-f.co.jp
印刷・製本　九州コンピュータ印刷
ISBN978-4-87415-811-1
［定価は表紙カバーに表示］